同濟復興古典書院丛书

灵魂与身体：盖伦的医学与哲学

张轩辞 著

同济大学出版社

同济复兴古典书院丛书
总序及征稿启事

古典曾经是百姓日用而不知的生活。现代古典学的兴起恰恰伴随着古典生活方式的衰落，有时甚至成为现代性摧毁古典的急先锋。古典学的目的究竟是为了重建古典德性和善好生活，还是为了帮助现代学术继续滥用古典、败坏人类，成为今日中国古典学建设的大是大非问题、生死存亡问题。如果说古典学的引入在十多年前还只是走在行人稀少的起步阶段，今天则已经到了一个“憧憧往来、朋从尔思”的十字路口。这时候停下来想一想何去何从，可能比追求建制和规模化发展更为重要。

同济复兴古典书院是一个基于社会通识教育的古典研究公益机构。古典书院的公益教学尝试突破现代学院体制的局限，立足百姓日用，极高明而道中庸，下学而上达；与之相应，书院的学术研究也希望是一种生命的学问，尊德性而道问学，文质彬彬。书院是一个开放的社会公益教学团体和经典研究园地，欢迎所有为往圣继绝学、为六经开生面的同仁加入。书院也自知局限，自觉持守边缘，对任何品种的奶酪皆无兴趣。

为表明书院的开放态度和诚意，我们想在丛书总序中就发出征稿公告。但凡经史论著、儒道经典解释、古籍整理、古典西学、古典艺术研究，意在究天人、通古今者，皆在欢迎之列。来稿请投邮箱 academia@vip.163.com 并于邮件标题注明“古典丛书投稿”。书院资源有限，每年将选刊三至八种书稿付梓，宁缺毋滥。丛书主编义务劳动，恕不一一回信。一月之内如无回音，则请另投。

同济复兴古典书院

给我的父母

目　录

本书缩写：

L.S. The Hellenistic Philosophy, eds. A.A. Long and D.N. Sedley, Cambridge University Press, 1987.

PAC Galen, De Propriorum Animi Cuiuslibet Affectuum Dignotione et Curatione

PHP Galen, De Placitis Hippocratis et Platonis, ed. and trans. Ph. De Lacy (Corpus Medicorum Graecorum V.4.2.1-4; Berlin, 1978).

QAM Galen, Quod Animi Mores Corporis Temperamenta Sequantur

UP Galen, De Usu Partium, trans. Margaret Tallmadge May, Cornell University Press, 1968.

导论：哲学和医学传统中的盖伦灵魂观

> 我们认为所有一切知识都是美妙而可尊敬的，但其中的这一类，比之于另一类，或凭其更精确的标准，或由于其所关涉的题材，为较高贵而更可惊奇，恰就显得较为美妙而更可尊敬。于这两方面而言，我们在诸先进知识中，举出灵魂这论题，加以研究，可说是学术上的首要功夫。
>
> ——亚里士多德，《论灵魂》402a1-6[1]

从古希腊的自然哲学家们讨论世界本源的时候开始，关于灵魂是什么的问题便进入了哲学家们的视线。火、气、原子等等用来解说世界本源的词语同时被哲学家们用来解释灵魂。[2]自西方哲学诞生之日起，灵魂就是人们关注的对象，灵魂问题就是重要的哲学问题。泰勒斯被一些人认为是第一个断言灵魂不朽的人。[3]毕达哥拉斯第一个宣称灵魂进行圆周运动。[4]

苏格拉底把哲学从天上拉回到了人间之后，人们对灵魂的考察开始更多地从人的灵魂出发，而不是从自然灵魂出发。[5]在柏拉图的对话里，讨论人的灵魂的篇章不在少数：如《斐多》中，柏拉图

1 亚里士多德，《灵魂论及其他》，吴寿彭译，商务印书馆，1999，第 43 页。

2 参见亚里士多德，《灵魂论》403b25-405b13。

3 第欧根尼·拉尔修，《名哲言行录》，1.24，徐开来、溥林译，广西师范大学出版社，2010，第 11 页。

4 同上，8.14，第 397 页。

笔下的苏格拉底于临死前和弟子们谈论灵魂不朽；又如《蒂迈欧》中，柏拉图借蒂迈欧之口详细讲述了一个关于宇宙灵魂和人类灵魂的构成的神话。

在亚里士多德那里，关于灵魂的论述不仅散见于诸多论文中，[6] 而且更有题为《灵魂论》的专著。《灵魂论》中，亚里士多德对之前的各种灵魂学说做出了评述，并在此基础上系统阐发了自己的灵魂观。从芝诺开始，廊下派哲学家们对灵魂，特别是灵魂中的激情给予了特别的关注，对此进行专门的讨论。[7]

康德曾经对西方哲学应该回答的问题做过归纳：Was kann ich wissen?（我们能知道什么？）Was soll ich tun?（我们应该怎么做？）Was darf ich hoffen?（我们可以期望什么？）Was ist der Mensch?（人是什么？）这里的每一个问题都以不同的方式涉及到人的灵魂。

什么是灵魂？灵魂是否不朽？如何通过灵魂来认识事物？灵魂中的激情及其作用如何？灵魂和身体的关系是怎样的？围绕这些涉

5 苏格拉底之前的哲学家们对灵魂的讨论多是从广义上的自然灵魂来说的，比如泰勒斯认为磁石、琥珀也有灵魂（1.24）。当然，那时的哲学家也不是没有关于人的灵魂的思考，比如毕达哥拉斯就有关于人的灵魂的讨论（8.30），只是这方面的讨论在当时不占主要部分。参见第欧根尼·拉尔修，《名哲言行录》。

6 亚里士多德《自然诸短篇》中的文章多与灵魂问题，特别是灵魂的功能相关。在动物学著作中，如《动物志》、《动物的构造》中亚里士多德也有不少关于灵魂的论述。相关介绍可参见吴寿彭为亚里士多德《灵魂论》汉文写的译者绪言。亚里士多德，《灵魂论及其他》，吴寿彭译，商务印书馆，1999，第 4 — 15 页。

7 早期的芝诺、克吕西普和中期的波西东尼都有题为《论激情》的专著。虽然这些著作没有完整保留下来，但第欧根尼和盖伦都在自己的著作中提到这些论著，并保留了其中的一些片段。

及灵魂的问题，两千多年来，西方哲学传统中的相关讨论丰富多样而历史悠长。灵魂问题的讨论一方面涉及对自然的认识，一方面涉及伦理政治生活。在西方哲学传统中，灵魂学说可以说是连接自然科学和伦理学的纽带。不了解希腊人对灵魂的看法，就很难理解希腊的思想、文化和哲学。

要了解希腊人关于灵魂的理解，除了关注它在哲学传统中的传承和沿革之外，还应该关注它在另一个同样历史悠久却往往容易被人们忽视的传统中的发展。这个传统就是医生哲学家传统。[8] 弗雷德（Michael Frede）对哲学传统和医生哲学家传统都非常重视。他认为，后者虽然没有前者的连贯性那么强，而且在很大程度上常常依赖于前一种哲学传统的发展，但是，这个医生哲学家传统本身有着独立的价值，可以成为不同于哲学传统的另一个传统。[9] 这两个不同传统之间关系密切，对其中一方的了解可以帮助我们认识另一方。对于理解哲学传统来说，了解医生哲学家传统是必不可少的。

历史上，哲学家和医生的身份常常重叠。不少哲学家精通医术，同时，很多医生受过良好的哲学教育。古代的毕达哥拉斯、恩培多克勒、德谟克利特和亚里士多德，近代的笛卡尔、洛克等等，都是有着丰富医学知识的哲人。而我们这里要讨论的医生盖伦（Claudius Galenus, Galen of Pergamon）则是有着很高哲学素养的名医。

---

8 参见 Frede, Michael, "On Galen's Epistemology", in *Essays in Ancient Philosophy*, Oxford: Clarendon Press, 1987, p. 279.

9 Ibid., pp. 279-280.

在一般的哲学传统和医生哲学家传统中，古罗马医生盖伦的位置非常特别。首先，他同时处于这两个传统之中：作为希波克拉底之后最伟大的古代世界的医生，盖伦属于医生（哲学家）的传统；与此同时，他还是一位哲学家，这不仅因为他受过完整的哲学教育，写过很多专门的哲学论著，而且因为他在同时代和其他古代晚期的人们心中当得起哲学家的称谓。阿佛洛狄西亚的亚历山大（Alexander of Aphrodisias），忒弥斯提乌斯（Themistius），辛普里丘（Simplicius）和菲洛珀努斯（Philoponus）都不止一次地提到过盖伦。[10]

英国人纳通（Vivian Nutton）是盖伦研究方面的专家，他对盖伦生平年谱的研究被后来的很多学者所接受。在推进人们重新认识盖伦的贡献方面，纳通做了很多有益的工作。在“同时代人眼中的盖伦”一文中，纳通为我们展现了西元 2 至 3 世纪人们眼中的盖伦形象。纳通选取了三种不同的人作为他的考察对象：基督教异教徒特奥多图斯（Theodotus），希腊医生阿特纳奥斯（Athenaeus）和希腊哲学家阿佛洛狄西亚的亚历山大。

在一本大约写于西元 210 年的神学小册子里，作者描写了在罗马的一些由特奥多图斯领导的基督徒通过非基督教的知识修改圣经的故事。欧几里德、亚里士多德和特奥弗拉斯图斯（Theophrastus）是这些基督徒眼中的英雄。同时，他们中的很多人也崇拜盖伦。他们认为，身体的每一部分都是上帝所造，我们不能认识身体每一部

10 Frede, Michael, “On Galen’s Epistemology”, in *Essays in Ancient Philosophy*, Oxford: Clarendon Press, 1987, p. 280.

分的作用，但是医生可以告诉我们，哪怕是最微不足道的部分都是因着神意。很显然，盖伦的解剖学，尤其是他的《论身体各部分的功能》一书对他们有着重要影响。尼梅修斯（Nemesius of Emesa）的《论人的本性》（*De Natura Hominis*）一书即是以盖伦的解剖学结论为基础来讲述人体的构造。

盖伦的影响还藉着阿特纳奥斯的著作传到埃及。在书的前言中，阿特纳奥斯称盖伦在哲学和医学方面的著作数量超过他的前人。不管这些大量著述中是否涉及盖伦佚失了的作品，或者包含以盖伦之名而写成的作品，从中我们可以看到，在阿特纳奥斯生活的时代，盖伦的影响力在不断扩大。

纳通所讲的三个人中，亚历山大或许是真正可能见过盖伦并与他讨论过问题的人。亚历山大专门写了两篇文章来抨击盖伦，分别为《驳斥盖伦"论可能性"》和《驳斥盖伦"论第一推动者"》。但同时，亚历山大把盖伦和柏拉图、亚里士多德列在一起。虽然在他看来，盖伦对很多论题的论述存在问题，但是，盖伦在医学和哲学上所取得的成就足以让他在有生之年就跻身伟大思想者的行列。[11]

不可否认的是，盖伦在医学领域的地位和影响远远高于和大于他在哲学领域的地位和影响。一直以来，人们对作为哲学家的盖伦评价不高。生活在西元 2 世纪的盖伦和那个时代的很多其他哲学家一样，被贴上了折中主义者的标签，被认为缺乏哲学上的原创性和

11 参见 Nutton, Vivian, "Galen in the eyes of his contemporaries", *Bulletin of the History of Medicine 58*. Baltimore, 1984, pp. 315-324.

体系上的一贯性。但是，既然盖伦在医学上的折中和综合没有让人们忽视他在医学领域里的地位，那么在哲学上的情形也应该一样。我们不能简单地用“他是一个折中主义者”的表述就把盖伦打发过去。最近几十年，西方的学者越来越少地使用“折中主义”这一名字来指称那个时代的哲学家们。[12] 人们开始注意到盖伦在哲学史中的独特位置，开始重新认识到作为哲学家和医生的盖伦的价值。

盖伦不仅同时处于哲学传统和医学哲学传统之中，而且，他还处于这两个传统之间。他的贡献尤其表现在，他试图结合这两个传统来处理哲人和医生们都关心的话题。灵魂就是这样的一个话题。在盖伦关于灵魂问题的讨论中，他的双重身份和方法论原则得到了充分体现。作为哲学家，他继承了柏拉图、亚里士多德等哲学前辈在灵魂问题上的学说；作为医生，他继承了希波克拉底、希罗菲勒斯（Herophilus）、埃拉西斯特拉图斯（Erasistratus）等医术先驱者对灵魂的看法。此外，尤为可贵的探索在于，盖伦努力把医学方面的观察和对灵魂的哲学思考结合起来。

在灵魂与身体关系的讨论中，盖伦试图把哲学与医学结合起来的努力体现得尤为突出。在盖伦看来，不管灵魂是不是可朽的，我们所认识的都是在身体中的灵魂。通过论证灵魂和身体间的不可分，盖伦把对身体的认识运用到对灵魂的认识中，同时把对灵魂的关照和对身体的关照放在一起，使之服务于希腊化哲学的普遍性目标：对善和幸福的追求。盖伦对灵魂问题的重视，一方面是作为医生和

---

12 参见 Tieleman, Teun, *Galen and Chrysippus on the Soul*, E. J. Brill, 1996. p. xvii.

哲学家的必然要求，另一方面也是受到时代风尚影响的必然结果。

在盖伦生活的时代，即所谓的伦理化倾向的时代，哲学的目标从追求智慧变成了追求幸福，而要获得幸福就要保持灵魂的宁静。不管是伊壁鸠鲁派、新柏拉图主义、逍遥学派还是廊下派，如何使得灵魂宁静是他们研究的一个共同焦点。当时作为罗马帝国“官方哲学”的廊下派更是将按照“自然”生活、去除灵魂中的激情作为哲学的主要任务。为了这个任务，他们分析灵魂中的组成部分，分析灵魂中的理性和激情。作为生活在罗马帝国时期的医生哲学家，盖伦的身上很自然地体现了那个时代的特点。他关注时代的话题，参与时贤的论争，深受当时问题意识和方法进路的影响。反过来，盖伦也在一定程度上影响了时代的思想风貌。

盖伦的灵魂观是在吸收前人学说，以及与同时代各派医生和哲学家的争论中形成的。在他的灵魂观中，灵魂与身体的关系问题是其中的核心问题。盖伦对灵魂本质的讲述、对灵魂能力的考察、对医治灵魂疾病的讨论都基于他对灵魂与身体关系的理解。考察盖伦理解的灵魂与身体关系必然涉及他对灵魂本质、能力和疾病的讨论。从身体与灵魂关系角度入手考察灵魂，既可以帮助我们从哲学和医学两个方面来理解灵魂，也就是说从更完整的角度来认识灵魂；同时也可以帮助我们理解盖伦与其他哲学家的争论，特别是盖伦对克吕西普（Chrysippus）的批评，进而帮助我们了解希腊化时代的中心问题。盖伦的双重身份和他所处的特殊历史环境，他对灵魂与身体关系的理解，使得他的灵魂观在哲学史中的位置是独特的、无可替代的。

在现存的111篇盖伦著作中，[13]虽然没有一篇直接以“论灵魂”为题，但无可置疑的是，与灵魂相关的讨论在盖伦的诸多论述中处于中心地位。他的很多作品或多或少，或专门或间接地涉及灵魂。盖伦的解剖学、养生学、伦理学思想都与他的灵魂学说相关。盖伦关于灵魂的讨论常常与他关于身体的讨论放在一起。

在众多作品中，盖伦比较集中讨论灵魂问题的有论证灵魂三分的九卷本《论希波克拉底和柏拉图的诸种学说》（*De Placitis Hippocratis et Platonis*），讲述灵魂与身体关系的《灵魂的状态依赖于身体的混合》（*Quod Animi Mores Corporis Temperamenta Sequantur*）、《关于我自己的学说》（*De Sententiis*），以讨论身体结构为主同时讨论灵魂构成的《论身体各部分的功能》（*De Usu Partium*），以及几乎可以被看作纯粹伦理学的论著的《灵魂中的激情与错误》等等。本书中关于盖伦对灵魂问题的讨论主要依据以上这些著作。

其中，《论希波克拉底和柏拉图的诸种学说》《关于我自己的学说》《论身体各部分的功能》分别有德·兰西（Phillip De Lacy）、纳通、梅（Margaret Tallmadge May）的英译本。[14]《灵魂的状态依赖于身体的混合》《灵魂中的激情与错误》收录在辛格（P.

---

13 依据TLG希腊文本电子数据库所列的现存盖伦著作，盖伦是一位多产的作者，他从13岁就开始写作，一直写到70多岁。在《我自己的书》（De libris propriis）中，盖伦列举的著作超过200篇。虽然不少盖伦的著作现在已经佚失，但是仍然有大量的作品保留了下来。

N. Singer）编译的《盖伦选集》中。[15] 盖伦文献的希腊原文主要依据 1821 － 1833 年出版的由库恩（Karl Gottlob Kühn）编辑的 22 卷本《盖伦全集》（*Opera omnia Claudii Galeni*）。[16]

由于从哲学史角度而不仅仅是医学史研究盖伦是比较晚近的事，所以在盖伦的灵魂学说方面，专门的著作相对较少。就我目前所知，以盖伦对灵魂问题的讨论为主题的专著有蒂耶勒曼（Teun Tieleman）的《盖伦和克吕西普论灵魂》，[17] 吉尔（Christopher Gill）的《盖伦和廊下派的自然主义灵魂学》，[18] 辛格的《盖伦论灵魂：西元 2 世纪的哲学和医学》。[19] 辛格是《盖伦选集》的编译者，由他编辑并组织翻译注释的盖伦灵魂学著作即将出版。他的博士论文

---

14 *Galen on the Doctrines of Hippocrates and Plato*, trans., ed., and comm. by P. De Lacy, Berlin, 1978; *Galen on My own Opinions*, trans. by Vivian Nutton, Berlin, 1999; *Galen on the Usefulness of the Parts of the Body*, trans. by Margaret Tallmadge May, Cornell University, 1968.

15 *Galen: Selected Works*, trans. P. N. Singer, Oxford, 1997.《灵魂中的激情与错误》亦有 Harkins 译本，*Galen on the Passions and Errors of the Soul*, trans. by Paul W. Harkins, Ohio, 1963.

16 Hankinson 认为，Kühn 所做的编辑工作有很大的价值，但是比较匆忙，其中存在不少错误。相比而言，在此之后编辑整理的盖伦著作的质量更高一些，比如三卷本的 Galeni Scripta Minora [SM], eds. by Marquardt, Helmreich and Müller，Leipzig, 1884-93 和 Corpus Medicorum Graecorum (CMG: Berlin)。参见 Hankinson, James, “Actions and passions: affection, emotion and moral self-management in Galen’s philosophical psychology”, *Passion & Perceptions*, (eds.) Brunschwig and Nussbaum, Cambridge, 1993, p. 184 n.

17 Teun Tieleman, *Galen and Chrysippus on the Soul*, E. J. Brill, 1996.

18 Christopher Gill, *Naturalistic Psychology in Galen and Stoicism*, Oxford, 2010.

19 P. N. Singer, “Galen on the Soul: Philosophy and Medicine in the second Century AD”, Ph. D. diss., Cambridge, 1992.

是专门讨论盖伦灵魂观的，可惜我一直没有机会阅读到这篇论文。

蒂耶勒曼的《盖伦和克吕西普论灵魂》一书分析了盖伦和克吕西普关于灵魂的不同理解，分析的重点放在两者各自采用的论证方法上。作者的写作目的是通过对《论希波克拉底和柏拉图的诸种学说》中第二卷和第三卷的详细分析来讨论盖伦依循什么原则引用克吕西普在《论灵魂》中的内容，以及盖伦所用的这些引文在克吕西普的文本中到底以什么面目，出于什么目的而出现。对内容的理解建立在对方法的认识基础之上。只有搞清楚盖伦和克吕西普分别采用何种论争方法，以什么为前提，如何由此推出结论，我们才能认识和理解盖伦如何来判断廊下派哲学家们在谈论灵魂问题时所采取的立场和所持有的观点。

蒂耶勒曼指出，在《论希波克拉底和柏拉图的诸种学说》一书中，我们看到的是使用不同论辩方法的思想家之间的争论。在论证灵魂中哪个部分占据统治地位的时候，盖伦和克吕西普分别诉诸不同的前提：盖伦诉诸科学论证的前提，克吕西普诉诸普遍意见。蒂耶勒曼认为，诉诸普遍意见来说服听众是希腊化时期辩论的典型形式，这一方式来源于亚里士多德的辩证的论证方式。盖伦对这一背景似乎没有足够的同情，对克吕西普进行了过于严厉的批评。事实上，他俩所采用的不同的论证方式实质上分别来自亚里士多德的科学证明和辩证、修辞，是同一根系上发出的不同枝叶。蒂耶勒曼对克吕西普给予了很大同情，并指出，从盖伦对克吕西普的批评中，我们可以看到一些讨论科学、辩证和修辞关系的可能路径。

因为盖伦在写作中大量地引用了廊下派的观点，而很多廊下派学者（比如克吕西普）的著作已经佚失，所以，盖伦的著作对于廊下派学说的研究来说有着重要的文献价值，因此特别受到研究者们的重视。一方面，人们可以通过盖伦的转述研究克吕西普、波西东尼（Posidonius）等人的思想，尤其是他们关于灵魂中激情（pathos）的理解；另一方面，因为是转述，所以必然存在着是不是忠于原作者、是否存在误读的问题。在关于盖伦灵魂观的研究中，这两方面的讨论是目前人们关注的重点。库普（John M. Cooper）和吉尔都认为盖伦在解读廊下派哲学家关于激情的讨论时存在着断章取义和误读的现象。[20] 索拉布吉（Richard Sorabji）也在盖伦与廊下派论争的背景下讨论盖伦对灵魂的论述。他特别讨论了盖伦与波西东尼的灵魂观，认为他们两人是对情感进行物质、身体解释的代表。在指出盖伦和波西东尼在情感问题上的共同性之外，索拉布吉还讨论了两者之间的差别，认为盖伦对灵魂的身体解释更为彻底。[21]

吉尔的《盖伦和廊下派的自然主义灵魂学》也以盖伦与廊下派的关系为考察重点。与蒂耶勒曼不同的是，吉尔试图做的工作并不是从盖伦的误解中挽救廊下派理论，而是试图证明在灵魂问题上，盖伦的思想与廊下派的思想有很多相近之处，可以互相补充，从而为我们理解人的灵魂提供更为丰富的视角。在吉尔看来，盖伦和廊下派的灵魂观都有自然主义的倾向，都认为灵魂是动物有机体的一

20 参见 Sorabji, Richard, *Emotion and Peace of Mind*, Oxford, 2000, 以及 *The Emotions in Hellenistic Philosophy*, ed. by Juha Sihvola, Kluwer Academic Publishers, 1998。

21 Sorabji, Richard, *Emotion and Peace of Mind*, Oxford, 2000, pp. 253-260.

个必要部分，而拥有灵魂的动物又是自然的必要部分。盖伦的贡献在于，以解剖的方式证明灵魂统治部分位于大脑并通过神经系统发挥作用。廊下派的贡献在于，整体论的观点和把灵魂学中的各方面内容整合起来所进行的充分理论分析。他们各有所长，值得把他们放在一起来进行研究。吉尔认为，这两种思想的结合虽然没有实现，但就这两种思想本身而言，这种结合是可能的。

汉金森（R. J. Hankinson）是一位盖伦研究专家，他翻译了盖伦的《论治疗方法》和《论先导原因》，[22] 编写了《盖伦剑桥指南》。[23] 他对盖伦的研究主要集中在盖伦的逻辑学说和因果论学说方面。他对盖伦灵魂学说的考察也主要从这两个方面出发。在《盖伦的灵魂解剖学》一文中，[24] 汉金森详细讨论了盖伦对灵魂结构的论述，考察了盖伦在论证灵魂三分时使用的认识论、方法论原则。汉金森认为，盖伦在讨论灵魂问题的时候结合了哲学家和医生两种专业身份。虽然在结合理性原则与经验观察方面，盖伦所做的努力让人印象深刻，但是盖伦所运用的论证方法并不能达到他为自己设置的理想目标。

我们注意到，这些关于盖伦灵魂观的讨论多与盖伦的方法论和他与廊下派的争论相关。这些问题在盖伦关于灵魂的讨论中都是非常重要的。而且已有的研究比较深入，我在很多地方多有借鉴。本书尝试从哲学传统和医学传统共同存在的大背景下考察盖伦的灵魂

---

22 *Galen on the Therapeutic Method*, trans. by R. J. Hankinson, Oxford, 1991; *Galen on Antecedent Causes*, trans. by R. J. Hankinson, Cambridge, 1998.

23 *The Cambridge Companion to Galen*, eds. R. J. Hankinson, Cambridge, 2008.

24 Hankinson, R. J., "Galen's Anatomy of the Soul", *Phronesis* 36.3 (1991): 197-233.

观，透过盖伦在哲学和医学上的独特位置来思考盖伦对灵魂与身体的理解。本书的主要工作是讨论盖伦对灵魂、特别是灵魂与身体关系的理解，考察作为医生哲学家的盖伦在这个问题上如何继承他的哲学前辈，如柏拉图和亚里士多德，以及他的医学前辈，如希波克拉底的思想遗产，分析他处理此问题时遇到的困难、面临的问题，并且力图指出盖伦在这个问题上所做出的特殊贡献。

盖伦对灵魂的理解总是与对身体的理解连在一起，但同时，他又没有对灵魂做出完全身体化的解释，没有采取还原主义的立场，将灵魂的存在完全还原为身体的功能。在他的理论中，灵魂在某种程度上保持了自己的独立性。盖伦对待灵魂和身体的态度，与他对待哲学和医学的态度有着相互对应的关系：一方面，他认为两者密不可分，在具体的讨论中努力贯彻把两者结合起来的立场；但另一方面，他又把两者区分开来，使得两者之间一直存在着一种张力。因此，结合哲学和医学两个方面来考察盖伦对灵魂和身体的理解，对于理解盖伦的灵魂学来说至关重要。这既是盖伦灵魂学说的主要特点，也是盖伦对灵魂学说的主要贡献。与此同时，对盖伦所讨论的灵魂与身体关系的考察也为我们理解希腊化时期哲学与医学间的关系提供了一个很好的例证。

在具体考察盖伦对灵魂与身体关系问题的讨论之前，有必要对盖伦的生平和思想做一个简要的概述。这不仅因为国内哲学界对盖伦的陌生，[25] 而且因为盖伦的个人经历本身便是当时哲学与医学间彼此影响的一种体现。这种影响对于理解盖伦所思考的灵魂与身体关系来说尤为重要。因此，在第一章中，我们重点考察了盖伦的受教育情况和他的主要实践活动。通过这些考察我们看到，盖伦既是医生又是哲学家的双重身份一方面是当时哲学和医学自身内在相关性的必然要求，另一方面也是盖伦个人经历和社会生活共同作用的结果。

盖伦受过哲学和医学两方面的完备教育。他所生活的 1 － 2 世纪的罗马盛行“第二智者运动”（具体介绍见第一章第二节）。医生们不仅为病患治病，同时也参与公民教育的工作。盖伦所留下来的著作和他所从事的各项实践活动都是这两种身份的具体体现。他一方面像哲学家那样讨论当时哲人关心的问题，一方面像医生那样给具体的病人治病。他所关心的哲学问题多与医学实践有着直接关系，例如对研究方法的讨论直接涉及如何获得医学知识，涉及解剖学的合法性。盖伦医学实践的最终旨趣是希腊化时期哲学家们共同关注的人的幸福。所以，对盖伦思想的理解必然包含了医学和哲学两个方面。这两个方面的紧密结合体现在盖伦思想的各方各面。这两方面的结合突出体现在盖伦关于灵魂问题的讨论中。对盖伦灵魂观的考察，可以理解为是对盖伦在结合哲学与医学上所做的一项具体工作的考察。虽然第一章没有直接讨论灵魂问题，以及灵魂与身体的关系问题，但是，这一部分的讨论为后面的具体讨论提供了重要的背景，是一项必不可少的准备工作。以这个为基础，我们才可

25 西方比较权威的哲学史长编，比如多卷本的 *The Cambridge History of Philosophy* 的希腊化哲学那一卷就多次讨论了盖伦的思想。参见 *The Cambridge History of Hellenistic Philosophy*, Cambridge University Press, 1999, 2002 reprinted.

能理解盖伦在灵魂与身体关系的讨论中所持有的态度。

接下来的三章是对盖伦所理解的灵魂与身体问题的具体讨论。第二章分析身体与灵魂的关系问题。在灵魂问题中，灵魂与身体的关系问题是首要的。因为这涉及对灵魂本质的认识，只有在这个认识基础上，与灵魂相关的其他具体讨论才能进一步展开。在清楚了盖伦所讲的灵魂是什么，灵魂与身体的关系到底如何之后，第三章的讨论围绕盖伦对灵魂三分的证明展开。通过对身体结构和功能的认识来论证灵魂分有三个部分，这三个部分分别起源于身体的三个不同部位。这一对灵魂具体属性的讨论既是对前一章论述灵魂与身体关系的进一步证明，也为后一章关于灵魂三部分之一的激情部分的考察提供了理解上的支持。第四章关于灵魂激情的讨论是在前面论述过的灵魂三分的理论框架下进行的，对激情的理解是对灵魂三分理解的必要补充。之所以把对激情的讨论单列出来，主要是因为在盖伦生活的希腊化时代，激情和灵魂的安宁是人们普遍关心的话题。对激情的诊断和治疗可以帮助人们拥有健康的灵魂，帮助人们成为具有美德的人，而这也是盖伦自己特别关心的。在关于激情的讨论中，盖伦的身体与灵魂紧密联系在一起的思想同样得到了贯彻。把哲学家的工作和医生的工作结合起来的努力，在对激情的治疗中有了更为直接的体现。

第二章对灵魂与身体关系的讨论从盖伦对灵魂本质的两种不同表述谈起。盖伦一方面否认自己有关于灵魂本质的知识，一方面又认为只有从灵魂本质出发才能获得关于灵魂的正确认识。这两种看似互相矛盾的表达，都与盖伦所强调的灵魂不能独立于身体而存在的观点密切相关。因为身体与灵魂密不可分，所以盖伦不认为灵魂是与身体分开的独立存在。如果灵魂本质的内容涉及灵魂是否独立存在，是否不朽的话，盖伦否认他有关于灵魂本质的认识。但是，盖伦并没有否认自己有关于灵魂的认识，他在很多文章中讨论与灵魂相关的话题。他认为，对灵魂的认识要通过对身体的认识来获得。他继承了希波克拉底的四体液说，用它来解释灵魂与身体之间的相关性。同时，他还继承了亚历山大医生们的解剖成就，把它运用到对灵魂的认识中来。盖伦强调从灵魂本质出发才能获得关于灵魂的正确认识，这种说法与他在认识灵魂的过程中对解剖学的强调有着直接关系。

第三章讨论的重点是盖伦对灵魂三分的证明。在具体论述盖伦的证明之前，首先要对盖伦的论证方法和解剖学有个在先的讨论，因为盖伦对灵魂三分的证明是在他的论证方法指导下进行的。盖伦所提倡的论证方法在很大程度上继承了亚里士多德的观点。他把亚里士多德的方法和对身体解剖的重视与柏拉图的灵魂三分观点结合起来，以此来描绘身体与灵魂的结构。在灵魂三分的证明中，克吕西普的灵魂观是盖伦的主要批评对象。在盖伦看来，克吕西普关于灵魂的讨论不仅结论是错误的，而且方法也是不可取的。克吕西普的灵魂一元论必然带来对激情的错误理解，从而在保持灵魂健康的问题上无法给出令人满意的建议。

在前两章论述的基础上，第四章讨论盖伦关于激情和如何保持灵魂健康的理解。从词源上看，激情和疾病之间有着亲缘关系。对灵魂中激情的考察必然涉及对灵魂疾病的考察，而对激情与疾病关系的理解进一步关涉到对灵魂健康的理解。盖伦在灵魂三分的架构下讨论情感在灵魂中的作用。他认为，只有不当的情感才是疾病，才应该被治疗。他不主张像克吕西普那样，根除一切情感。既然盖伦理解的灵魂和身体之间有着明显的相关性，那么在治疗灵魂疾病的时候，盖伦有时会从身体入手，把对身体的调养看作灵魂调养中的一个部分。将医生的工作引入伦理教化工作中去，盖伦的这一努力符合他的哲学家和医生的双重身份。

对医生哲学家盖伦的灵魂观的考察是作为对哲学和医学关系的一个具体实例的考察进行的。对哲学与医学关系的思考虽然不是本书直接涉及的内容，却为全书写作提供了背景和动力。放在最后的附录是完成于全书写作之前的一篇对古代哲学与医学关系进行历史梳理的文章。希腊医学的产生和发展依靠哲学的帮助，同时，希腊哲学的发展也从医学中汲取养料。古典世界的哲学与医学之间常常没有明晰的界限，它们彼此独立，却又密切相关，相互影响。正是在这样的大背景下，我们思考一位著名医生的哲学行动便是件非常自然的事了。

第一章　作为医生和哲学家的盖伦

在西方医学史上，盖伦是继希波克拉底之后最伟大的医生，被认为是古希腊医学最高成就的代表。他在当世就获得了极高的声誉。在罗马，特别是罗马的上层社会，盖伦凭借医术享有盛名。他给执政官波厄图斯（Flavius Boethus）及其家人看病，而且，他是多位罗马皇帝的御医。[26]

除了医学上的成就，盖伦的声誉还来自于他作为一位哲学家，一位有文化的社会教育者。与盖伦同时代的亚里士多德注释者阿佛洛狄西亚的亚历山大（Alexander of Aphrodisias）把盖伦与柏拉图和亚里士多德相并列。[27] 在当时，无论是罗马的基督教异端者，生活在埃及或者罗马的希腊语文学家，还是雅典的哲学家都承认盖伦在哲学和医学上的声誉和重要性。[28]

盖伦不仅仅影响了他所生活的那个时代，而且影响了之后近 1 500 年的西方医学。他和托勒密、阿基米德一起对西方科学思想的形成起了最为重要的作用，对后世理智生活的影响甚至可以媲美

26 盖伦曾给马克·奥勒留 (Marcus Aurelius)，他的儿子康茂德 (Commondus) 以及之后的好几位继任者看病。

27 虽然亚历山大不同意盖伦的很多观点，但是盖伦的医学成就连同他在哲学上的贡献，使得亚历山大仍然把他归在大师的行列。参见 Vivian Nutton, "Galen in the eyes of his contemporaries," *Bulletin of the History of Medicine 58*. Baltimore,1984, p. 320。

28 同上，p. 324。

柏拉图和亚里士多德。[29] 他的医学思想通过阿拉伯和叙利亚学者们的翻译和解释，成为在穆斯林世界中至今仍然保存的一个重要传统的基础；他的著作被翻译为拉丁文成为了早期意大利和西班牙医学院的课本；他的作品为中世纪医学理论奠定了基础，是中世纪医学和生物学思想的最高权威。[30]

盖伦在医学和哲学上所取得的成就与他早年所受的教育和他所处的时代有着很大的关系。要理解盖伦的思想就有必要首先对他的受教育情况和在当时时代风气影响下的实践活动有一个大致的认识。通过对这两方面的简要考察，我们可以看到，盖伦的医学实践和哲学思想是这两方面因素综合作用的结果。

第一节　盖伦所受的哲学和医学教育

盖伦约生于西元 129 年 9 月，[31] 卒于 210 － 216 年之间。[32] 他出生在靠近爱琴海的珀加孟（Pergamum，今土耳其境内）。[33] 珀加孟是一座典型的希腊化城市，以医神阿斯克勒庇俄斯（Aesculapius）神庙

---

29 *The Cambridge Companion to Galen*, R. J. Hankinson (eds.), Cambridge University Press, 2008, p. xvii.

30 *Galen: Selected Works*, trans. P. N. Singer, Oxford University Press, 1997, p. vii.

31 E. Klebs 认为盖伦出生于西元 128 年或 129 年，但是更多的学者认为有足够的证据证明盖伦出生在西元 129 年，持有这种观点的有 J. Ilberg 和 V. Nutton，参见 Johannes Ilberg, *Aus Galens Praxis, Neue Jahrb. f. d. Klass. Altertum Gesch. u. Deutche Lit.*, 15, S. 277, n. 1; V. Nutton, “The chronology of Galen’s early career”, *Classical Quarterly*, 23, 1973, pp.158-71。

著称，有着可以和最为著名的亚历山大城图书馆相媲美的图书馆。生活在这座城市中的人们虽然处于罗马的统治之下，却非常热衷于从事复兴希腊文化辉煌的工作。盖伦所出生的家庭属于城市上层。他的父亲就参与了当时希腊文化的复兴事业。盖伦深受自己家庭的影响，他日后所从事的事业在很大程度上也可以被看成是这项工作的一部分。

盖伦的父亲尼可（Nicon）是当时一位讲希腊语的社会精英，是一位精通几何、算术、建筑、逻辑和星象的建筑师。[34] 在盖伦早年的学习过程中，尼可要求盖伦在学习其他学科的同时也要接受自己所擅长的几何、算术和语法方面的严格训练。[35] 除了在教育方面规划盖伦所要学习的科目，尼可的个性和生活态度也是盖伦学习的典范。尼可为人正直、慷慨、仁慈，和盖伦的母亲形成鲜明对比。盖伦一生都把父亲作为自己的榜样，而把母亲作为反面典型，用以提醒自己不要成为像母亲那样脾气暴躁易怒的人。[36] 盖伦对控制灵

32 传统上一直认为盖伦死于 199 年，但依据 V. Nutton 的研究，盖伦应死于 210 年之后。以前之所以得出错误的结论，部分是因为对阿拉伯文献中记载的 70 年的理解不当，70 年指的是盖伦的医学实践生涯，而不是他的寿命，如果加上盖伦学习的时间，那么他应该死于 210 － 216 年之间。参见“Galen in the eyes of his contemporaries”，见 Vivian Nutton, *From Democedes to Harvey: Studies in the History of Medicine*, London 1988.

33 这是当时罗马帝国的一个省级市，位于小亚细亚的最西端。

34 *Galen on the Passions and Errors of the Soul*, trans. Paul W. Harkins, Ohio State University Press, 1963, p. 58. (K V, 42)

35 Galen, “My Own Books”（K XIX 40）；“The Order of My Books” (K XIX 59), in *Galen: Selected Works*, trans. P. N. Singer, Oxford, 1997, p.18, 27.

魂中的激情的重视一定程度上是因为对母亲的坏脾气的反感。盖伦父亲对他的影响，无论就其医学事业的发展而言，还是就其生活态度的形成而言都是决定性的。尼可的投资和建筑事业使得他的家庭拥有丰厚收入，从而让盖伦不必过早地为生计操心，可以自由地到处求学。尼可的希腊古典素养和廊下派的生活方式在很大程度上规定了盖伦的学习方向和处事态度，甚至盖伦所毕生从事的事业也是由于他父亲的一个梦而被决定的。[37]

在盖伦所接受的教育中，除了当时每个有教养的公民都必须接受的数学和语法训练之外，主要涉及哲学和医学两个方面。在这两个方面，盖伦的学习覆盖了当时流行的各个主要派别，可以说是博采众长。在盖伦 15 岁的时候，尼可让他全身心地接受哲学教育。[38] 盖伦分别跟随廊下派的菲洛帕特（Philopater）的学生，柏拉图学园派的盖依乌斯（Gaius）的学生，逍遥派的阿斯帕西乌斯（Aspasius）的学生和一位从雅典来的伊壁鸠鲁派哲学家学习哲学。[39] 在盖伦 17 岁的时候，尼可梦见医神阿斯克勒庇俄斯，并得到指示：他的儿子应该学习医学，并以此作为自己的毕生事业。[40]

---

36 *Galen on the Passions and Errors of the Soul*, trans. Paul W. Harkins, Ohio State University Press, 1963, p. 57.（K V 40-1）

37 “在我 17 岁的时候，他被一个很清晰的梦所说服，这个梦中要我在学习哲学的同时学习医学。” Galen, “The Order of My Books” (K XIX, 59), in *Galen: Selected Works*, trans. P. N. Singer, Oxford, 1997, pp. 27-8.

38 Galen, “The Order of My Books” (K XIX 59), in *Galen: Selected Works*, trans. P. N. Singer, Oxford, 1997, p. 27.

39 *Galen on the Passions and Errors of the Soul*, trans. Paul W. Harkins, Ohio State University Press, 1963, pp. 57-8. (K V 42)

经过三年的哲学学习之后，盖伦按照父亲的指示，开始跟随不同医学派别的医生们学习医学。与盖伦学习哲学时的情形一样，盖伦的医学老师们也来自不同的学派。这其中有独断论派（或唯理派）的萨图罗斯（Satyrus）和斯特拉托尼库斯（Stratonicus），名义上是独断论派而实践上却是气息派（Pneumatists）的埃费西安努斯（Aephicianus），以及经验派的埃斯克瑞欧（Aeschrio）。盖伦跟随萨图罗斯学习解剖术和外科术，跟随斯特拉托尼库斯学习临床实践和放血疗法，斯特拉托尼库斯向他传授了后来被盖伦所抛弃的气息派的学说，而埃斯克瑞欧则为盖伦打开了药理学的治疗世界。[41]

分别向不同学派的哲学家们和医生们学习是盖伦父亲的安排。尼可认为，盖伦的老师们不必观点一致，盖伦也不必匆匆把自己归为其中任何一派，而应该在经过学习各家各派的学说之后，逐渐形成自己对事物的判断。[42] 尼克的这一态度一直影响着盖伦。盖伦对当时以及之前的各种哲学和医学流派的态度，一直遵循着父亲对他的教诲：不盲信权威，不随意附合其中任何一派，任何一人，而是通过自己的认真学习和研究做出独立判断；值得热爱的应该仅仅是真理本身，对钱财、荣誉和名声则应持蔑视的态度。[43]

40 Galen, *On prognosis*, edition, translation and commentary by Vivian Nutton, Berlin, 1979, 2.12, pp. 76-8.

41 Luis García-Ballester, “Galen’s medical works in the context of his biography”, *Galen and Galenism*, Ashgate Publishing Company, 2002, pp. 12-13.

42 Ibid., p. 58.（K V 42, VI 755）

43 Ibid., K V 43.

除了在对待学问的态度方面，盖伦受到了父亲很大的影响，在对待生活的态度方面，盖伦也同样秉承父亲的教导。尼可认为，盖伦应该追求正义、节制、坚毅和审慎，就像很多人所做的那样。但是，比这更重要的是保持心里的平静，不要发怒和悲伤。因为在那种情况下，人们往往会背离原本追求的诸种美德。人不应该因为别人不尊重自己，或者因为钱财上的损失而难过。对于个人而言，只要有足够保持身体健康的财物就可以了，多出来的钱财应该用于做有意义的事情。[44] 盖伦对待真理和德性的态度继承了他父亲的看法：无论是真正的哲学家，还是真正的医生，在盖伦看来都应该同时是节制的朋友和真理的伙伴。[45]

当盖伦把医学知识的学习视为主要任务的时候，他在哲学、修辞学和其他自然科学上的学习并没有就此停止。大约西元 148 — 149 年，盖伦的父亲去世。尼克给盖伦留下大笔遗产，使得他可以不用为金钱担忧而继续学业。一年之后，盖伦追随老师萨图罗斯来到士麦那（Smyma）。[46] 盖伦在那里继续学医的同时跟随新柏拉图主义者艾尔庇努斯（Albinus）和新毕达哥拉斯主义者尼可马库斯（Nicomachus）学习哲学，跟随特翁（Theon）学习数学和星象学，并向智者阿里斯德斯（Aristides）请教修辞学。[47] 在盖伦看来，虽然

44 Ibid.

45 *Galen: Selected Works*, trans. P. N. Singer, Oxford University Press, 1997, p. 33. (K. I 59)

46 士麦那位于珀加孟的南边，是爱琴海沿岸另一个重要的希腊化城市，以哲学和医学教育而著名。参见 Julius Rocca, *Galen on the Brain*, Brill, 2003, p. 3, n. 14.

医学是自己将要从事一生的事业，但要真正成为一名好医生，对哲学、修辞学和数学的学习是必须的，这其中对哲学的学习特别重要。

盖伦早年写过一篇文章，这或许是他最早写作的一篇文章，名为《最好的医生同时也是一位哲学家》。[48] 在这篇小文中，盖伦对医生为何要学习哲学做了比较详尽的分析。

> [医生]必须学习逻辑知识，以便发现身体的本性，疾病间的差异，以及治疗方法的适应症；为了能一直从事这一事业，他们必须蔑视金钱、培养节制。因此，他必须了解哲学中的所有分支：逻辑学、物理学、伦理学。因为他行为节制、蔑视金钱，他就不会有采取任何恶的行为的危险。人们的所有恶的行为都是由于贪婪或者享乐而引起。他必然也拥有其他的诸种美德，因为所有的美德是联系在一起的。不可能只获得了其中的一个而其他的不立刻随之而来，它们就如同是连在一根绳子上一样。[49]

随着盖伦医学学习上的越来越深入，他的这一观点，也就是要成为一名真正的医生必须同时成为哲学家的观点，也越来越得到更为具体的强化。在研究身体和疾病的时候，盖伦会把逻辑证明的方法运用到认识的过程中去，同时他认为，追求美德不仅是对医生自

---

47 Luis García-Ballester, “Galen’s medical works in the context of his biography”, *Galen and Galenism*, Ashgate Publishing Company, 2002, p. 14.

48 在库恩编辑的 22 卷本《盖伦全集》中，这一篇被编在非常靠前的位置（第一卷的第三篇）。

49 Galen, “The Best Doctor is also a Philosopher”, in *Galen: Selected Works*, trans. P. N. Singer, Oxford University Press, 1997, p. 33.（K I 60-61）

身的要求，而且也是医生帮助病人所要达到的目标。

虽然盖伦几乎学习了当时流行的所有哲学和医学思想，但这些思想对盖伦产生的影响并不是等同的。在盖伦所受的医学教育中，对他影响最大的是希波克拉底医学和解剖学。盖伦在解剖学方面的学习从在家乡跟随萨图罗斯学习解剖术和外科手术的时候就开始了。后来，他又听从佩罗普斯（Pelops）[50]的建议去科林斯（Corinth）跟随努密西阿努斯（Numisianus）学习解剖。[51]

大约152年，盖伦跟随努密西阿努斯来到了亚历山大城。这座城市是希腊化时期的文化中心，也是当时古希腊医学的中心。西元前3世纪的亚历山大医生们有机会进行尸体解剖和活体解剖的尝试。解剖学在这里得到了极大发展。著名的解剖家希罗菲勒斯和埃拉西斯特拉图斯都是亚历山大的医生。[52]虽然到了盖伦生活的时代，人体（无论活体还是尸体）解剖已经被禁止，但是直到古代后期，亚历山大城的解剖学一直走在其他地区的前面。

在亚历山大城的学习进一步丰富了盖伦的解剖和临床治疗知识。盖伦认为，解剖学研究关涉对身体中各部分的正常功能的认识。通过解剖，自然哲学家可以认识身体中的每一部分及每一部分的构成元素，比如体液、原子等等，进而认识自然的伟业。通过解剖，

50 佩罗普斯是盖伦极为尊敬的老师。当老年盖伦回忆自己年轻时经历的时候，他写道，佩罗普斯教给他的各种体液表现出的症状对自己后来的研究实践一直有帮助。参见 Luis García-Ballester, *Galen and Galenism*, "Galen's medical works in the context of his biography", Ashgate Publishing Company, 2002, p. 14.

51 Luis García-Ballester, "Galen's medical works in the context of his biography", *Galen and Galenism*, Ashgate Publishing Company, 2002, pp. 12-13.

医生则可以认识和治疗病人身体内在器官的病变。无论对于医生，还是对于自然哲学家来说，解剖都是不可避免的工作。[53]

盖伦对解剖的重视一方面受到当时医学研究状况的影响，另一方面也与他对科学研究的兴趣相关。对科学研究的兴趣固然是哲学的兴趣，但是由此带来的认识身体的方式却是通过解剖的方式呈现的。关于盖伦对解剖的重视，我们在后面还会专门讨论。[54] 在这里，在考察解剖学在盖伦所受教育中所占的位置的时候，我们已经注意到盖伦对解剖学的钟爱。

虽然盖伦最为敬重，并且对他影响最大的老师都精通解剖，但解剖学只是盖伦所受的医学教育中的一个部分。他出身的珀加孟和后来

---

52 根据克尔苏斯的记载，希罗菲勒斯和埃拉西斯特拉图斯都曾有机会对罪犯进行活体解剖。（Celsus, *On Medicine*, Proem 23-4）希罗菲勒斯继承了亚里士多德所做的大脑和小脑间的区分，并首先区分了脑室。他认为小脑前的第四脑室是理智（intellect）的处所。他对解剖学的最重要贡献是发现神经系统，区别了感觉神经和运动神经，并证明神经起源于脑。之后，埃拉西斯特拉图斯极大地推进了脑和神经的研究。我们对希罗菲勒斯和埃拉西斯特拉图斯的了解很多依赖于盖伦的描述。盖伦不仅专门写了关于埃拉西斯特拉图斯的解剖学的书，在其他讨论解剖的书中也会谈及希罗菲勒斯和埃拉西斯特拉图斯的研究成果。参见 James Longrigg, *Greek Rational Medicine*, Routledge, 1993, pp. 177-219; *Greek Medicine*, Duckworth, 1998, pp. 84-100.

53 关于解剖学对于不同人的用处，参见 *Galen on Anatomical Procedures*, tr. by C. Singer, Oxford, 1956, p. 33："解剖学研究对以下几种人有用处：一种是由于知识本身的原因而热爱知识的自然哲学家（anēr physikos）；第二种是那些为了表明大自然不会做无用的尝试而重视解剖的人；第三种是为了研究生理或心理功能而给自己储备解剖学知识的人；第四种是实业医生，他们必须有效地将弹片等东西从体内清除出去，然后恰当地活动身体各个部分，或者治疗伤口、瘘管以及脓肿等等。"

54 见第三章第一节的"四、证明方法与解剖学"。

学习时呆过的亚历山大城都有很深的希波克拉底传统。盖伦的老师佩罗普斯就做了不少希波克拉底著作的注疏工作。[55] 盖伦对希波克拉底一直抱有极高的敬意，称他为最优秀的医生。这不仅因为盖伦受到了自己老师的影响，而且因为盖伦从他的父亲那里继承了对希腊文化的热爱。在亚历山大城学习期间，盖伦一边跟随老师学习临床实践知识，一边继续认真研读希波克拉底的著作。在盖伦结束了自己的学习生涯之后，他对希波克拉底的大部分著作进行了注释。[56] 盖伦对希波克拉底著作进行注疏的主要目的在于训练自己熟悉希波克拉底的整个医学思想。这些著作不同于盖伦的其他著作。那些著作或以有教养的读者，或以医学初学者和专业医生为写作对象。[57]

---

55 Luis García-Ballester, “Galen’s medical works in the context of his biography”, *Galen and Galenism*, Ashgate Publishing Company, 2002, p. 14.

56 盖伦对希波克拉底的《箴言录》(*Aphorismoi*)《论骨折》(*peri agmōn*)《论关节》(*peri arthrōn*)《论预后》(*prognōstikon*)《重症之下的养生术》(*peri diatēs oxeōn*)《论伤口》(*peri helkōn*)《论头部伤》(*peri tōn en kephalē trōmatōn*)《流行病》(*epidēmiai*)，《论体液》(*peri chymōn*)《论营养》(*peri trophēs*)《人的本性》(*peri physios anthrōpou*)《空气，水和地方》(*peri aerōn hydatōn topōn*)等等做了注疏。Galen, “My Own Books”(K XIX, 34-7), *Galen: Selected Works*, tr. P. N. Singer, Oxford University Press, 1997, pp. 15-6。盖伦对希波克拉底的很多注疏完成于第二次逗留罗马时期的 169 年至 175 年之间，参见 P. N. Singer 编写的年表，*Galen: Selected Works*, tr. P. N. Singer, Oxford University Press, 1997, p. li. 盖伦做这项工作的部分原因是为了指出当时一些对希波克拉底著作的错误解释，反驳人们对希波克拉底的批驳，例如方法论学者尤利安(Julian)对希波克拉底《箴言》(*Aphorisms*)的不恰当征引和对希波克拉底体液说的谴责。

57 Galen, “My Own Book” (K XIX 33), *Galen: Selected Works*, tr. P. N. Singer, Oxford University Press, 1997, p. 15.

盖伦接受和发扬了希波克拉底的四体液说和他的大部分治疗方法。[58] 虽然希波克拉底在医学史上的最大贡献是把医学从哲学中分离出来，使之成为一门独立的学科，[59] 但是盖伦对希波克拉底的考察却不是完全与哲学无关的。他把最优秀的（aristos）医生希波克拉底和第一位的（prōtos）哲学家柏拉图放在一起来进行考察。[60] 盖伦认为，他们在很多问题上持有相同观点，例如在对统治我们的三种力量，构成身体的四元素和如何于相似之物中区分彼此的问题上他们的观点都非常一致。[61]

就像希波克拉底在医学上对盖伦影响很大一样，在哲学上，柏拉图对盖伦的影响也是很大的。[62] 在所有的哲学家中，盖伦把柏拉图放在第一的位置上，对他推崇备至。盖伦曾经在珀加孟跟随学园派盖依乌斯的学生学习，在士麦那又跟随新柏拉图主义者艾尔庇努斯学习。不过，盖伦关于柏拉图学说的知识更多的不是来自柏拉图主义者们，而是来自柏拉图的对话本身。盖伦曾用八卷本的篇幅来

---

58 R. O. Moon, *The Relation of Medicine to Philosophy*, Longmans, Green and Co. 1909, p. 38.

59 克尔苏斯称希波克拉底是第一位把医学从哲学中分离出来的人。参见克尔苏斯在《论医学》(*De Medicina*) 前言中的表述。

60 *Galen on the Doctrines of Hippocrates and Plato*, III 4.30, tr., ed., and comm. by P. De Lacy, Berlin, 1978, p. 199.

61 参见 *Galen on the Doctrines of Hippocrates and Plato*, tr., ed., and comm. by P. De Lacy, Berlin, 1978.

62 虽然盖伦自己不喜欢被称为柏拉图主义者，但他对柏拉图哲学的继承是很明显的。关于盖伦学说中的柏拉图因素参见 De Lacy, "Galen's Platonism", *The American Journal of Philology*, Vol. 93, No. 1 (Jan., 1972)

对柏拉图的对话进行摘要和概括。[63] 遗憾的是，盖伦对柏拉图的概述没有完整保留下来。[64] 仅从保留下来的材料中，我们仍然可以看到盖伦对柏拉图对话的熟识。盖伦继承了柏拉图灵魂三分的观点，他所赞扬的具有智慧和权能的造物主（Demiurge）形象也可以在柏拉图的《蒂迈欧》中找到。[65]

除了柏拉图之外，亚里士多德对盖伦的影响是最大的。盖伦不仅曾经跟随逍遥派哲学家阿斯帕西斯的学生学习，而且也是欧德谟斯（Eudemus）的学生和朋友。[66] 他对亚里士多德著作所做的评注主要集中在《工具论》诸篇上。[67] 对于亚里士多德在动物学（也包括生理学）方面的成就，盖伦也非常熟悉。《灵魂的状态依赖于身

---

63 Galen, "My Own Books"（K XIX 46）, *Galen: Selected Works*, tr. P. N. Singer, Oxford University Press, 1997, p. 21.

64 "通过阿拉伯文献我们可以知道在前四卷中这些被总结的对话是：（1）《克拉底鲁》，《智者篇》，《政治家篇》，《巴门尼德》，《欧绪弗洛》；（2）《理想国》第一至第四卷；（3）《理想国》第五至第十卷和《蒂迈欧》；（4）《法篇》。对《蒂迈欧》的概述，对《理想国》概述中的两个片段和对《法篇》概述的一个片段在阿拉伯文献中保存下来，收录在 R. Walze 编辑的 *Plato Arabus* I 中。" De Lacy, "Galen's Platonism", *The American Journal of Philology*, Vol. 93, No. 1 (Jan., 1972), p. 31.

65 参见 *Galen on the Doctrines of Hippocrates and Plato*, tr., ed., and comm. by P. De Lacy, Berlin, 1978; *On the Usefulness of the Parts of the Body*, trans. Margaret Tallmadge May, Cornell University Press, 1968.

66 盖伦曾给逍遥派的欧德谟斯看过病，并经由他在罗马上层社会中传播医术上的盛名。Galen, *On Prognosis*, 2, 2-11, trans. Vivian Nutton, Berlin, 1979, pp. 74-6.

67 盖伦对亚里士多德的《解释篇》、《前分析篇》、《后分析篇》和《范畴篇》都做过详细的注释。见 Galen, "My Own Books" (K XIX, 47), in *Galen: Selected Works*, trans. P. N. Singer, Oxford, 1997, p. 21.

体的混合》中，盖伦对亚里士多德《动物的部分》和《动物志》中相关段落的大量引用就是明证。虽然盖伦没有像赞颂柏拉图那样赞颂亚里士多德，但他对亚里士多德的态度较之对其他哲学家的态度来说显然更为亲和。他称亚里士多德为“最亲爱的（philtate）亚里士多德”，但他却很少用这样的词来称呼克吕西普。[68] 盖伦最推崇的哲学家是柏拉图，但实际上影响他最多的哲学家是亚里士多德。他继承了亚里士多德的自然目的论学说和科学论证方法。他对解剖学的重视也是亚里士多德传统的体现。[69]

因为早年同时受过医学和哲学两方面的系统训练，所以，当盖伦日后进行思考和实践的时候，医学和哲学的影响总是同时存在。在盖伦看来，医学和哲学关系密切。总的来说，它们不仅使用相同的方法，有类似的价值追求，[70] 而且还有共同关心的话题。[71] 而就具体的医学主张和医学流派来说，它们与不同的哲学家之间有着紧密的关联。就对盖伦影响最大的解剖学和希波克拉底医学来说，前者与亚里士多德关系更大，而后者与柏拉图关系密切。亚里士多德

68 De Lacy, “Galen’s Platonism”, *The American Journal of Philology*, Vol. 93, No. 1 (Jan., 1972), p. 33.

69 参见 Galen, *On the Usefulness of the Parts of the Body*, trans. Margaret Tallmadge May, Cornell University Press, 1968; *Galen on the Doctrines of Hippocrates and Plato*, tr., ed., and comm. by P. De Lacy, Berlin, 1978.

70 在《最好的医生同时也是一位哲学家》中，盖伦从逻辑学、物理学和伦理学三个方面分析了哲学在一个人成为真正医生的过程中不可或缺的作用。正是因为哲学和医学之间有着可通之处，它们才会彼此影响和需要。

71 比如对灵魂能力的考察是对医学和哲学来说同样重要的话题。参见 Galen, *PHP* Testimonies and fragments of the beginning of Book I, II.

自己做过大量的动物解剖，而柏拉图关于医学的知识多来自希波克拉底。[72] 在盖伦那里，哲学和医学，哲学家和医生之间从来不是彼此孤立的。在把哲学和医学放在一起进行考虑的同时，盖伦把主要的哲学流派和医学流派的观点放在一起来考察。盖伦希望通过融汇彼此，使得两者可以共同服务于对世界的认识和实际的伦理政治生活。

第二节　“第二智者运动”与盖伦

大约 157 年，28 岁的盖伦接受完全面的哲学和医学教育之后回到家乡成为了一名服务于角斗士的医生。他的饮食知识、医药知识和外科知识在这里都能派上用处。他不仅可以把学过的医学知识付诸实践，还能在实践中进一步学习新的治疗方法。在治疗受伤角斗士的过程中，盖伦有机会观察到受外伤后暴露在外的骨头和肌腱。这些经历丰富了盖伦对人体的认识。他所受的医学、哲学和其他科学的长期教育，他在珀加孟角斗场的医学尤其是外科实践，都是盖伦自己独特的个人经历。这些经历是当时很多医生所不具备的。五年后，盖伦结束了他的角斗士医生生涯，开始了得以扬名的第一次罗马之行。

72 盖伦认为柏拉图是希波克拉底的信徒，柏拉图的很多重要观点来自希波克拉底，如《蒂迈欧》中讲的构成人体的四元素等。参见 Galen，*On the Usefulness of the Parts of the Body* (I 11), trans. Margaret Tallmadge May, Cornell University Press, 1968, p. 75.

162 年的罗马是一个“爱希腊的”（Philhellenic）城市。[73] 罗马的精英们不仅熟悉希腊文化，而且崇尚希腊文化。对希腊文化的复兴成为当时流行的社会风尚。这一时期也是所谓的第二智者盛行时期。[74] 智者的复苏从西元 1 世纪开始，与爱希腊的社会环境有着很大关系。“第二智者运动”这一说法由菲洛斯特拉图斯（Philostratus）最先提出。他用“第二（deuteran）”而不是用“新（nean）”指称盛行于 1 — 2 世纪的智者运动。因为在他看来，这个时期的智者们与高尔吉亚生活的西元前 5 — 4 世纪的智者们并没有什么不同。他们都以相同的方式讨论相同的问题，也就是都用修辞的方法讨论哲学问题，比如讨论什么是正义、世界是如何构成的问题。[75] 在这个意义上，1 — 2 世纪的智者们还是旧的（archaia），或者说是希腊的，虽然他们都生活在罗马的统治之下。

“第二智者运动”是盖伦生活时期的一个重要的文化现象，这项运动在盖伦后来长期居住的罗马尤为盛行。盖伦之所以在当世就能够获得巨大成功与智者运动的流行是分不开的。鲍尔索克（Glen Bowersock）认为，希波克拉底医学的传播与当时的智者运动相一致，第二智者运动又与大众对医学的热情相伴随，所以盖伦在他所生活

---

73 Julius Rocca, *Galen on the Brain*, Brill, 2003, p. 6.

74 根据 Anderson 的说法，关于“第二智者”这一术语有两种基本观点：一种以 Glen Bowersock 为代表，把第二智者放在广义的社会生活中来理解，另一种以 Reardon 为代表，把第二智者首先理解为一种文学现象，特别指罗马帝国时期的希腊散文。参见 Graham Anderson, *The Second Sophistic*, Routledge, 1993, p. 11.

75 Philostratus, *The Lives of the Sophists*, trans. Wilmer Cave Wright, Cambridge, Mass., 1921, p. 6.

的时代就获得很高的声誉绝不是一件偶然的事。[76]

盖伦能够在“第二智者运动”盛行的罗马获得认同，可以在那里充分发挥自己的才华与他同时受过哲学和医学教育有着直接关系。无论是哲学家还是医生都与智者有着千丝万缕的联系。智者运动中的智者（sophistēs）指的是那些在公共场合展示修辞技艺，同时也向年轻学生教授这种技艺的人。[77] 但“sophistēs”是一个用法颇为灵活的词。它可以指精通某项技艺的人，有时候也用来指称哲学家、医生以及其他需要进行修辞表演的人。[78] 虽然把“sophistēs”用在哲学家和医生身上会引起一些混乱和误解，但是这种使用本身也从另一个角度揭示出哲学、修辞术和医学之间的古老关联。[79]

从一开始，智者和哲学家之间就存在着一种竞争关系，而且这种竞争关系一直延续到“第二智者时期”。我们看到哲学家和智者

---

76 参见 G. W. Bowersock, “The Prestige of Galen”, *Greek Sophists in the Roman Empire*, Oxford, 1969，pp. 59-60。亦可参见 Lee T. Pearcy, “Medicine and Rhetoric in the period of the Second Sophistic”, *Aufstieg und Niedergang der römischen Welt*, Band II. 37.1, ed. Wolfgang Haase, Berlin, New York, 1993, pp. 445-6, Jutta Kollesch, “Galen und die Zweite Sophistik”, *Galen: Problems and Prospects*, ed. Vivian Nutton, London, 1981, pp. 3-4.

77 在城邦生活中修辞术起着非常重要的作用，无论是论争、劝诫、辩护，还是正式场合中的颂咏，无论这些言语活动发生在法庭上、内阁中，还是民主集会上，言说者要获得成功很大程度上取决于对修辞术的应用。兴起于西元前 5 世纪希腊黄金时期的智者运动与公共生活中对修辞术的需求有很大关系，精通修辞技艺的人在很大程度上影响着城邦的生活，他们既能影响普通民众，也能影响统治者，同时他们还承担教育青年人的职责。参见 Sarah Broadie, “The Sophists and Socrates”, *The Cambridge Companion to Greek and Roman Philosophy*, ed. David Sedly, Cambridge, 2003, p. 73.

78 Graham Anderson, *The Second Sophistic*, Routledge, 1993, p. 16.

常常相互指责：苏格拉底和柏拉图指责智者们的道德相对主义和政治实用主义，[80]认为智者只是玩弄言辞而没有真正的知识。[81]艾里欧斯·阿里斯提德（Aelius Aristides）指责哲学家不使用logoi（语言），不敬诸神，不为节日的聚会增彩，不为城邦生活进言，不教育青年人。[82]阿里斯提德对哲学家的指责显然有不少地方有失公允，他认为智者所从事的那些高于哲学家的工作实际上很大一部分与哲学家所从事的工作是一致的。但是，不管他们之间如何彼此争论，怎样相互批评，不能否认的事实是：他们都承担了当时城邦中的高阶教育工作。他们之间在很多方面是共同的，比如他们都必须使用语言（logoi）言说和写作，他们都给城邦提供政治上的建议，安抚不幸的人们，维持城邦的秩序，教育年轻人。[83]杰出的智者和哲学家一样思考自然和城邦的问题，而哲学家中也有人和智者一样有着极强的演说能力。在城邦的文化和政治生活中，智者和哲学家

---

79 菲洛斯特拉图斯（Philostratus）在 *Lives of the Sophists* 中提到了哲学和修辞之间的联系，他通过讨论一些他认为是智者的哲学家生平来显示这种关联，比如法沃里努斯（Favorinus of Arelate）和狄翁（Dio of Prusa）。至于智者和医生的关系，他没有做明确的讨论，但是从各种传记的细节中，我们还是可以发现这种关联：比如波勒谟（Polemo）的老师一开始接受的就是医学教育；阿里斯德斯（Aristides）把盖伦的老师萨图罗斯描述为既是医生也是哲学家（iatrophilosophos）。Iatrosophistes 和 iatrophilosophos 这样的职业头衔本身就很清楚地显示出这三种职业间的关系。参见 G. W. Bowersock, *Greek Sophists in the Roman Empire*, Oxford, 1969, pp. 66-67.

80 Graham Anderson, *The Second Sophistic*, Routledge, 1993, p. 13.

81 柏拉图，《智者》267e-268d。

82 G. W. Bowersock, *Greek Sophists in the Roman Empire*, Oxford, 1969，p. 11.

83 Ibid.

一起扮演着非常重要的角色，对其中任何一方的忽视都是不公正的。

比起哲学家与智者的关系来说，医生与智者的关系似乎看起来要疏远得多。但是，如果我们考虑到智者所擅长的修辞，考虑到修辞和医学间的关系，那么我们把医生和智者放在一起来讲就不会显得那么突兀了。事实上，智者和医生间的关系就如同智者高尔吉亚和医生希洛地卡斯（Herodicus）[84]的兄弟关系向我们显现的那样密切。[85]

作为技艺（technē）的修辞学和医学有很多相似之处。不同的是，前者与人的灵魂相关，后者与人的身体相关。因此，柏拉图常常把修辞学和医学放在一起进行类比。在《斐德若》中，柏拉图把医学和修辞学相比较，说明医学的方法和修辞学的方法相似。因为这两者都必须考量某物的本性（physin），医学考察身体的本性，修辞学考察灵魂的本性。而无论是对灵魂的考察还是对身体的考察，都首先必须拥有对作为整体的世界本性的认识。[86]讲医学的时候同时讲到修辞学，不仅仅因为它们都是技艺的代表，在一定程度上还因为一名医生要在实际的医学活动中获得成功离不开对修辞学的应用。

在《高尔吉亚》中，高尔吉亚向苏格拉底揭示修辞学力量的时候说到，在健康问题上修辞学家比医生更具有说服力。高尔吉亚提到了自己同兄弟或者其他医生一起去探望病人的经历：那些病人拒绝服药，不愿意接受外科治疗，医生们没有办法将其说服，而高尔

84 希洛地卡斯是克尼达斯（Cnidos）医学校的杰出代表，希波克拉底的老师。

85 柏拉图，《高尔吉亚》448b。

86 柏拉图，《斐德若》270b-d。

吉亚仅仅凭借自己的修辞术就可以成功地让病人接受治疗。[87] 在古代世界，医生如果只有关于如何获得健康的知识是不够的，他还必须具备说服病人采取正确治疗方法的能力。在这个意义上，一个成功的医生，也就是说一个真正可以给病人带去健康的医生，必然是医生和修辞家的结合体。

在高尔吉亚所讲的事例中我们注意到，高尔吉亚虽然可以成功说服病人，但他并不是一个人去病人那里的。他是和医生一起去的，无论是开列药方还是进行外科手术都必须经由医生之手。在《高尔吉亚》中，高尔吉亚对修辞力量的解说无疑含有夸大的成分，他回避了给病人实施具体治疗的是医生这一事实。但是，我们也的确不能忽视修辞技艺在治疗中所起的作用。只有医生和修辞家在一起，才能真正有效地进行治疗。所以，古代的那些著名医生们都曾经研习过修辞学。相传希波克拉底曾向高尔吉亚请教修辞术，而盖伦所受的完备教育中，修辞术是其中不可缺少的一部分。[88]

医生需要修辞术来说服病人接受正确的治疗。哲学家和智者则都承担着城邦教育者的角色。不管是修辞术还是教育工作，它们都

87 柏拉图，《高尔吉亚》456b。

88 盖伦受过很好的修辞学教育，并且在这方面有很高造诣。他的大量著述中有一部分是专门关于修辞学的，其中有为希腊散文作者编纂的 48 卷本辞典，有讨论阿里斯托芬的政治术语的 5 卷本著书，有关于古代喜剧文本是否值得作为教学课程一部分的讨论，有写给那些喜爱挑剔语法错误的人的文章等等。可惜的是，这些关于修辞的著作没有一篇有幸留存于世。我们现在只能从盖伦对自己著作的篇目整理中看到这些文章书稿的题目。见 Galen, “My own Books”, *Galen: Selected Works*, trans. P. N. Singer, Oxford New York, 1997, p. 22.

作用于人的灵魂，都通过人的灵魂发挥作用。“第二智者运动”所从事的希腊文化复兴工作就是以希腊文化滋养罗马人灵魂的工作。这项工作很多时候是通过公共场所的演说和论争进行的。

盖伦到了罗马之后，经常前往常常发生哲学和科学辩论的和平殿。在那里，盖伦凭着自己扎实的科学知识和出众的口才参与到当时罗马哲学和医学群体的活动之中。作为一名医生，盖伦不仅进行公开的演说，还进行公开的解剖实验。[89] 盖伦的公共解剖实验是他对大众进行教育的方式之一。他所进行解剖实验一方面是应他人的要求，[90] 另一方面也是论证上的需要。盖伦认为，解剖实验对于认识事物本质有很大帮助，所以通过解剖这一方式论证自己的观点就很具有说服力。

在盖伦的解剖演示中，较为著名的一例是关于身体中哪一部位控制发声的实验。盖伦试图通过证明控制发声的是脑而不是胸腔，从而证明理智灵魂位于脑而不是心脏。亚里士多德和廊下派关于理智灵魂位于心脏的说法在当时颇为流行。盖伦通过实验的方法指出这一观点的错误，从而捍卫了柏拉图的理智灵魂位于大

89 163 年，盖伦已经习惯于每天在公共场所展示他的才华，或者进行专门的主题讨论，或者解剖各种动物，其中最多的是猪和羊，有时也会有猿猴。Galen, *On Prognosis*, trans.Vivian Nutton, Berlin, 1979, p. 187.

90 比如执政官 Boethus 对解剖非常感兴趣，曾要求盖伦通过解剖向他演示呼吸和发声是如何进行的。Boethus 跟随逍遥派 Alexander of Damascus 学习亚里士多德的学说，虽然他也熟悉柏拉图的学说，但更倾向于认同亚里士多德。Galen, *On Prognosis*, 2, 25; 5, 9-10, trans.Vivian Nutton, Berlin, 1979. pp. 80, 96.

脑的学说。[91] 盖伦的公开实验非常成功。他的演说也极为吸引人。在“第二智者运动”中，盖伦是一位不能被忽视的重要人物。除去盖伦在修辞学方面的成就，盖伦的医学活动，无论是具体的医学实践，还是关于医学的写作都体现了他的修辞素养和对大众灵魂的关心，都可以被看作当时广义的智者运动的一部分。

盖伦与当时的智者有不少交往。他的出生地珀加孟是当时一些著名智者的家乡，比如菲洛斯特拉图斯（Philostratus）记载的阿里斯托克勒斯（Aristocles）。[92] 而以阿斯克勒庇俄斯神庙著称的珀加孟同时也是关心自己身体的智者们常常造访的地方。第二智者时期的著名代表阿里斯提德就常常来到这里。[93] 在珀加孟，医生与智者关系密切。出生在那里的盖伦很可能曾经遇到过阿里斯提德，并向他请教修辞学。鲍尔索克认为盖伦和阿里斯提德的相遇，也就是一名医生和一名智者的相遇是那个时代的一个恰当写照。[94]

不过，我们注意到，虽然盖伦自己精通修辞技艺，并且实践这种技艺，虽然盖伦的朋友中有不少人被称为“philologi（语文学家）”，虽然他解剖演示的观众中和他的病人中有可以被称为智者的人物，[95] 盖伦却很少正面谈论他们。盖伦谈论过阿里斯提德，但他仅仅把阿里斯提德当作灵魂强健而身体羸弱的代表提及。[96] 盖伦对智者或是

---

91 Luis García-Ballester, “Galen’s medical works in the context of his biography”, *Galen and Galenism*, Ashgate Publishing Company, 2002, pp. 32-3.

92 Philostratus, *The Lives of the Sophists*, (567-8), trans. Wilmer Cave Wright, Cambridge, Mass., 1921, pp. 182-4.

93 G. W. Bowersock, *Greek Sophists in the Roman Empire*, Oxford, 1969, p. 19.

94 Ibid., p. 62.

修辞家少有赞誉。智者们教年轻人语法，给他们上一些哲学家或几何学者所学的专门课程。这些虽然都是必要的教育，但是因为他们的教学出发点是文辞，所以他们能够带给年轻人的主要是些模糊的知识而不是确切的知识。这种模糊的知识是盖伦反对的。盖伦不赞成在论证时采用修辞的或诡辩的方法，认为这样的行为无助于对真理的认识。虽然盖伦不同意智者的教育方法，但他对教育的亲身实践是与智者运动的精神相合的。

在罗马生活了四五年之后，盖伦于 166 年从罗马返乡。离开罗马，回到家乡是一个不得已的决定。盖伦不满当时各个医学流派相对封闭、彼此缺乏交流的状况，不认同把医学神秘化的行为。他乐于和公众分享自己的研究成果。他还专门为医学初学者和医学爱好者写适合他们阅读的医学著作。[97] 盖伦的这些行为适应大众和罗马

---

95 盖伦的解剖实验吸引了雄辩家 Adrian 和 Favorinus 的学生 Demetrius，Galen, *On Prognosis*, 5,11, trans.Vivian Nutton, Berlin, 1979, p. 96，在盖伦的病例中提到智者安提帕特（Antipater）在行使一次重要的外交事务时生病，盖伦的同乡 Protos 所得的一种特别的消化疾患，和修辞家 Diomedes 难治的慢性病等等。Antipater: *De Theriaca ad Pisonem* XIV. 605K; Protos: *Galeni De Alimentorum Facultatibus*, ed. G. Helmreich, Leipzig and Berlin, 1923, p. 291, 参见 Lee T. Pearcy, "Medicine and Rhetoric in the period of the Second Sophistic", *Aufstieg und Niedergang der römischen Welt*, Band II. 37.1, ed. Wolfgang Haase, Berlin, New York, 1993, p. 449.

96 盖伦所作的柏拉图《蒂迈欧》评注的阿拉伯语译本中记载了盖伦对阿里斯提德的描述："我只见过少数人生来灵魂强大有力而身体柔弱。来自 Mysia 的 Aristides 是其中的一位，他是最为杰出的演说家之一。他把毕生的精力都用在言说和辩论上，造成他身体逐渐变坏。"*Galeni in Platonis Timaeum Commentarii fragmenta*, (ed.) H. O. Schröder (1934), p. 99. 转引自 G. W. Bowersock, *Greek Sophists in the Roman Empire*, Oxford, 1969, p. 62.

社会精英们的需要，符合当时社会文化的大背景，受到极大的欢迎，也因此遭到同行们的嫉妒和排挤。关于他的各种流言到处传播，盖伦不得不离开罗马。[98] 169 年，罗马皇帝马克·奥勒留把盖伦召回罗马，并任命他担任皇子康茂德（Commodus）的医生。在此以后，盖伦几乎没有离开过罗马。

在第二次居留罗马期间，盖伦不再像上一次那样参加公开的辩论和演示，而是把绝大多数时间用在治疗具体病患和写作上。[99] 虽然不再参加公开的演说活动，盖伦对医学爱好者和专业医生的教育通过他的著作得到延续。一些在第一次逗留罗马时期开始的写作工作，在这一时期得以完成。另外，还有不少新的著作也写于这段时间。[100] 从 169 年到最后去世的 30 多年时间里，盖伦继续着他的医学实践。这

---

97 盖伦为初学者写了很多书，如作为学医年轻人的入门书《为初学者写的各派观点》，在那里他分别写了当时流行的医学流派的各自观点和彼此间的不同。另外，他为初学者写了关于骨骼和脉搏的书。盖伦的书很多是写给爱好医学的朋友们的。在诸多朋友中，波厄图斯是被题赠最多的一个。这位当时罗马的执政官对解剖学非常感兴趣，盖伦的很多重要著作都是应他的要求所作，如《希波克拉底和埃拉西斯特拉图斯的解剖学》，《论柏拉图和希波克拉底的诸种学说》，《论身体各部分的功能》等等。参见 Galen “My own books”, *Galen: Selected Works*, trans. P. N. Singer, Oxford New York, 1997, pp. 4-5；*Galen on Anatomical Procedures*, trans. Charles Singer, Oxford University Press, 1956, p. 1.

98 参见 Galen, *On Prognosis*, 5. 5, trans.Vivian Nutton, Berlin, 1979, p. 94.

99 Galen, “My own books”, *Galen: Selected Works*, trans. P. N. Singer, Oxford New York, 1997, p. 6.

100 例如盖伦在这一时期完成了《论柏拉图和希波克拉底的诸种学说》的第七至第九卷，《论身体各部分的功能》的第二至第十七卷。《论混合》《自然的官能》《呼吸的作用》，关于养生的《健康的要素》《食物的特性》，一系列关于疾病的分类和诊断的著书等等都写于这个时期。

些实践经验为他的写作提供了重要的素材。而他也通过这些临床实践实现了自己作为医生的一项重要职责：为病人提供有效的治疗，使他们恢复健康。

在盖伦的治疗实践中，对身体的治疗同时伴随着对灵魂的治疗。这既是出于教育者对灵魂的关心，也是出于医生实施有效治疗的需要。就像柏拉图笔下的苏格拉底对卡尔米德（Charmides）所讲的：对身体某一特定部分的治疗离不开对作为整体的身体的治疗，而对身体的治疗又离不开对灵魂的治疗。或者说，必须首先治疗人的灵魂，然后才能治疗人的身体，只有这样，身体的健康才是可能的。[101]

对于一名医生来说，当他面对病人的时候，他的首要任务就是将其治愈。而要能够治愈病人就要同时具有正确诊断疾病和成功预测疾病进展的能力。在这两个方面，盖伦都有出色的才能。他不仅能够采取有效的治疗方法，而且可以预言疾病的发展。在进行诊断和预断的过程中，盖伦通过对身体状况的观察（特别是诊脉）了解病人的心理状况和生活状况的能力尤其让人称道。

波厄图斯称盖伦为“预言家（mantis）”。因为盖伦通过诊脉判断出，波厄图斯儿子的反复发热是因为害怕自己在屋里偷藏食物的行为被发现而引起的。[102] 盖伦的预断能力甚至可以揭示某些人们不愿为外人所知的秘密。例如，通过细心观察盖伦得知，伊乌斯图斯妻子的失眠症是由于暗恋戏剧演员庇拉狄斯（Pylades）而造成

101 柏拉图，《卡尔米德》（Charmides）156e-157b。

102 Galen, *On Prognosis*, 7, 2-16, pp. 104-8.

的。[103] 值得一提的是，在具有自传性质，同时对当时罗马知识界和统治阶层的生活状态有所描绘的《论预后》（*peri ton proginōskein biblion，De Praenotione*）中，盖伦提到好几例因为心理原因而造成身体状况异常的病例。

当病人心里的担忧被化解时，身体上的不适也就随之消失了。盖伦在探望这些病人的时候，除了询问病情和观察病人的体貌与生活环境之外，很重要的一项就是查验病人脉搏的跳动情况。盖伦很重视脉诊在诊疗过程中的重要性。他认为，紧张、恐惧等心理状态会影响脉搏的跳动，所以从脉象中我们可以读出灵魂状况对身体状况的影响。[104] 有时候，病人身体并没有器质性的病变，身体的不适仅仅是由于心理问题而造成的。盖伦认为很多医生之所以不能做出正确的诊断，一定程度上是因为他们不清楚身体是如何受心理影响的。[105]

---

103 Ibid., 6, 2-10, pp. 100-2.

104 盖伦对于脉搏进行了广泛而详尽的讨论，深究其导因、功能、变化以及在预断中的用处。他写作的与脉搏有关的著作有《论脉搏间的差异》（*Peri diaphoras sphygmōn*），《论脉搏的辨识》（*Peri diagnōseōs sphygmōn*）《论颤抖、悸动、痉挛和打颤》（*Peri tromou kai palmou kai spasmou kai rigous*）等等。严格来说，盖伦所感知的病人脉搏状况与中医中所讲的脉象是不同的。关于西方的脉搏测量与中医中的诊脉的比较，参见栗山茂久（Shigehisa Kuriyama）的 *The Expressiveness of the Body and the Divergence of Greek and Chinese Medicine*, Zone books, 1999。

105 Galen, *On Prognosis*, 6, 15, p. 104. 需要指出的是，虽然在临床中盖伦常常可以看到心理和生理间的相互作用，但是他从没有对此有专门的论述，García-Ballester 认为在盖伦那里还没有现在我们所说的心理疗法，系统的心理疗法出现在 19 世纪中叶的英国医学中。参见 Luis García-Ballester, "Soul and body, disease of the soul and disease of the body in Galen's medical thought", *Galen and Galenism*, Ashgate Publishing Company, 2002, p. 119.

盖伦在大量的临床实践中观察到身体和灵魂间常常相互影响的情况，并在后期把灵魂活动归为引起身体疾病的原因之一。[106] 盖伦如何讨论灵魂与身体间的关系和如何保持灵魂与身体健康的问题是本书关心的主要问题。盖伦对身体和灵魂关系的思考不仅体现了他对所学的各种哲学和医学理论的综合理解，而且体现了他在临床实践中对所见现象的细心观察。盖伦在记载病例的时候多次提到病人的心理状况影响人的身体。从临床实践中，盖伦注意到灵魂和身体间相互作用的现象。他所经历的临床实践对他关于灵魂与身体关系的思考产生了非常重要的影响。

作为临床医生，盖伦重视观察到的各种现象。他重视我们的眼睛、耳朵和其他感觉器官为我们提供的自明的素材，同时他也注重疗效，注重对身体的认识和对疾病的判断在实际治疗中的用处。对观察经验和疗效的重视让盖伦看起来与经验派医生们有不少相似之处。[107] 但是与经验派医生对理性的摒弃态度不同，盖伦没有忽视理性在医术中的作用。盖伦对现象的重视不像经验派医生那样只服务于具体的病例，而是同时也服务于理性。只有从确切可知的现象出

106 Galens, *Kommentare zur dem VI. Buche der Epidemien des Hippocrates' Buch VI 6, 5-VIII*, übertragen von Franz Pfaff, CMG V10, 2, 2, S. 484, 3-7.

107 经验派医生们主要依据见过的病例来治病，如果他们遇到之前没有见过的病例，他们会从其他人的观察所得、历史记载或相似病例那里寻找治疗方法。他们只关心对治病有效的事，不关心什么是疾病产生的原因（aitia），什么是使病人康复的原因，因为他们认为对于治病来说，事物的本质，现象背后的原因都是无关紧要的。参见 *Galen on Medical Experience*, trans. R. Walzer, Oxford University Press, 1944, pp. 92-3.

发才能通过逻辑论证的方式获得关于事物的真理。

对盖伦来说，仔细的观察是发现恰当法则的方法，[108]科学的论证必须建立在感觉的基础之上。理性推理和经验观察对于医学来说同样重要。它们一起参与到对世界的认识和解释之中。盖伦所受的逻辑与哲学教育和他所从事的医学实践活动，让他在认识事物的时候既有探究事物原因和本质的理性追求，又有从有用性出发的实际考虑。盖伦总是试图将这两者结合起来，虽然有的时候这种结合是存在困难的。盖伦的这一态度在他关于灵魂和身体关系的讨论中体现得非常明显。

对身体和灵魂的双重关注贯穿于盖伦的整个学术生涯和行医生涯。作为智者运动中的一员，盖伦的医学研究、写作和实践同时属于灵魂教化的工作。盖伦向公众展示的不仅是关于身体的知识，而且是通过身体而获得的关于逻各斯的知识。作为医生，盖伦在治病过程中发现灵魂状态对身体的影响。他通过对身体的观察来认识灵魂的状态，同时通过对灵魂的治疗来治愈身体的疾病。盖伦对灵魂和身体的双重重视与他所受的教育和他所从事的事业密不可分。在对盖伦的受教育情况和时代背景下的实践活动有了初步了解之后，我们来看看盖伦关于灵魂和身体关系的具体讨论。

108 J. Barnes, “Galen on Logic and Therapy”, in F. Kudlien and R. Durling (eds), *Galen's Method of Healing*, Leiden, Brill, 1991, p. 72.

第二章　盖伦论身体与灵魂

医生研究人的身体，哲学家关注人的灵魂。既是医生、又是哲学家的盖伦，对身体和灵魂都非常重视。当他思考身体的时候总是伴随着关于灵魂的思考。例如在《论身体各部分的功能》中，盖伦对手、足、脑等身体各部的功能的考察都是在它们作为灵魂的器官或工具这一前提下进行的。[109] 同样地，当他思考灵魂的时候也离不开对身体的考察。例如在《论希波克拉底和柏拉图的诸种学说》中，盖伦对灵魂三分的证明有赖于通过解剖所观察到的身体结构。[110] 无论是在他的灵魂学著作中，还是在他的生理、病理学著作中，盖伦所进行的讨论都会同时涉及身体和灵魂两个方面。

盖伦的灵魂学著作除了九卷本的《论希波克拉底和柏拉图的诸种学说》之外，还有专门讨论灵魂依赖于身体的《灵魂的状态依赖身体的混合》一文。作为盖伦的主要生理学著作，十七卷的《论身体各部分的功能》讨论的是作为灵魂工具的身体及其各部分的功能。在盖伦的病理学著作中也有不少关于灵魂状态对身体健康的影响的

109 在《论身体各部分的功能》一书的开始，盖伦就讲到身体和灵魂的关系："所有（身体）部分的用处都关涉灵魂，因为身体是灵魂的器官 (to gar sōma tautēs organon)，因此，由于灵魂不同，动物的部分间存在很大的差别" (Galen *UP* I 1)。"在每一种情况下，身体都适合灵魂的习性和功能（ēthesi te kai dunamesin）" (*UP* I 2)。

110 对灵魂的三个部分在身体中的起源的论证很大程度上依赖于对脑、心脏、肝脏和神经、动脉、静脉的认识。具体讨论会在下一章展开。

讨论。例如前面提到的《论预后》（*De Praenotione*）中，盖伦提到好几例因为心理原因而造成身体状况异常的病例，[111] 又如《论医术》（*Ars medica*）中，盖伦列举的六种影响健康的必然因素中有一项就与灵魂相关：

> 如果我们把使身体发生变化的必然因素进行分类，使得每一个都对应于特定种类的影响健康的原因。那么，一类关涉周围的空气，另一类属于身体中部分或全体的运动和静止，第三类涉及睡眠和行走，第四类是摄入的东西，第五类是排泄物和保留物，第六类是灵魂中的激情（ek ton psychikon pathon）。[112]

盖伦常常把身体和灵魂放在一起来进行讨论。这不是因为他把身体看作是灵魂的对立面或参照物，像柏拉图在《斐多》中所描述的那样：灵魂与神圣的事物相似，身体与可朽的事物相似；[113] 身体是灵魂的监狱，离开身体的灵魂才能获得独立。[114] 也不是因为他把灵魂等同于某种身体，像伊壁鸠鲁和廊下派哲学家们所认为的那样：伊壁鸠鲁认为灵魂是一种精细的（leptomeres）身体，[115] 芝诺、克莱安特斯（Cleanthes）和克吕西普都有类似"灵魂就一种身体（sōma

111 Galen, *On Prognosis*, 6, 2-10；6, 15, trans.Vivian Nutton, Berlin, 1979.

112 Galen, "Ars medica" (K I 367), *Galen: Selected Works*, trans. P. N. Singer, Oxford New York, 1997, p. 374.

113 柏拉图，《斐多》80a。

114 柏拉图，《斐多》80e；82e-83c。

115 在《给希罗多德的信》（*Letter to Herodotus* 63）中伊壁鸠鲁说："灵魂是一种精细的（leptomeres）身体，散布在整个聚合物（athrosima）中。" (L. S. 14A)

ara hē psychē）”的表述。[116]盖伦所讲的灵魂是身体中的灵魂：灵魂依赖于身体，不能与身体分开，[117]同时，身体是为了适应灵魂功能而被构造的，是灵魂的工具。[118]盖伦不赞同柏拉图对灵魂和身体关系的看法，不认为灵魂可以离开可朽的身体而独立存在。[119]他和希腊化时期的哲学家们都认为，灵魂不能与身体分开，一旦离开身体，灵魂也就不复存在。[120]正是因为盖伦总是把灵魂和身体放在一起来讨论，所以他对灵魂的认识从来不是孤立的。他对什么是灵魂、灵魂的功能，如何保持灵魂的健康的讨论都是在对灵魂与身体的双重关注下进行的。当我们考察盖伦对灵魂问题的讨论的时候，我们必须首先考察盖伦所理解的灵魂与身体的关系是怎样的。

116 通过西塞罗的转述，我们看到芝诺认为非身体的东西不可能成为任何东西的动因，只有身体可以作用与被作用。（*Academica* I. 39）尼梅修斯（Nemesius）所记载的克莱安特斯和克吕西普继承了芝诺的观点，认为非身体的东西不能影响身体，影响只能发生在身体与身体之间，所以灵魂就是身体（sōma ara hē psychē）（*De Natura Hominis* p. 32）。参见 L. S. 45A, C, D。

117 无论灵魂是否是不朽的和非身体的，灵魂都不能与身体分来：“我已经拒绝所有关于灵魂本质知识的言说，不管它是什么，是可朽的或不朽的，就这两点而言，它们对我来说都是可能的。因为即使灵魂是不朽的和非身体的，它也可以居住在身体里面。而且，对我来说，接收灵魂的身体被赋予感觉，因为在这个结构中身体完全应该由灵魂来掌控，就像我说的那样是眼睛在看、耳朵在听、舌头在说。我也说过，身体的生成依赖于某种混合，等同于它的要素的混合；如果灵魂和身体一同到来，那么灵魂也由这四个要素造成。灵魂来自于某物，而有感觉的身体来自于另一物，这是不可能的。因为灵魂的本质不能因其自身而独立存在，而是与其表象，我指的是身体的形式联系在一起。”（Galen, *On My Own Opinions*, ed., trans. and comm. By Vivian Nutton, Berlin, 1999, 7.1-2, pp. 77-79）“即使灵魂是不朽和非身体的，我们发现灵魂和身体共同存在，灵魂通过（身体的）自然行为这个中介才可能活动。”（Galen, *On My Own Opinions*, 7.3）

118 Galen, *UP* I 1-2.

第一节　灵魂本质的不同表述

《关于我自己的学说》（*Peri tōn eagtōi dokogntōn*）[121] 是盖伦晚年完成的著作。在这本书中，盖伦总结了什么是自己知道的，什么是自己不知道的：

这是对我写过的书的一个鉴证，证明我确切知道的东西，

119 在很多对话中柏拉图都表达了灵魂不朽的观点，并且认为不朽的灵魂先于身体被造，可以离开身体独立存在。除了《斐多》之外，《理想国》的结尾讲述了一个不朽灵魂转世的故事（《理想国》614b-621d），《法篇》中也表达了灵魂不朽的思想（《法篇》967d）。虽然柏拉图承认灵魂不朽，灵魂高于身体，但他对灵魂和身体关系的论述在不同的对话中表达得有所不同：在《斐多》中，身体对灵魂活动只有干扰，不能对其有任何帮助。在《蒂迈欧》中，灵魂仍是先于身体而被构造的，但是因为灵魂中除了神圣的理性部分之外，还有另外两个部分。作为混合体的灵魂混有了原来只有身体才具有的欲望。所以身体不再只是灵魂的羁绊，而成了可以帮助灵魂的力量。在《法篇》中灵魂中的非理性力量和身体状态对理性的正面作用继续得到了强调。参见 T. M. Robinson, "The Defining Features of Mind-Body Dualism in the Writings of Plato", in *Psyche and Soma*, eds. John P. Wright and Paul Potter, Oxford: Clarendon Press, 2000.

120 伊壁鸠鲁认为死亡意味着灵魂能力的消失，离开聚集物的灵魂无法进行感觉活动。（L. S. 14A）廊下派学者虽然认为离开身体后灵魂不会马上消失，但同样认为灵魂是有生成和毁灭的。（L. S. 53W）并且认为，灵魂的生成是依据身体的生成的。（L. S. 53C）

121 在盖伦自己所写的《我自己的书》（*De libris propriis*）中没有提及这一本，所以一般认为这本书是盖伦晚年所作，写作时间不会早于 199 年，甚至可能在 212 年。Rhazes 认为这是他最后的作品，Nutton 同意 Rhazes 的看法。纳通的译本是依据两个中世纪拉丁译本和希腊文及希伯来文残篇翻译的。这部书的完整希腊手稿直至 2005 年才被发现。参见 Galen, *On My Own Opinions*, ed., trans. and comm. By Vivian Nutton, Berlin, 1999, p. 14, 37; Vivian Nutton, "The fortunes of Galen", *The Cambridge companion to Galen*, R. J. Hankinson (eds.), Cambridge University Press, 2008, p. 357.

和我在充分程度上知道的东西以及我不知道的东西，当我说不知道的时候，我指没有关于这个事物的可靠知识。[122]

所有的知识在这里被分为三类：一类是他确切知道的东西；一类是那些似乎是，但没有被证明的知识；最后一类是他无法真正承认的知识，即使在某种程度上，他同意其中的某些命题。在对知识进行了分类之后，盖伦从自己无法真正知道的知识，也就是最后一类知识开始谈起：

> 我不知道世界（mundus）是否是被创生的，是否有某种东西外在于世界。既然我说我没有关于这些东西的知识（scientia），那么很显然，我没有关于世界中万物的创造者的知识：它，也就是神（deita），或是神力（uirtus deitatis），它是肉身的还是非肉身的，它位于哪里？[123]

虽然盖伦明确承认自己没有关于世界创造者的知识，不过，盖伦承认他知道这种力量的存在：

> 我不像普罗塔格拉那样否认有关于这些事物的任何知识。但是我说，我没有关于它们的本质（substantia）的知识。我通过它们的行动（operationes）而得知它们存在。因为所有生物的构造都来源于它们，而且它们在占卜和梦中可以得到显现。[124]

在明确了自己关于神的认识之后，盖伦紧接着开始讨论关于灵魂的问题。灵魂的本质，灵魂是否不朽，离开身体之后灵魂能否继

122 Galen, *On My Own Opinions*, 1.4, p. 37.

123 Ibid., 2.1, p. 57.

124 Ibid., 2.2, p. 59.

续存在的知识在盖伦看来是和关于神的本质的问题一样的。它们都属于最后一类，也就是属于他所不知道的那一部分。当然，就像对神的存在盖伦未曾质疑一样，对于灵魂的存在，盖伦也没有否认。[125]

盖伦承认灵魂的存在，但他否认自己拥有关于灵魂本质（substantia）的认识，[126]否认自己有关于灵魂不朽的认识。在讲了自己不能明确知道的东西之后，盖伦讲了自己关于灵魂所知道的。盖伦承认自己所知道的关于灵魂的知识主要涉及两个方面。第一个方面的知识指灵魂的三种能力及其起源在身体中的位置。盖伦认为，灵魂的三种能力分别为思想、情感和欲望。关于三种功能分别所属的身体位置，盖伦有十分明确的说法："我曾经在《论柏拉图和希波克拉底的诸种学说》中证明了灵魂是三种运动的起源，一种来自大脑，一种来自心脏，一种来自肝脏。"[127]

第二个方面的知识指身体和灵魂的构成要素。盖伦认为，灵魂和身体共同存在，它们之间都依赖于冷、热、干、湿四元素的混合：

> 我说过，身体的生成依赖于某种混合，等同于它的要素的混合；如果灵魂和身体相遇，那么灵魂也由这四个要素造成。

125 Ibid., 3.1, pp. 59-61.

126 拉丁文 substantia 一词是对希腊文 ousia 的翻译。在亚里士多德那里，ousia 这个词开始作为重要的哲学概念被讨论。不同的中文译者对这个词的翻译不尽相同。吴寿彭将其译为"本体"，苗力田将其译为"实体"，陈康将其译为"本质"。因为 ousia 一词本身拥有多种含义，所以要用一个汉语词将其所有含义表达出来是件困难的事。在这里，当盖伦使用 ousia 这个词的时候，他是在与偶然属性相对的本质属性意义上来讲的，所以我倾向于在这里把它译为"本质"。

> 灵魂来自于某物，而有感觉的身体来自于另一物，这是不可能的，因为灵魂的本质不能自己独立存在，而是与其表象，也就是身体的形式联系在一起。[128]

在盖伦的诸多著作中，对灵魂三部分的考察和论证集中在《论柏拉图和希波克拉底的诸种学说》中，而对灵魂和身体间的依赖关系的讨论则主要集中在《灵魂的状态依赖身体的混合》一文中。在这两个地方，盖伦对他所知道的关于灵魂的知识进行了充分讨论。在讨论这些他认为自己所知道的东西的同时，他对在《关于我自己的学说》中所强调的对灵魂本质的无知也一直有所提及。在《论柏拉图和希波克拉底的诸种学说》一书的最后，盖伦写道：

> 我能够证明的是灵魂的形式（eidē）不只一个，它们分别位于不同的地方。其中一个是神圣的，通过它，我们可以思想（logizometha）；剩下的两个具有感觉能力（pathētika），通过其中的一个我们发怒（thumoumetha），通过其中的另一个我们欲求（epithumoumen）身体上的快乐，这也是植物所拥有的能力。我能够证明其中一个位于大脑，一个位于心脏，另一个位于肝脏。这些都属于科学的证明，在这本书的前面（前六卷）我对此做了辩护。但我并没有说过关于灵魂本质（ousias）

---

127 Galen, *On My Own Opinions*, 3.3, p. 61. 盖伦所做的这一证明，我们会在下一章具体讨论，在这里先行提及这本书，不仅是因为盖伦自己在讲述灵魂三分的时候提到了这本书，而且因为，盖伦在这本书中所强调的论证方法与我们这里讨论的灵魂本质问题密切相关，与灵魂和身体的关系问题紧密相连。

128 Galen, *On My Own Opinions*, 7.2, p. 79.

> 的话，即这三种灵魂形式（eidōn）的本质是什么，或者讨论它们的不朽性（athanasias）。[129]

在《灵魂的状态依赖身体的混合》中，盖伦讨论灵魂能否离开身体而独立存在时也重申了自己对于灵魂本质的无知：

> 接下来，我将冒险陈述我自己的观点，我认为不是所有身体的形式都能承受理性灵魂（tēn logistikēn phychēn）。这与柏拉图的灵魂学说是一致的，但是由于我缺乏对灵魂本质是怎样的认识，如果我们假设灵魂的本质是非身体的话，不能对此给出一个验证。[130]

根据盖伦在讨论灵魂问题时的一贯态度，他把灵魂的知识分为关于灵魂本质的知识和其他关于灵魂的知识两类。对于前者，盖伦一直持有不可知的态度，而对于其他两方面关于灵魂的认识，盖伦认为是可以确实知道并且得到验证的。

虽然在与灵魂相关的讨论中，盖伦总是强调自己对灵魂的本质没有认识，但实际上，在盖伦自己的论述中，我们可以看到，他关于灵魂的其他讨论并不是与灵魂本质完全无关的。在《灵魂的状态依赖身体的混合》中，盖伦对灵魂的本质做了一个设定：

> 这一假设的基础就是，我们认为的灵魂的本质由混合物组成——如果不是那样，按照柏拉图的观点，人们就要假设它是非身体的，可以脱离身体而存在的。但是即使在那样一个假设

---

129 Id. *PHP* IX 9.7-8.

130 Id. *QAM* 775-776 (K IV).

里，我们仍有充足的证据证明灵魂的自然行为易于受到身体的混合的损害，而且关于这一点还可以提供更多的证据。[131]

在讨论灵魂和身体关系的时候，盖伦因为不知道灵魂的本质是否是非身体的，所以无法给出灵魂是否可以离开身体而独立存在的结论。不过，他认为，把灵魂的本质假定为四元素的混合，比把灵魂的本质假定为非身体，更容易解释我们实际观察到的灵魂对身体的依赖现象。在这里，盖伦仍然没有关于灵魂本质的确切知识，他只在假设的层面上论说灵魂的本质。但他认为，他所做出的这种假设是有很多证据支持的。

在《灵魂的状态依赖身体的混合》中，盖伦对灵魂本质的论述只是一种可能的解释。虽然在盖伦看来，这种解释在很大程度上是能被接受的。而在《论柏拉图和希波克拉底的诸种学说》中，盖伦对灵魂的讨论不仅涉及灵魂的本质，而且他认为，对本质的认识不再仅仅是可能的，而是确切的。他对灵魂三分的论证是以对灵魂本质的认识为出发点的。

在论证灵魂三分的时候，盖伦特别强调对事物的认识必须达到关于事物的本质的认识，认识的过程是从本质出发，然后回到本质。盖伦认为，认识事物所要求的科学前提就是“从被考察事物的本质自身(autēs tēs ousias)出发找到恰当的(prosēkonta)和合适的(oikeia)前提。”[132] 而且，“科学前提要被带回到（anapheretai）被考察事

131 Ibid., 785 (K IV).

132 Galen *PHP* II 3.3.

物的本质（ousia）那里，并且以之作为目标（skopon）”。[133] 据此，盖伦既然强调自己对灵魂的讨论属于科学研究，那么自然地，这个研究的出发点应该就是灵魂的本质。

《论柏拉图和希波克拉底的诸种学说》中，盖伦把讨论的起点定为“灵魂是感觉和运动的原因”。他显然把这一点看作我们在经验上可以找到直接证据的显而易见的前提，并进一步把它看作是对灵魂统治部分（hegemonikon，核心的、起指导作用的部分）的本质描述。[134]“灵魂统治部分”是一个廊下派的概念：“廊下派学者说统治部分是灵魂的最高部分，在这里产生印象（phantasia），赞同（sugkatathesis），感知（aisthēsis）和意动（hormē）。”[135] 盖伦沿用了廊下派所用的“灵魂统治部分”这一词。当盖伦要对灵魂能力进行科学研究的时候，他写到，“我们说这是一个一般的常识，即感觉和意愿运动的起源属于灵魂统治部分。”[136] 当盖伦讨论心脏是不是灵魂统治部分所在的位置的时候，他说：

> （灵魂中的）统治部分，就像他们也意愿的那样，是感觉和意动的起源。所以，对心脏自身中包含（灵魂中）统治部分的证明，必然不能从任何其他的前提，而只能从它引发身体其他部分的每个自主运动，并且所有的感觉都回到它那里为前提。[137]

---

133 Ibid., II 3.9.

134 Ibid., Testimonies and fragments of the beginning of Book I. III.

135 L. S. 53H

136 Galen *PHP* Testimonies and fragments of the beginning of Book I. IV.

137 Ibid., II 3.4-5.

我们看到，只要盖伦要对灵魂进行科学研究，他都会把人们公认的“感觉和意愿运动的起源”作为考察和论证的出发点。虽然在盖伦那里，没有“灵魂统治部分的本质是感觉和意愿运动的起源”这样的明确表达。但是，盖伦把这作为科学论证前提的行为表明，他认为“感觉和意愿运动的起源”是灵魂统治部分的本质属性。因为，如果它不是关于灵魂本质的，它就不能成为论证的科学前提。

在盖伦关于灵魂的讨论中，对灵魂本质的讨论虽然一直被划在不可知的范围里，但他对灵魂具体问题的讨论却始终没有离开对灵魂本质的关注。他有时给出可能的解释，有时给出确切的论断。那么，我们难免会有疑问，盖伦到底有没有关于灵魂本质的认识呢？为什么盖伦会一再强调自己不知道灵魂的本质（ousia）呢？如果盖伦不知道灵魂的本质，那么，为什么他会在对灵魂三分的具体证明中特别强调从灵魂的本质出发来进行论证，并认为这是惟一科学的论证前提？如果盖伦知道灵魂的本质，那么，为什么在讨论灵魂具体问题的时候，甚至在总结自己的一生所知时，他却说自己不知道什么是灵魂的本质？

在《关于我自己的学说》中，盖伦承认自己知道灵魂的存在：“因为世界上的人们都知道自己有一个灵魂，因为我看到所有人都把自主运动和感觉的原因称为‘灵魂’。”[138] 在这里，灵魂作为自主运动和感觉的原因是作为普遍意见而被接受的。盖伦所知道的不过是大家一致同意的意见而已。而当盖伦论证灵魂中的统治部分在

138 Galen, *On My Own Opinions*, 3.1, pp. 59-61.

身体中的所在位置时，“灵魂的统治部分是感觉和意愿运动的起源”被认为是关于灵魂本质的表述。虽然在《论柏拉图和希波克拉底的诸种学说》中，灵魂的统治部分是感觉和意愿运动的起源也被表述为无论是医生还是哲学家都公认的观点，但是这一表述同时也与灵魂的本质相关。[139]

普遍认同的意见（endoxa），在盖伦所讲的四种前提中，只能作为说服的或修辞的前提而不可能成为科学论证的前提。[140] 在盖伦看来，这个修辞的前提，也就是大家的一致意见（endoxa）因其离本质很远，所以不能为我们提供正确的知识，从而应该遭到批评并尽量避免。[141] 当然，大家公认的意见并不必然与本质无关，有的时候，大家一致赞同的观点同时也可以是对事物本质的表达。盖伦反对的只是那些远离事物本质，与事物本质无关的意见。

在写作《论柏拉图和希波克拉底的诸种学说》前六卷的时候，[142]

---

139 Id. *PHP* II 3. 4.

140 Galen *PHP* II 3.11. 在盖伦那里，四种前提指科学的前提、辩证的前提、修辞的前提和诡辩的前提，分别依照它们离被考察事物本质的远近来排序。关于盖伦所讲的四种前提和普遍意见，会在第三章第一节中详细讨论。

141 “其他的前提比这个更远离 [被考察事物的本质]，它们在很大程度上通过公认的（endoxōn）和城邦生活的事例以及来自相同种类或证据的归纳而构成。如果你愿意，可以把它们称作说服的（pithana）或修辞的。”（Galen, *PHP* II 3.11）

142 此书的前六卷完成于盖伦第一次逗留罗马期间（西元 162 － 166），前六卷的主要内容是对灵魂三分的证明。在那段时期，盖伦第一次在罗马建立了声誉。他所获得的声誉一方面来自他的治疗方法所具有的出色疗效，一方面来自他所进行的公开解剖实践和演说。参见 De Lacy, eds., trans., and comm., *On the Doctrines of Hippocrates and Plato*, “Introduction”, p. 46.

盖伦倾向于认为大家所公认的对灵魂统治部分的描述也是对灵魂本质的描述。但是到了晚年，在总结自己的所知所学的时候，盖伦把自己对灵魂的认识看作是仅限于常识领域的认识。他说自己关于灵魂的知识是那些大家都认同的，显而易见的认识。他把“灵魂是意愿运动和感觉的原因”只当作普遍意见，而把关于灵魂本质的问题彻底悬搁了。看起来，这两处的论述是存在矛盾的。盖伦在论证灵魂三分的时候极力强调科学研究的重要性，而在这里，按照盖伦自己的观点，他对“灵魂是意愿运动和感觉的原因”的认识似乎不能看作是一种科学认识。因为，他明确说自己缺乏对灵魂本质的认识，他所接受的关于灵魂的认识在充分性上是有限的。[143] 那么，如果像盖伦所说的那样，他没有关于灵魂本质的认识，是不是意味着他对灵魂的讨论都是以建立在普遍意见和经验基础上的假设为前提的呢？如果盖伦对灵魂的讨论都是以设定的前提为出发点的话，他又如何可以说自己是以科学的方法进行研究，并确切知道这些知识呢？

既然盖伦对灵魂本质的讲述存在模糊和矛盾的地方，我们就有必要对盖伦在不同地方所进行的与灵魂本质相关的讲述分别进行考

143 在列举了各种关于灵魂的说法之后，盖伦谈到自己对灵魂的认识是不够确切的：“他们甚至这样来说灵魂。因为有些人看到灵魂是非身体的实体（substantia），一些看到灵魂是精气（spiritus），另一些人说灵魂没有属于自己的独立存在；……在这些争论中，我采取中间路线。因为对于某些观点，我仅仅宣称我承认其中一些是真理，而对另一些一无所知。而在我之前讨论过的东西中，我只承认似乎合理的结论，并且认为，如果我理解它们的话，我的表述会更好，就像我对其他事物声称的那样。但是我不会像其他人那样说服自己说，对于缺乏确切证据的事物我有确切的知识。”（Galen, *On My Own Opinions*, 14.3-4）

察，以便可以对盖伦所讲的灵魂本质有一个比较清晰的认识。首先，让我们来看一看盖伦是怎样讲述自己没有关于灵魂本质的知识的。在《关于我自己的学说》中，盖伦有好几处明确讲到自己没有关于灵魂本质的认识。在开始陈述自己拥有的关于灵魂的知识的时候，盖伦说道：

> 关于灵魂，我看到（video）它是存在的。关于它，我知道我有一个灵魂，因为世界上的人们都知道自己有一个灵魂，因为我看到所有人都把自主运动和感觉的原因称为“灵魂”。但是我并没有说我知道灵魂的本质。所以对于我来说，知道它是否有朽则更加困难。[144]

结束对作为四元素混合物的身体和对神经与感觉关系的讨论之后，盖伦在讨论灵魂和身体的共同存在时说：

> 我已经拒绝所有关于灵魂本质知识的言说，不管它是什么，是可朽的或不朽的，就这两点而言，它们对我来说都是可能的。因为即使灵魂是不朽的和非身体的，它也可以居住在身体里面。[145]
>
> 虽然我不知道灵魂的本质，但是我已经证明这是必然的。[146] 因为即使灵魂是不朽和非身体的，我们发现灵魂和身体共同存在，灵魂通过（身体的）自然行为这个中介才可能活动。[147]

在《论柏拉图和希波克拉底的诸种学说》的中，盖伦明确表述

144 Galen, *On My Own Opinions*, 3.1, pp. 59-61.

145 Ibid., 7.1, pp. 77-79.

146 盖伦指的是灵魂与身体的共同存在。

147 Galen, *On my own opinions*, 7.3, p. 79.

了自己从未有过关于灵魂本质的言说：

> 但我并没有说过关于灵魂本质的话，即这三种灵魂形式的本质是什么，或者讨论它们的不朽性。[148]

在《灵魂的状态依赖身体的混合》中，盖伦也有类似的表述：

> 但是由于我缺乏对灵魂本质是怎样的认识，如果我们假设灵魂的本质是非身体的话，不能对此给出一个验证。[149]

在这些盖伦对灵魂本质知识的否认中，我们注意到，当盖伦否认对灵魂本质有任何认识的时候，他会马上接着说自己不知道灵魂是否不朽，灵魂是否是非身体的。似乎盖伦在言说对灵魂本质的无知时，其实质想表达的意思是对灵魂是否不朽和灵魂是否是非身体的无知。盖伦不仅会在否认拥有灵魂本质知识的时候提到没有关于灵魂是否不朽，灵魂是否是非身体的知识；而且在讨论是不是需要关于灵魂本质知识的时候，也会提及灵魂不朽，灵魂本质是否是非身体的，以及灵魂是否可以离开身体而独立存在。

> 正因为灵魂可朽还是灵魂不朽与医生对疾病的治疗无关，所以灵魂本质是非身体的，就像某个人希望的那样，或灵魂的本质是身体的，像另一个人希望的那样，并不是重要的事。[150]

> 当身体还保有自身的自然混合的时候，灵魂离开身体是不可能的。正是因为这个原因，在治疗疾病和提高道德方面，知

---

148 Id. *PHP* IX 9.8.

149 Id. *QAM* 776 (K IV).

150 Id. *On My Own Opinions*, 7.4, p. 79.

道灵魂的本质是什么并不是必须的。[151]

不管盖伦对灵魂本质知识的否认是出于认识上的不可能，还是实践上的无用处，他都会把灵魂本质的知识和灵魂是否不朽、灵魂是否是非身体的独立存在放在一起来讨论。有时候，他在关于灵魂本质的讨论后面接着对灵魂是否不朽，灵魂是否是非身体的进行讨论。有时候，他在讲灵魂是否不朽或灵魂是否是非身体的之后紧接着提到灵魂的本质。如果把这些与灵魂本质紧密关联的表述看作是对灵魂本质内容的进一步解释的话，我们可以把盖伦对灵魂本质的无知理解为对灵魂究竟是身体的还是非身体的，以及灵魂究竟是否不朽的无知。

当盖伦讲灵魂是不是可朽，灵魂是不是非身体的时候，他主要考虑的是灵魂是否可以离开身体而独立存在的问题。因为如果灵魂是不朽的，那么当身体朽坏时（没有哪个身体是不会朽坏的），不朽的灵魂就会与身体分离而存在。同样地，如果灵魂是非身体的，灵魂就可能不依赖身体而存在。盖伦强调，他所能见到的只是在身体中的灵魂，[152]只是与身体共同存在的灵魂。[153]所以，他无法承认灵魂是不朽的，是非身体的。不过，他也同样没有承认灵魂是可朽的，是身体的。因为即使灵魂是不朽的，是非身体的，灵魂依然可以存在于身体之中。对于我们来说，只要考察在身体中的灵魂就

151 Ibid., 15.4, p. 123.
152 Ibid., 7.1, pp. 78-9.
153 Ibid., 7.3, p. 79.

可以了。因为这样的考察是对医学和道德哲学有用的考察。盖伦完全悬搁了灵魂是否不朽和灵魂是否是非身体的问题，也可以说，他完全悬搁了灵魂能否离开身体凭其自身而独立存在的问题。正是因为没有这方面的知识，盖伦说自己没有关于灵魂本质的知识。

在《论柏拉图和希波克拉底的诸种学说》的最后一卷、《灵魂的状态依赖身体的混合》和《关于我自己的学说》中，盖伦讲自己没有关于灵魂本质知识的时候，讨论多是围绕灵魂是否能脱离身体而独立存在的问题进行的。盖伦强调自己对灵魂本质的无知，其主要目的是强调要在身体和灵魂共同存在的前提条件下来认识灵魂。

在考察了盖伦讲述没有关于灵魂本质知识时的具体所指之后，我们再来看看盖伦是怎样讨论他所具有的关于灵魂本质的知识的。在《灵魂的状态依赖身体的混合》中，关于灵魂本质的表述是很模糊的。就像我们在前面提到过的那样，盖伦对灵魂本质的说法是在假设的意义上被接受的。虽然只是一个假设，但是盖伦认为这种假设可以获得很多经验上的支持。在灵魂本质的问题上，盖伦倾向于接受灵魂是身体的形式的观点。

> 逍遥学派的安德鲁尼库斯（Andronicus）敢于大胆地讲述。作为一个自由人，他不需要拐弯抹角地说话。他说，灵魂的本质就是身体的一种混合，或者说，身体的能力。我很尊敬安德鲁尼库斯，跟随了他的脚步。（我觉得他在很多其他方面也同样值得让人敬佩。）但是，当他说“混合（krasin）或者能力（dunamin）都依赖于那种混合（tēkrasei）”时，我不同意附加

> 的这最后一个短语。作为某种本质的灵魂有很多能力，这一点亚里士多德曾很正确地讲述过。他很清楚地区别出了这里所包含的含混性。他指出，本质常常既指物质（hulē）、形式（eidos）也指两者的结合，灵魂的本质是在形式的意义上说的。因此，像我们前面指出的那样，把它仅仅定义为特定的混合是不合理的。[154]

盖伦在这里反对把灵魂定义为某种特定形式的混合。他认为廊下派的学说就是以这种方式来定义灵魂的。他们所说的灵魂本质是普纽玛（pneuma），这种普纽玛由气和火的混合构成。[155] 某种已经混合好的东西兼有物质和形式，而在盖伦看来，灵魂更像是身体的形式。作为身体形式的灵魂更像是四元素之间的合乎比例的混合，而不是某些元素混合后的产物。

在《灵魂的状态依赖于身体的混合》中，盖伦讨论的核心是灵魂对身体的依赖。在这些讨论中把灵魂说成是身体的形式、能力或混合有利于解释身体对灵魂的影响。在亚里士多德那里，有生命的物体是物质和形式的混合。身体是物质和潜能，灵魂是形式和实现。[156] 形式必然和物质一同存在，所以灵魂必然联系着身体。[157] 盖伦在这

154 Galen *QAM* 782-783 (K IV).

155 “廊下派的学说也是这样描述本质的。廊下派主义者认为灵魂是某种普纽玛，他们把自然也看作是某种普纽玛，只是自然的普纽玛湿些、冷些，而灵魂的普纽玛干些、热些。这种普纽玛是灵魂特有的物质（hulē），这种物质的形式是一种气和火的同比例的混合。” [Galen, *QAM* 783 (K IV)]

156 亚里士多德，《灵魂论》413b15。

157 同上，413b20。

里接纳了亚里士多德的观点，虽然盖伦没有以十足肯定的语气说灵魂就是身体的形式或混合，但他的倾向性是非常明显的。

> 如果灵魂不是某种身体的形式（eidos）、境况（pathos）或能力（dunamis），那么仅仅与身体打交道，怎能使它获得一个自己的天性的反面呢？我省略了这一问题，为的是避免从我们讨论的主题上岔开太远。无论如何，身体的疾病对灵魂的压倒性的影响在人们遭到精神忧郁症、谵妄症、癫狂症的侵袭时可以得到清楚明白的证明。[158]

和盖伦强调自己对灵魂本质无知时所表达的思想一样，盖伦把灵魂设想为身体的形式、能力或混合时所考虑的仍然是不讨论灵魂是否不朽，能否能离开身体而独立存在的问题，而只在身体与灵魂不可分的情况下来讨论灵魂。一方面，这是出于这篇文章所要讨论的主题的需要，另一方面，这也是盖伦讨论灵魂问题时的一贯态度的体现。

在《论柏拉图和希波克拉底的诸种学说》的前六卷中，当盖伦把对灵魂的普遍意见看作关于灵魂本质的论述时，他考虑的也不是灵魂是否可以脱离身体独立存在和灵魂是否不朽的问题。就像在最后一卷中，盖伦自己所说的那样，他没有回答这个问题。在前六卷中，盖伦关注的是关于灵魂三分的证明是否成立的问题。无论是盖伦自己的证明还是对其他不同观点的反驳，盖伦所依据的都是科学

---

158 Galen, *QAM* 788 (K IV).

的论证方法。在盖伦对科学研究的论述中，只有与本质相关的表述才能作为科学论证的前提。所以，盖伦不可能在这里说自己没有关于灵魂各部分本质的知识，如果那样的话，依照他自己的说法，他的所有论证和由此得出的结论就都是不能成立的。

“灵魂的统治部分是感觉和自主运动的起源”，这一表达作为论证灵魂在身体中的位置时的出发点，在盖伦看来，无疑是对灵魂本质的描述。当盖伦在这里讲灵魂本质的时候，其用意并不像在其他地方那样，旨在强调灵魂和身体的不可分。在残留的第一卷中，我们可以看到盖伦自己对全书首要任务的描述：

> 在第一卷中，我指出，探究统治我们的各种力量（dunameōn）不仅对哲学家们而且对所有依理性行医的医生来说都是必须的。（这些力量）在种类上有多少，每一个的特有本性是什么，以及每种力量主要位于动物身体中的哪个部位。
>
> 当我们考察希波克拉底和柏拉图的教导的时候，我们首先指出，确切地发现统治人们的力量是一还是多于一，对于医学和哲学来说都是最为必要的。
>
> 既然打算研究希波克拉底和柏拉图的教导，我从首要的学说开始，以此出发我可以展示由此而来的几乎所有精确的细节。这就是他们关于统治我们的各种力量的学说：这些力量的数量，各自的特性，以及在身体中分别占据的位置。[159]

在整个前六卷的论述中，盖伦的讨论都是围绕着统治我们的力

159 Id. *PHP* Testimonies and fragments of the beginning of Book I, II.

量的数量、各自特性，以及在身体中分别占据的位置而进行的。盖伦所讲的统治我们的力量就是灵魂。在这里，盖伦讨论的重点是灵魂的功能，灵魂区别于其他事物在身体中所发挥的独特作用。这里的讨论同样不涉及灵魂是否不朽，或是否能够独立存在的问题。

虽然在不同的地方，盖伦对灵魂本质的态度有着明显差别，但是我们发现，盖伦在不同地方谈论灵魂本质时所指的具体内容是不同的。当他说自己不知道灵魂本质的时候，他是说自己不知道灵魂是否不朽和灵魂能否独立存在；当他表示自己有对灵魂本质的确切认识时，他是就灵魂之所以被称为灵魂的本质属性而言的。如果说，盖伦对灵魂本质的不同态度实质上是因为分别指向不同方面的问题所造成的话，那么我们就不能简单地认为，在灵魂本质上，盖伦有自相矛盾的说法。但是为什么盖伦对灵魂本质会有这些不同的说法，仍然是值得进一步去思考的问题。对灵魂本质的讨论为什么会指向不同的内容？为什么盖伦要在这里以这种方式来言说本质，而在那里以另一种方式来言说？

盖伦之所以可能对灵魂本质有不同的表述，在一定程度上与本质（ousia）一词自身的多义性有关。在亚里士多德之前没有人对 ousia 这个词作过系统的研究和讨论。人们往往在最原初的意义上使用它，用它来指各种具体的存在物。在柏拉图那里，对 ousia 的使用依据语境的不同而不同，有时候用来指存在物，[160] 有时候用来指事物的特性。[161]

160 柏拉图，《巴门尼德》133c5，《理想国》509b8-10。

161 柏拉图，《理想国》359a5。

在亚里士多德那里，对 ousia 的讨论变得集中化和主题化。《形而上学》Δ 卷第八章中，亚里士多德对前人理解的 ousia 做了归纳总结，列出四类人们称其为本质（ousia）的事物，并给出了自己主张的 ousia 的两个基本含义：一是无需另一事物说明的最底层（hypokeimenon）；二是指一个“这个”（tode ti），它可以分离和独立存在，具体来说，指独立的形状（morphē）和形式（eidos）。[162] 第一个意义上的 ousia 指土、水、风、火这样的基本物体和由这些物体组成的事物。在言词中它们是主语，在现实中它们是存在的个别事物。在第二个意义上，作为形式的 ousia 可以从“怎是”（to ti ēn einai）的角度来理解。作为使事物“是其所是”的 ousia 虽然在这里被认为是可独立的，但值得注意的是，这里的独立更多的是指思想层面上的独立而不是指现实层面的独立存在。在亚里士多德看来，只有形式和质料的复合才能完全独立地存在。[163]

在《形而上学》和《灵魂论》中，亚里士多德把质料（hylē）、形式（eidos）和两者的结合都认为是本质的含义。[164] 正因为本质具有多种含义，所以对本质的理解也可以从不同的角度切入。如果从形式和个别事物出发来理解 ousia，ousia 既可以指事物“是其所是”的本质属性，也可以指一种真实存在的实体。盖伦非常熟悉亚里士多德的著作，[165] 当他把灵魂的本质理解为感觉和运动的起源时，他

162 亚里士多德，《形而上学》1017b23-6。

163 亚里士多德，《形而上学》1042a30。

164 亚里士多德，《形而上学》1035a2-3，1042a26-30；《灵魂论》412a5-10。

讲的是灵魂的“是其所是”，灵魂的本质属性。当他讲没有对灵魂本质的认识时，他讲的是不知道灵魂是不是形式和质料的复合体，是不是一个真正独立存在的个别事物。在不同含义上所讲的灵魂本质，盖伦有着不同的理解：对于前者，盖伦认为自己有确切的知识，对于后者，盖伦持不可知的态度。盖伦之所以对灵魂本质的不同含义有这样而不是那样的态度是有他的具体考量的。

在《论柏拉图和希波克拉底的诸种学说》中，盖伦对灵魂本质持有肯定的态度，一定程度上出于这本书的写作目的的需要，或者说，是出于论战的需要。盖伦写作这本书的目的主要是为了反驳亚里士多德和克吕西普关于灵魂的统治部分位于心脏的观点，进而论证统治我们的三种力量分别位于大脑、心脏和肝脏。盖伦认为，这才是柏拉图和希波克拉底都认同的观点。[166] 所以，如果把对灵魂的统治部分定义为感觉和运动的原因，并把它作为对灵魂本质的描述的话，以此为出发点所做的无论是解剖实践还是文字讨论都拥有了正当性，从而在反驳亚里士多德，普罗克萨哥拉和克吕西普的时候更具有说服力。

即使这些人对灵魂统治部分所处的位置与盖伦、柏拉图和希波克拉底有不同看法，他们都不会否认把这种对灵魂本质的描述作为

---

165 盖伦对亚里士多德的《解释篇》、《前分析篇》、《后分析篇》和《范畴篇》都做过详细的评注。参见 Galen, “My Own Books”, (K XIX 47) *Galen: Selected Works*, trans. P. N. Singer, Oxford University Press, 1997, p. 21。

166 《论柏拉图和希波克拉底的诸种学说》的第一卷开头只留下了残篇，所以我们只能从残篇和他后面的论述中猜测他的写作意图。参见 *PHP* I. II。

考察的出发点和归宿的正当性。具有感觉和运动是有灵魂之物与无灵魂之物的根本区别。把灵魂看作感觉和运动的原因是当时的希腊人普遍公认的对灵魂的定义，[167]可以说是灵魂的是其所是（to ti ēn einai）。以亚里士多德对本质的定义来看，这可以算作是一种对灵魂本质的描述。盖伦把论证的起点定位于事物的本质，因为他认为事物的本质是确定的和唯一的，不会存在争议。他的这一个态度与他一贯所希望的把医学变得像几何学一样明晰、精确和无可争议的努力是一致的。[168]只有从事物本质出发所进行的推理、论证和实验才可能是具有说服力的正确认识。

这种建立在推理论证基础上的医学在盖伦之前就已经存在。[169]作为主要的医学流派之一，盖伦称这一学派的医生为唯理派医生（dogmatists 或 rationalists）。[170]唯理派医生依据理性来研究身体和疾病。他们重视解剖、指征（indication）和逻辑推理。[171]对唯理派医生影响最大的哲学思想是柏拉图哲学。他们不仅像柏拉图一样追求对不变的真的知识，而且把柏拉图在《蒂迈欧》中对生理的描

---

167 亚里士多德，《灵魂论》403b25。

168 在盖伦的早年，他就非常热衷几何学的证明。参见 R. O. Moon, *The Relation of Medicine to Philosophy*, Longmans, Green and Co. 1909, p. 39.

169 唯理论派是希波克拉底死后（西元前 357）建立的第一个著名的医学学派。后来的经验论派和方法论派都建立在批评唯理论派的基础之上。

170 Galen, “On the Sects for Beginners”, *Three Treaties on the Nature of Science*, trans. Richard Walzer and Michael Frede, Hackett Publishing Company, 1985, p. 3.

171 “比如，当他们探究不是很显明的事物的时候，他们赞成解剖、指征（indication）和逻辑理论。因为他们认为这些是他们研究不显明事物时所用的方法。”同上，第 9 页。

写当作严格的科学真理来尊奉。[172]

盖伦对唯理派医生们所重视的解剖、推理论证和柏拉图学说都非常推崇。《论柏拉图和希波克拉底的诸种学说》中，对灵魂不同力量的讨论实际上是对柏拉图所讲的灵魂三分的具体证明。从本质出发来讨论灵魂即是出于证明的需要。[173] 而对证明的重视体现了盖伦对像柏拉图所推崇的几何学那样不变真理的追求。这样的不变真理反映的是事物的真相，是可以用之来反驳其他观点的。基弗（Kieffer）明确指出了证明在盖伦那里的两种功能：

> 在盖伦眼中，证明在科学中有两种功能。一方面，它对确认事实有用，比如大脑是感觉的寓所；另一方面，它对反驳错误观点和与错误理论的信徒的争论有用。[174]

纳通也认为，盖伦发现逻辑分析的技术对于反驳自己的反对者来说非常有用。[175] 不过，就像劳埃德（Lloyd）指出的那样，盖伦所使用的逻辑分析的方法常常并不十分严密。盖伦建构完美逻辑时所使用的前提有时是可疑的。那些在他自己看来显而易见的东西，实际上需要进一步推敲。[176] 盖伦所遭到的这些质疑，很大程度上并

---

172 参见 R. O. Moon, *The Relation of Medicine to Philosophy*, Longmans, Green and Co. 1909, p. 19.

173 对证明方法的具体讨论参见第三章第一节。

174 John Spangler Kieffer, *Galen's Institutio Logica*, The Johns Hopkins Press, 1964, p. 6.

175 Galen, *On My Own Opinions*, ed., trans. and comm. by Vivian Nutton, Berlin, 1999，p. 141.

176 参见 G. E. R. Lloyd，“Theories and practices of demonstration in Galen”，in *Rationality in Greek Thought*, eds. Michael Frede and Gisela Striker, Oxford University Press, 2002.

不是因为他不能熟练使用精确的逻辑分析技术，而是因为他所处理的问题本身不可能像数学那样精确。对纯粹几何学的诉求和他所处理的经验的医学实践之间存在着不可弥合的鸿沟。

盖伦对几何学和逻辑的重视在当时受过教育的希腊人看来是很自然的事。古希腊的哲人们常常通过逻辑来解释超经验的现象。在他们看来，经验的、变动的事物是不可靠的，只有永恒不变的东西才是严格确切的，也只有这种东西才是更高、更值得追求的。[177] 但是，医学终究不是几何学。医学打交道的对象是可朽的人，而不是不朽的形（eidos）。一方面，医学实践的经验性和不精确性，使得它很难与极为精确和严格的几何学方法完美结合；另一方面，对疾病的治疗又不是完全不可把握、完全偶然的活动。它要求理论的指导，也需要尺度的衡量。

医学面对的虽然是具体的疾病，但那些具体疾病同时也是一类（eidos）疾病。就像亚里士多德所说的那样，“医生并不是为某一眼睛的健康而作诊断，他为所有的眼睛，为所有处于特定状况中的眼睛作诊断。”[178] 虽然医生面对的总是具体的个人，具体的疾病，但无论是个人还是疾病都同时具有普遍含义。所以，也就需要同时从普遍来把握和认识。正是因为医学对象的这种双重特性，使得盖

177 参见柏拉图《理想国》第六卷，亚里士多德《尼各马可伦理学》第六卷对知识、科学的论述。

178 亚里士多德，《后分析篇》97b25，余纪元译，《亚里士多德》第一卷，苗力田主编，中国人民大学出版社，1990。

伦试图用几何学来完全规范医学的努力不可能成功。他把医学精确化的这种努力既可以看作是柏拉图哲学影响的结果，也可以看作是对希波克拉底派医生们和唯理派医生们把医学变为理性科学的努力的延续。

虽然盖伦一直进行着把医学精确化的努力，但是他对其中所面临的困难并不是没有察觉。他知道理性的限度，而且有的时候，他刻意限制理性的权能。他对经验派医生的同情就体现了这一点。[179] 经验派医生们摒除所有理性沉思和推理，主张仅仅凭借经验，从有效性方面来考虑需要怎样的关于身体和疾病的知识。他们认为，医学的任务是治疗而不是认识疾病和疾病的原因。[180] 虽然盖伦不赞同经验派医生对理性的摈除，但从有效性方面考虑问题是盖伦所赞同的。

在表达自己对灵魂本质的无知的时候，盖伦考虑的是，关于灵魂是否不朽和灵魂能否离开身体独立存在的认识，是否有助于我们的医学实践和伦理生活。他认为，关于灵魂的三种形式（eidē）在人体中的不同位置的知识和不同形式各自所具有的功能的认识，既对医学技艺有用，也对伦理、政治哲学有用。但是，灵魂的三种形

179 盖伦曾经受业于经验派医生埃斯克瑞欧（Aeschrio）。他曾经写过两篇专门的文章讨论经验派，一篇是《经验派医学概要》，一篇是《论医学经验》。虽然这两篇文章，尤其是《经验派医学概要》中盖伦有对经验派的批评，但在很大程度上是帮助经验派反驳独断论派的。参见 Galen, *Three Treatises on the Nature of Science*, trans. Richard Walzer and Michael Frede，Hackett Publishing Company, 1985, p. xxxi.

180 参见 R. O. Moon, *The Relation of Medicine to Philosophy*, Longmans, Green and Co. 1909, pp. 23-27.

式是否不朽的问题则是无用的。[181] 同样地，对整个灵魂是否是非身体的，是否不朽的认识也不能帮助实际的治疗活动，或者说，对疾病的治疗、对健康的保持不需要这种关于灵魂本质的认识，甚至在道德实践中，在伦理政治生活中，我们也不需要这种知识。[182]

如果把灵魂设想为不朽的，那么这种永恒的东西便会变成人们唯一值得追求的东西。就像柏拉图在《斐多》中表述的那样，身体只是灵魂的囚房，只有摆脱了身体的灵魂才是真正自由的灵魂。[183]这样的身体对灵魂来说只是羁绊，对人来说也似乎没有任何价值。但是不能忽视，同时也是盖伦一再讲到的事实是，我们看到的总是有着身体的灵魂。当然，不是我们看不到离开身体而独立存在的灵魂，我们就不可以设想这样的灵魂。问题是，这样的一种设想对于我们认识人体，认识人伦政治生活是否有利？

盖伦没有说过，把灵魂看作非身体的和不朽的观点，必然会导致对身体的忽视，从而不利于实际的伦理、政治生活；同时他也没有断言，灵魂就是可朽的，从而推出对身体认识的重视有着特别的重要意义。他只说，自己没有关于灵魂本质和灵魂是否不朽的知识，

181 “既然关于灵魂的各种形式位于三个不同地方的知识和各种形式的能力的知识非常丰富，其中某种是对医术和伦理政治哲学有用的，希波克拉底和我有很好的理由去考察它。但是，进一步的考察，如灵魂的激情部分和欲望部分是否不朽，如同柏拉图主义者所相信的那样，和是否在《蒂迈欧》中‘可朽’一词在字面意义上被使用的考察，对于与医学和伦理政治哲学来说完全无用。医生们和很多哲学家们有很好的理由忽略这些问题。”（Galen, PHP IX. 9.9）

182 Galen, *On My Own Opinions*，15.5, p. 120.

183 柏拉图，《斐多》82e。

并非常确定地指出，这种知识既不能增进我们对身体的认识，也不能提高人的道德品性。

盖伦对灵魂本质的不同描述和态度，随着他所面对的对象和他所要处理的问题不同而不同。他把灵魂，特别是统治灵魂的本质确定为大家都认同的意见。因为这样一个对灵魂本质的描述，可以为他接下来所作的人体解剖提供出发点和旨归，是出于追求确切知识的需要。而当他在后来的记述中强调自己没有对灵魂本质的认识的时候，他是从是否对医学和伦理政治哲学有用的角度来考虑的。对理性的追求和对实践有效性的重视都是盖伦特别在意的。他总是试图同时从这两个方面来考虑问题，试图把这两个方面结合起来。

在面对唯理派医生和经验派医生的时候，盖伦同时继承和批评这两个医学流派。盖伦试图走的是一条中间路线。这一中间路线的特点同样体现在他的哲学道路上。唯理派医生深受柏拉图的影响，经验派医生则以亚里士多德为精神领袖。[184] 既跟随柏拉图学园的盖依乌斯的学生学习过哲学，又曾向逍遥派的阿斯帕西乌斯的学生请教过学问的盖伦同时深受柏拉图和亚里士多德的影响。[185] 在上一章考察盖伦所受的哲学教育时，我们看到，他最尊敬柏拉图，却受亚

184 R. O. Moon, *The Relation of Medicine to Philosophy*, Longmans, Green and Co. 1909, p. 23. 柏拉图和亚里士多德对唯理派和经验派的影响并不是那样绝对的，比如亚里士多德的逻辑分析和对解剖学的重视也同样影响唯理派的医生们。

185 *Galen on the passions and errors of the soul*, trans. Paul W. Harkins, Ohio State University Press, 1963, pp. 57-8. (K V 42)

里士多德的影响最大。[186]

在柏拉图和亚里士多德之间，盖伦也做着试图把两者结合起来的工作。在讨论灵魂本质的过程中，他把灵魂本质设定为可知的确切知识，以此出发来进行严格论证。他的论证方法在很大程度上借鉴了亚里士多德。[187] 而他对获得像几何学那样精确知识的追求热情则是来自柏拉图的。虽然在关于灵魂不朽和灵魂能否离开身体独立存在的问题上，盖伦倾向于认为灵魂作为身体的形式不能离开身体而独立存在。但是，即使对柏拉图的灵魂不朽学说颇有微词，盖伦也没有对它完全地给予否认。他的不可知态度为柏拉图的解释留下了余地，也因此使得自己对灵魂本质的讲述有了看似自相矛盾的地方。

厘清盖伦在灵魂本质问题上的不同说法，对于我们理解盖伦的灵魂学说来讲非常重要。一方面，不同说法之间所带来的理解和解释上的困难是盖伦思想中不可避免的根本困难的体现。这是理性与经验，哲学与医学，柏拉图哲学与亚里士多德哲学内在张力的体现。另一方面，这些针对不同内容，出于不同目的所进行的关于灵魂本质的讨论，为我们理解盖伦所讲的灵魂，指明了方向。那就是，对灵魂的讨论不能脱离对身体的认识而单独进行。

---

186 Moon 认为对盖伦影响最大的哲学家是亚里士多德，其次是柏拉图。参见 R. O. Moon, *The Relation of Medicine to Philosophy*, Longmans, Green and Co. 1909, pp. 39-44. Franjo Kovacic 在讨论盖伦的自然概念时指出，盖伦自己把他的目的论归功于柏拉图的《蒂迈欧》和希波克拉底，但他的自然目的论概念更多地得益于亚里士多德。Franjo Kovacic, *Der Begriff der Physis bei Galen vor dem Hintergrund seiner Vorgänger*, Stuttgart, 2001.

187 关于盖伦的论证方法对亚里士多德的继承和发展见第三章第一节。

第二节　通过对身体的认识来认识灵魂

盖伦自始至终没有回答灵魂到底是不是可朽，灵魂是不是一种身体的问题，不过，他对灵魂与身体的关系问题却给出了非常明确的答复。在他那里，灵魂和身体是不可分的，不管是作为整体的灵魂，还是灵魂中的理性部分都不能离开身体而独立存在。在前面关于灵魂本质问题的讨论中，我们已经看到，无论盖伦从哪个角度思考灵魂问题，他的思考都是在“灵魂居住在身体里面”这一前提下进行的。在盖伦看来，不管灵魂是不是不朽的，我们所看到的都是在身体中的灵魂。所以，我们对灵魂的认识总是离不开对身体的认识。灵魂与身体分离而独立存在的现象，在盖伦那里是不可想象的：

> 只要身体还保有自己的自然混合（in sua complexione naturali），灵魂就不可能离开身体。[188]

既然灵魂不可能离开身体，那么对灵魂的理解只能建立在灵魂和身体紧密联系这一事实的基础之上。按照盖伦的解释，只要身体还可以被称为身体，灵魂就存在于身体之中，通过身体而发挥作用。相较于对灵魂的认识而言，认识身体是比较容易的。

在身体与灵魂的关系问题上，亚里士多德从本体论的角度，即质料与形式，潜能与实现的角度论证了“身体与灵魂的不可分”；[189]也从认识论的角度，以类比方式讲述了灵魂对身体的依赖。在类比的意义上，对身体的认识可以帮助我们认识灵魂。灵魂不易被感觉，

---

188 Galen, *On My Own Opinions*, 15.4, p. 118.

而身体是我们可以感觉的东西，相对于灵魂而言，身体更为清楚。[190] 因为我们需要用清楚的东西来说明模糊的东西，[191] 所以，对可感觉的身体的认识可以帮助我们认识不可见的灵魂。比如，当我们要让麻痹的肢体向右时，它偏偏向左。在灵魂中也会发生类似的情况，灵魂的不能自治的冲动往往会走向自己的反面。我们能看到的只是身体上的相反运动，灵魂中的类似运动我们是看不见的。因此，我们可以用看得见的身体状况来说明与之类似的灵魂状态。[192]

盖伦很赞同这种把对身体的理解运用到对灵魂的解释中去的做法。在盖伦那里，认识身体对于认识灵魂来说，不仅仅具有类比上的意义。身体与灵魂之间的关系是更为密切的，作用也更直接。盖伦把用以解释身体的四元素说用在对灵魂状态的解释中，从身体认识的角度来认识灵魂。在《关于我自己的学说》中，盖伦这样写道：

> 就灵魂是否是不朽，是否通过与身体的本质混合来统治动物，我没有确切的知识，我也不知道灵魂是否有一个独立存在的本质。但是，当灵魂被放置于身体中时，我们对它的认识就变得清楚了，就像我前面指出的那样，灵魂的本性因着四种元

189 亚里士多德，《灵魂论》413a；在 430a17 中，亚里士多德明确讲了 nous 是可分离而独立存在的。因此，亚里士多德在灵魂可否独立于身体的问题上有看似自相矛盾的地方。从亚里士多德是否遵从柏拉图灵魂观的角度来考察《灵魂论》各卷的写作时期是一种可参考的解释方案。

190 “感觉”在亚里士多德那里是非常重要的，它可以帮助我们获得科学证明的前提。因为与感觉比较接近的东西对我们来说是“在先的”和“更易了解的”（参见亚里士多德，《后分析篇》72a1-5）。

191 亚里士多德，《大伦理学》1183a25。

192 参见亚里士多德，《尼各马可伦理学》1102b19-21。

素的混合而生成。[193]

在《灵魂的状态依赖于身体的混合》中，当盖伦质疑柏拉图所讲的不朽的灵魂本质时，当他说他不能马上给出关于灵魂本质的精确定义时，他要求读者们首先想一下什么是身体的本质："我们不能马上给这些本质下一个精确的定义，而是要先回忆一下所有身体的普遍本质的本性。"[194] 当盖伦考察灵魂的时候，他首先希望大家对身体有一个清楚的认识。无论是基于灵魂总是与身体同在的现象，还是出于从容易认识的身体出发考察不可见的灵魂的考虑，对灵魂的考察必然离不开对身体的考察。

在关于身体的认识中，希波克拉底的四元素混合说是盖伦主张的对于身体的解释。"希波克拉底是第一位声称身体由火、土、水、气的混合构成的人。"[195] 盖伦认为，在这个问题上柏拉图和希波克拉底的立场是一致的。"柏拉图追随希波克拉底说，我们的身体由土、火、气、水构成。"[196] 对于构成身体的土、火、水、气四种物质，希波克拉底做了进一步的解释：

> 他说身体由四种元素构成，通常以它们的有效的质（tōn drastikōn poiotētōn）来给这些元素命名：一个是干，另一个是湿，一个是热，另一个是冷。但是他没有以这些质来阐述他关于疾病的学说。因为这些质在身体中是潜在的（dunamei）存在，

193 Galen, *On My Own Opinions*, 15. 2, pp. 116-8.

194 Id., *QAM* 773 (K IV).

195 Id., *On My Own Opinions*, 4.1, p. 62.

196 Id., *PHP* VIII 2.14.

而不是现实的（energeia）存在。在现实中存在的是通过吸收养料而由四元素生成的东西：血液、粘液、黄胆汁和黑胆汁。黄胆汁类似火，黑胆汁类似土，粘液类似水。所以，黄胆汁像火那样具有热和干的能力，黑胆汁像土那样具有冷和干的能力，粘液像水那样既冷又湿。[197]

冷、热、干、湿作为四种物质具有的特质被用来讨论身体的状态。四种特质在身体中更为直接的表现则是血液、粘液、黄胆汁和黑胆汁这四种体液。在希波克拉底的不同著作中，我们看到，他有时用冷、热、干、湿的混合来解释人体，如《论养生》（peri diaitēs）；有时用四体液的混合来说明如何能有一个健康的身体，如《人的本性》（peri physios anthrōpou）。但是，就像盖伦转述的希波克拉底关于四元素和四体液的解释那样，它们之间并不存在冲突，它们是同一事物在不同层面的表现。在身体认识方面，对医生而言，更为实用的是“冷、热、干、湿”和四体液的说法，而不是“土、火、气、水”的元素说。[198] 盖伦继承了希波克拉底的说法，在讨论身体经由混合构成的时候，盖伦更多地讲的是“冷、热、干、湿”。

在《灵魂的状体依赖于身体的混合》中，盖伦把灵魂的形式假设为与身体的形式一样，都是四种质的混合。[199] 在盖伦看来，身体的形式就是冷、热、干、湿的混合。

197 Ibid., VIII 4.20-22

198 Ibid., VIII 4.19.

199 Galen, *On My Own Opinions*, 7, 2, p. 78.

> 如果这些身体由质料和形式构成，亚里士多德他自己也认为物理的身体由质料上的四种质构成，那么我们应该把亚里士多德的“形式”理解为这些质的混合。因此灵魂的本质也必然是这四种质，热、冷、干、湿的某种混合。[200]

盖伦对身体的认识继承了希波克拉底的四元素互相混合构成身体的理论。相应地，他对灵魂的论述也从四种元素混合的角度进行。我们在一开始就提到，盖伦对灵魂的讨论总是与其对身体的讨论联系在一起。灵魂和身体一样可以通过四种基本元素的混合来得到理解。四元素混合的理论同时适用于解释身体和灵魂的状态。当混合发生改变时，身体和灵魂都会相应地发生变化。这种解释，适用于各种具体的生命现象。在谈论具体生命现象的时候，混合的不同状态是同时关涉身体和灵魂两方面的。例如盖伦对死亡的论述：

> 当到达冷和干的边界的时候，灵魂不再能从事它的独特工作并且自身也变得越来越弱，就像身体那样。当灵魂消失的时候生命也就耗尽了。[201]

在讨论灵魂的时候，盖伦所看到的总是和身体一起活动的灵魂，或者说，只有通过身体这一中介灵魂才能活动。盖伦认为，即使像柏拉图那样，把灵魂设想为不朽的和非身体的，我们看到的仍然是身体与灵魂的共同存在。而且，如果灵魂可以和身体分开的话，造

---

200 Id., *QAM* 774 (K IV).

201 Id., *On My Own Opinions*, 7.3, p. 78. 亦参见 Galen, *Mixtures* (De temp.) I 3, 522; II 2, 582 K, *Galen: Selected Works*, trans. P. N. Singer, Oxford New York, 1997, p. 208, 235. 盖伦把热和湿的消失殆尽视为死亡。

成这种分开的原因也是身体状态的改变。这种改变通过冷、热、干、湿的变化来实现。[202]

盖伦通过身体中四元素的混合来解释灵魂状态的做法，显然受到了希波克拉底医学传统的影响。他不仅接受了希波克拉底关于人体的基本理解，而且也继承了希波克拉底医生们对灵魂和身体关系的思考。在希波克拉底那里已经有了同时用四元素解释身体和灵魂的相关论述。在他的论述中，冷、热、干、湿对身体和灵魂的影响通过气候和水土来实现。

当盖伦用身体中四元素的混合来解释灵魂现象的时候，他大量引用了《空气，水和地方》中关于各地水土和民风的描述。[203] 四元素的混合不仅体现在身体中，而且还通过自然水土影响人的身体和灵魂。在希波克拉底看来，造成各地不同气候现象和不同人体特征的原因都是冷、热、干、湿的混合。不同地方之间冷、热、干、湿的差别会造成生活在不同地方的人在体型和习性上存在差异。这种差异不仅体现在人的性格上，连同人的智力和理解力也会受地域和气候的影响而有所不同。希波克拉底认为，亚洲人和欧洲人在体型

202 盖伦认为，当大脑经历过度的冷、热、干、湿的时候，灵魂中的推理论证能力就会消失。Galen, *QAM* 775 (K IV).

203 参见 Galen, *QAM* 799-804 (K IV).《空气，水和地方》一般被公认为希波克拉底本人所作，古代学者中没有人对此提出异议。此文大致可分为两个部分：第一部分是第 1 至 11 章，主要讲地理和气候对健康的影响，第二部分是第 12 至 24 章，主要讲地理和气候对人性格的影响。盖伦对此文的引述主要集中在第二部分。亦参见 *Hippocrates*, Vol.I, trans. W. H. S. Jones, Harvard University Press, 2004, pp. 66-137.

和性格上差别很大，而这种差别可以通过水土和气候来解释：

我认为，就在土地上生长的植物和人的天性而言，亚洲不同于欧洲。在亚洲，所有的东西长得又大又好。他们的土地柔软，人的性格和善，脾气好。所有这些是因为气候的混合（hē krēsis tōn hōreōn）造成的。[204]

而居住在欧洲的人则有属于他们气候的性格：

狂野、不安、充满激情是属于这个气候的特性。[205]

又如，希波克拉底对生活在不同地方的人的性格特征进行了如下描述：

一个地方，土地肥沃、柔软、水量充足，而且这里的水是可变化的——夏天热、冬天冷——和能很好适应的，那么生长在这个土地上的人们就会是丰满的。他们的关节不突出、身体湿润、缺乏耐久力，有很多坏习性。当要做技艺性工作的时候，他们懒惰、困倦、笨拙，行动起来既不轻灵也不快速。另一个地方，土地贫瘠、干涸、粗糙，冬天的气候把它变得更糟，阳光又会将它灼烧，那么那里的人们体形强硬而瘦削，关节明显、充满活力和多发。他们天性就随时准备好要行动，是不安分的。他们的性格和脾气任性、固执，富有野性而不温和。他们做技艺性工作时敏捷而聪慧，而且也善于战争。[206]

---

204 Hippocrates, *peri aerōn hydatōn topōn*, XII. 8-15.

205 Ibid., XXIII. 20.

206 Ibid., XXIV. 45-63.

我们看到，希波克拉底在讲了一个地方的水土特征之后，马上就开始讲与之相应的生活在那片土地上的人的特征。这些特征，既包括体型特征，也包括性格特征。盖伦进一步指出，这里同时还涉及人的智力水平。盖伦认为，希波克拉底在这里讲到不同的人在从事技艺性工作时有的“敏捷”，有的“蠢笨”。这些也都依赖于冷、热、干、湿的不同混合所造成的水土气候而不同，也就是说，不同的混合能使有些人更聪明些，有些人则在智力上弱一些。[207]

希波克拉底在这里所做的关于气候、水、土对人的特性的影响的讨论，在盖伦那里，是从灵魂与身体关系的角度来理解的。

> 希波克拉底关于水的讨论和关于季节间混合的讨论是为了说明灵魂的能力依赖于身体的混合——不仅仅是灵魂中激情（thumoeides）和欲望（epithumētikon）部分的能力是这样，理性部分（logistikon）的能力也是这样。[208]

在以讨论灵魂和身体关系为主题的文章中，盖伦大量引用希波克拉底论述气候和人体关系的段落，为的是说明影响气候的四要素同时会对身体和灵魂产生影响。

在盖伦看来，希波克拉底把“混合看作是他所提到的其他现象以及各种特征的原因”。[209]气候上的差异由冷、热、干、湿的不同

---

207 “这里不仅仅是品质依赖于地方、气候的混合，而且不同的人在做技艺时的‘敏捷’或者‘蠢笨’也有赖于此，也就是说，有些更聪明些，有些在智力上低一些、弱一些。” Galen, *QAM* 803 (K IV).

208 Ibid., 804 (K IV).

209 Ibid., 799 (K IV).

混合造成。风、水和土地的特征也都可以通过这四者的混合得到言说。不同地方，因为冷、热、干、湿的不同而有不同的水土，不同水土上生长和居住的人们相应地有着明显不同的体型、性格和智力。所有这些都不得不让人们思考，冷、热、干、湿的混合与人的关系。这个关系，不仅涉及人的身体还涉及人的灵魂，不仅涉及个人的日常生活还涉及城邦的政治生活。

在希波克拉底那里，对于理解人而言，冷、热、干、湿的不同程度的混合是关键。而这也正是盖伦自己所持有的观点。依照盖伦晚年著作《灵魂的状态依赖于身体的混合》中的思想，身体由冷、热、干、湿的混合构成。不同的混合造成身体状态的不同，与之相应，灵魂的状态也就有所不同。盖伦所讲的灵魂依赖于身体，具体来说便是依赖于这四者的混合。

通过身体认识灵魂的考察路径把盖伦引向关于四元素混合的讨论。他对身体与灵魂，及这两者与四元素的关系的思考，是继承希波克拉底相关思想的体现。盖伦同意希波克拉底的学说并赞扬他，因为在现实中，他观察到与希波克拉底所说相同的现象。

虽然在《灵魂的状态依赖于身体的混合》一文中，盖伦对希波克拉底的引用主要出自《空气，水和地方》，[210] 但这不意味着可以提供佐证的希波克拉底文本只有一个。就像盖伦自己所说的那样，希波克拉底在《人的本性》和其他著作中对四种元素持有

210 除了《空气，水和地方》之外，盖伦在这里也偶尔引用《流行病学》中的句子。参见 Galen, *QAM* 803(K IV)。

相同观点。[211] 在《人的本性》中，希波克拉底用与冷、热、干、湿相关的四体液说来解释人的身体。

盖伦这里所提到的以《空气，水和地方》为代表的希波克拉底著作，对四元素及其混合的讨论虽然涉及作为整体的人，但主要还是集中在人的身体这一个方面。而在希波克拉底那里，四元素的混合不仅通过气候、水土对身体和灵魂产生影响，而且在关于灵魂的讨论中，[212] 元素的混合参与灵魂构成，对灵魂产生直接的影响。例如在《论养生》中，尤其是其中的第一卷里，我们可以看到具体的关于水（冷和湿）与火（热和干）的混合如何构成和影响人的灵魂的讨论。[213]

总的来说，在希波克拉底的著作中，灵魂和身体虽然因为分别与不同的现象相关而彼此不同，但最终都可以用相同的方式得到解释。人的灵魂和人的身体是不能分开的，人的自然本性（physis）既包括生理活动也包括心理活动。这些自然本性，在希波克拉底那里，通过冷、热、干、湿的混合得到解释。

盖伦继承希波克拉底的学说，用身体的构成要素解释灵魂的各

211 Ibid., 799 (K IV).

212 在希波克拉底著作中，psyche（灵魂）这个词的使用并不频繁，在不同的著作中也用法各异。从广义上讲，psyche 指一般的生命原则，这一原则和人的存在息息相关。当人昏厥的时候，灵魂会暂时消失；当人死去的时候，灵魂就不复存在。从狭义上来说，psyche 主要指人体中精神或理智的部分，这一部分负责人的思想和各种感性活动。参见 Beate Gundert, “Soma and Psyche in Hippocratic Medicine ”, in *Psyche and Soma*, eds. John P. Wright and Paul Potter, Oxford: Clarendon Press, 2000, pp. 32-3.

213 琼斯认为，《论养生》在古代并不受重视，盖伦虽然有几次提及这本书，但他认为第二卷可能是希波克拉底本人所写，而第一卷的作者可能不是希波克拉底。（*Hippocrates*, Vol. IV，trans. W. H. S. Jones, Harvard University Press, 2005，“introduction VII”, p. xxxviii）关于这个问题，我们在这里暂时不予讨论，《论养生》第一卷中所体现的思想是否与希波克拉底的思想完全一致是另外一个可以专门讨论的问题。虽然盖伦是否受到这本书的影响还不能确定，不过，可以肯定的一点是，盖伦读到过《论养生》这本书。而且我认为，第一卷中关于灵魂构成和灵魂与身体关系的思想与盖伦所理解的灵魂和身体的关系有某种类似之处，值得参考。《论养生》的作者认为，“灵魂作为火与水的混合物（sygkrēsis）进入人，是人身体的一部分。”[*Peri diaitēs*, I. VII] 因为水与火的纯度和干湿状态不同，所以产生的人的身体和灵魂就会相应地不同，“最精纯的水和最稀有的火，在人体中混合在一起，产生最好的身体状态。”[XXXII]“最潮湿的火和最干的水，在人体内混合可以产生最高的智慧（phronimōtaton）。因为火从水那里获得潮湿，而水从火那里获得干燥。因此，每一个都是最自足的（autarkestaton）。”[XXXV]《论养生》的作者除了讨论什么样的水和火可以构成最好的身体和最智慧的灵魂之外，还讨论了灵魂和身体的关系。他认为，作为水与火的混合物的灵魂像呼吸一样进入人体。在年轻人和老年人那里，灵魂中水与火的状态是不同的。灵魂依赖于身体，身体滋养灵魂，一旦身体变弱，灵魂也会相应地变弱。（“人的灵魂，就像我曾说过的那样，是火与水的混合物，是人的部分，并且进入每一个呼吸的动物，特别进入每个人，不管是年轻人还是老年人。但是，它在所有生物中的成长并不是相等的。在年轻的身体中，因为旋转很快，身体在生长，它燃烧着火，变得消瘦，为了身体的成长而消耗；而在老一些的身体里，运动变得缓慢，身体是冷的，为着身体的减轻而消耗。……就好像强的统治者可以帮助很多人，当人们抛弃统治者的时候会变弱一样。每个身体都变得最强健，这样它们可以滋养很多灵魂，当它们的功能消失的时候，灵魂也会变弱。”[XXV]）因为灵魂和身体一样都由混合所产生，所以养生术不仅对于身体来说有意义，对于灵魂来说也有意义。养生术可以通过改变饮食和环境中水与火的比例来改变身体的混合，自然也可以用同样的方式来改变灵魂的混合。（“因为混合是灵魂智慧的原因，所以养生术可以把这个混合变得更好或更糟。当火过多的时候，我们可以增加水，而当水过多的时候，我们可以增加火。火和水是灵魂的智慧增加或减弱的原因。”[XXXVI]）参考 *Hippocrates*, Vol. IV，trans. W. H. S. Jones, Harvard University Press, 2005, pp. 241-295.

种状态。虽然，盖伦没有明确地说灵魂和身体一样由四元素的混合构成，但他乐意接受这样的对于灵魂的假设，乐意把灵魂理解为与四元素密切相关的一种存在。这种对灵魂的理解在古希腊有着非常悠久的传统。

按照亚里士多德的记载，早期哲学家们把灵魂看作生命的原则。灵魂既能引发运动，又能自我运动。不少哲学家把灵魂的功能和某种或某些元素联系起来。赫拉克利特和德谟克里特认为灵魂是某种意义上的火与热。留基波把灵魂看作球形的原子（atomōn）。对于阿那克西美尼和第奥根尼来说，灵魂是气。恩培多克勒则主张灵魂由四元素混合而成。另一些人，亚里士多德认为，他们是些较肤浅的思想家。如希波（Hippon），认为灵魂是一种水，因为灵魂具有生长功能，而水是种子的主要成分。又如克里亚（Critias），把灵魂和血联系在一起，把它视为感觉的来源。[214] 这些苏格拉底之前的思想家们（除了阿那克萨哥拉之外）要么把灵魂理解为一种元素，或多种元素的混合，这些元素同时也是身体和其他事物的构成要素；要么把灵魂理解为身体的一个构成部分，如血。在他们那里，灵魂和其他的存在物一样，都是由具有物质特性的元素构成的。

---

214 参见亚里士多德，《灵魂论》403b20-405b10。早期的自然哲学家们多用元素来构造灵魂，或是用一个元素，或是用多种元素。亚里士多德认为四种元素都分别有人主张了，而且这些人的依据都是相似的，即同类认识同类。唯一不同的人是阿那克萨哥拉，他认为支配生物运动的是努斯（nous），它是无限的，独立的，不与任何事物混合，也不受外物的影响。阿那克萨哥拉关于努斯的思想影响了后来的柏拉图，参见《斐多》97c-e。

这些哲学家之后，希波克拉底派的医生们也把灵魂理解为与物质实体密切相关的东西。在《人的本性》中，血被视为人的灵魂。[215]《论养生》的作者则认为与灵魂相关的思虑（phronesis）依赖于火与水的混合。[216] 而在《论呼吸》（*peri physōn*）中，思虑与血液相关。[217]

到了苏格拉底和柏拉图那里，灵魂不再像之前的哲学家和医生们所理解的那样，是某种具体的物质实体，或者是与某种或某几种基本元素密切相关的。灵魂不由我们所能见的任何物质构成，它是不可见的永恒存在。在亚里士多德那里，灵魂虽然不能独立于身体而存在，但作为形式的灵魂也不再拥有物质的特性。作为形式的灵魂与物质（hylē）相对。它规定物质，并且通过物质也就是身体实现自身。[218]

在希腊化时代，人们对灵魂的理解又开始倾向于物质化的解释。伊壁鸠鲁认为，灵魂与混有某种特定的热的气（pneuma）最为相似。[219] 亚历山大的医生希罗菲勒斯、埃拉西斯特拉图斯和廊下派哲学家也把灵魂看作是普纽玛（pneuma）。他们所理解的灵魂是物质的。灵魂和身体之间的差别不在于一个是非物质的，一个是物质的，而在于它们由不同的物质构成。

无论是盖伦推崇的希波克拉底，还是与盖伦时代相近的希腊化

215 Hippocrates, *peri physios anthrōpou* VI.

216 Id., *peri diaitēs* I. VII.

217 Id., *peri physōn* XIV. “只要血处于正常状态，思虑就处于正常状态；一旦血的状态改变，思虑也就改变。”

218 亚里士多德，《灵魂论》412b10。

219 L. S. 14A.

时期哲人都倾向于把灵魂理解为与身体同质的东西。盖伦采取的通过身体中四元素的混合来解释灵魂的方式，也让他对灵魂的解释看起来有身体化、物质化的倾向。虽然通过身体来理解灵魂，容易给人灵魂与身体具有相同本质的印象，但是根据我们前面对盖伦关于灵魂本质的论述分析，灵魂虽然与身体不可分，但灵魂并不是身体的。至少，在盖伦那里，灵魂是不是一种身体是一个不予考虑的问题。

希腊化时期，灵魂是一种身体的观点非常盛行。灵魂的身体性通过灵魂是普纽玛体现出来。关于灵魂与普纽玛的关系，盖伦有很多相关讨论，对普纽玛的理解在盖伦关于灵魂的讨论中占有很重要的位置。

在盖伦关于普纽玛的讨论中，我们可以进一步看到，盖伦在讲灵魂依赖于身体的同时，反对给出灵魂是身体的断言。虽然对身体的认识先于对灵魂的认识，虽然在身体中的灵魂更可被了解，但盖伦没有把灵魂还原为身体，或还原为构成身体的元素。在理解盖伦所讨论的灵魂和身体关系的时候，灵魂对身体的依赖与灵魂相对于身体的独立性是需要同时被考虑的。盖伦对待普纽玛的态度就是这两方面综合考虑的结果，对灵魂与普纽玛关系的考察可以帮助我们认识盖伦对灵魂的理解。

第三节　灵魂与普纽玛（pneuma）

盖伦生活的希腊化时代，人们对灵魂的讨论往往与关于普纽玛的讨论联系在一起。盖伦关注并积极参与了相关问题的讨论。要认识盖伦对灵魂的理解，明确他对灵魂与身体关系的态度，便不能离开对他所理解的普纽玛的认识。而要理解盖伦所讲的普纽玛，首先应该对他所熟悉的希腊化时期哲人和医生所讲的普纽玛有一个大致的了解。盖伦对灵魂与普纽玛关系的思考是建立在对前人的继承和批评基础上的。

总体来说，希腊化时期的哲学家们对灵魂的认识比较接近。他们都认为灵魂与身体可以相互影响，而这种影响之所以可能发生，是因为在他们看来，灵魂也是一种身体。具体而言，这种被看作具有身体性的灵魂是某种类似普纽玛的东西，或者说灵魂的本质就是普纽玛。

伊壁鸠鲁（西元前 341 － 270 年）认为灵魂与普纽玛相似。他说：

> 灵魂与以特定方式混有热的普纽玛最为接近，在某些方面灵魂与普纽玛相似，在另一些方面灵魂与热相似。[220]

伊壁鸠鲁在讨论灵魂的时候提到了同时代以及后来的哲学家和医生所爱讲的普纽玛，并说灵魂与普纽玛相近。不过与此同时，伊壁鸠鲁明确提出，灵魂不是普纽玛，灵魂是一种散布在整个聚合物中的精细的（leptomeres）身体。[221] 根据艾提乌斯（Aetius）的记载，伊壁鸠鲁认为，灵魂由四种事物的混合构成，一种事物像火，一种像气，一种像普纽玛，最后一种没有名字，而这种事物与感觉的关系最大。[222] 灵魂的最大功用是感觉（aisthēsis），但是如果离开身体，

220 Epicurus, *Letter to Herodotus* 63，L. S. 14A.

221 Ibid.

222 L. S. 14C.

灵魂的感觉功能也就不能实现，所以灵魂要成为灵魂，实现其自身，就需要身体，反之亦然。身体和灵魂在伊壁鸠鲁那里是不可分的。[223]

与柏拉图及后来的学园派哲学家所认同的灵魂是非身体的观点不同，伊壁鸠鲁认为灵魂就是身体，因为灵魂和身体相互影响，彼此关联。[224] 这种通过灵魂和身体相互影响的现象推断说灵魂和身体是同质的，灵魂就是身体的观点和方法与廊下派，特别是早期廊下派哲学家（芝诺，克莱安特斯和克吕西普）非常相似。就灵魂观而言，伊壁鸠鲁和廊下派哲学家的相似之处还在于，他们都认为理智和情感位于人体的同一个地方，也就是胸部的中央。[225] 而这一观点也与亚里士多德的观点相同，被逍遥派哲学家们所接受。

虽然伊壁鸠鲁学说在后来的罗马帝国时期不是官方主流学说，但作为希腊化时期的一个重要学术流派，对这一派学说的了解可以帮助我们理解整个希腊化时期的学术风貌。伊壁鸠鲁对灵魂的讨论与当时的其他学派，特别是早期廊下派有很多相似之处。他们所持有的观点可以被看作当时人们的普遍共识。伊壁鸠鲁和廊下派在灵魂学说上的主要分歧在于他们对普纽玛的态度不同。前者认为灵魂与普纽玛相似，普纽玛是构成灵魂的一个因素，而后者认为灵魂的本质就是普纽玛。

阿那克西美尼是最早使用“普纽玛”的哲学家。他说，“普纽

223 参见 Epicurus, *Letter to Herodotus* 66-7, L. S. 14A (6)-(7).

224 L. S. 14A(7), B(3).

225 L. S. 14B(1).

玛（pneuma）和空气（aēr）包裹着整个世界”。[226]在阿那克西美尼那里，普纽玛虽然不是后来伊壁鸠鲁所认为的灵魂的构成物，[227]但它充斥在世界中，影响生活在世上的万事万物，包括人。阿那克西美尼关于普纽玛的思想在后世有不少继承者。无论是在医生们那里，还是在哲学家们那里，我们都能找到与之相应的学说。

希波克拉底著作《论呼吸》（*peri physōn*）和《论圣病》（*peri ierēs nousou*）中都讨论了普纽玛对人而言的重要作用，指出它对健康的人体与人体的疾病都会产生影响。[228]

在亚里士多德那里，对普纽玛的讨论虽然不是特别集中和明确，但他多次提到普纽玛在动物的运动和生成中所扮演的重要角色。亚里士多德认为，普纽玛与灵魂的能力息息相关。灵魂是能够推动事物，使之运动的东西。普纽玛的收缩和膨胀使得它能够推动和牵引其他器官，从而有益于运动的产生。另外，普纽玛所拥有的“热”的能力具有生殖功能，而生殖能力也是一种灵魂能力。[229]无论是普纽玛的收缩和膨胀，还是普纽玛所具有的热的特性都可以把普纽玛

226 Diels, Hermann and Kranz, Walther (eds.), *Die Fragmente der Vorsokratiker*, Weidmannsche Verlagsbuchhandlung, 1960, S. 95.

227 阿那克西美尼认为我们的灵魂是空气（aēr）。

228《论呼吸》讲自然中的气有很大的权能，是造成人体疾病的首要因素。在《论呼吸》第三章的开头作者写道，为身体提供营养的物质是三种：食物，饮料和普纽玛。普纽玛在体内被称为呼吸（physa），在体外被称为气（aēr）。在所有东西中，普纽玛是最有能量的。（peri physōn III, 1-7）在《论圣病》中希波克拉底更多地是在呼吸的意义上讨论普纽玛。他认为呼吸是不能停止的，气通过细微的脉管通达身体的每个部分，如果其中任何一部分的气的运动停止了，那么那一部分就会瘫痪。（peri ierēs nousou VII）

和呼吸联系在一起，并进而把它和生命联系在一起。

无论是在希波克拉底的医学中，还是在亚里士多德的生物学中，普纽玛更多地是在呼吸的意义上被理解的。这种和呼吸密切相关的普纽玛，参与灵魂的生成，为身体提供营养。而在廊下派哲学家那里，普纽玛虽然仍然和生命有着密切关系，但它不再仅仅是动物体内的一种物质，而是进一步扩大到整个宇宙。

廊下派哲学家所理解的宇宙是一个物质的统一体，普纽玛弥漫于整个宇宙(kosmos)中。因为普纽玛所经过的物质(hylē)不尽相同，所以它的名字会发生改变。[230] 与普纽玛所指事物相同的还有“神(theos)”、“火(pur)”等多个名称。在廊下派哲学家看来，神(theos)、努斯（nous）、命运（heimarmenē）和宙斯（Dia）以及其他名字所指的都是同一个事物。这一事物弥漫在世界中，参与世界中万事万物的生成。它首先通过自身变成所有实体（tēn pasan ousian），从气到水，然后生成火、水、气和土四种基本元素。[231]

和其他一些哲学家一样，廊下派哲学家也认为世界由这四种基本元素构成。四种元素的混合生成植物、动物和其他自然物。[232] 四元

229 在《论动物运动》中亚里士多德讲道，本然的元气（pneuma symphyton）位于心脏部分，这种元气（pneuma）十分有益于产生运动和施加力量。（703a10-25）《论动物生成》中亚里士多德讲心脏是最早生成的第一本原。先于其他事物产生，后于其他事物消亡。位于心脏的普纽玛参与了灵魂的生成。（741b15-25）亚里士多德认为，能使动物生成的“热”不是来自火，而是来自精液中的普纽玛。（736b35-737a5）

230 L. S. 46A.

231 Ibid., 46B.

素间彼此转化，形成一个循环系统。[233]在转化和循环过程中，普纽玛始终参与其中。这个参与其中的普纽玛不是与四元素不同的另外的东西，它自身也由其中一些元素构成。根据盖伦的转述，克吕西普认为，普纽玛中主要存在两个部分或两个要素，即冷和热。这两者彼此交织在一起。我们也可以依据事物的本质来称呼它们，把它们叫做气和火。同时，普纽玛还从其所居住的身体中获得湿气。[234]

这种居住在身体中的普纽玛在廊下派学者看来，也就是灵魂。芝诺、克莱安特斯和克吕西普都认为灵魂的本质是普纽玛。[235]克吕西普说：

> 必然地，我们用以呼吸和生存的是一个也是相同的东西。我们以自然气呼吸，所以我们也凭借自然气生活，我们有灵魂

232 Ibid., 47A.

233 Ibid., 46C 四元素的相生和循环过程是这样的：火（pur）通过气（aera）转变为湿气（hyros），然后湿气中厚重的部分浓缩成土（gēn），湿气中精细的部分十分稀薄，进一步地变薄变细生成火。

234 Galen, *PHP* V. 3.8，亦参见 Galen, *QAM* 783-4 (K IV)：“廊下派的学说也是这样描述本质（ousia）的。廊下派主义者认为，灵魂是某种普纽玛。他们把自然也看作是某种普纽玛，只是自然的呼吸湿些、冷些，而灵魂的呼吸干些、热些。对于灵魂来说普纽玛完全是物质（hylē）。这种物质的形式是一种气的、火的基质（ousia）的同比例的混合。一个人不能把灵魂仅仅叫做气或者火。因为动物的身体不可能完全的冷或完全的热，或者由任何一方以不成比例的方式完全地占有优势。只要是稍微超过平均水平，火就会占有绝对优势而使动物发烧。同样地，当气占优势的时候，动物就会变冷，呈现青紫色，失去感知，甚至变得完全没有感觉。尽管气自身是冷的，但是遇到火元素时就能保持平衡。所以，廊下派的观点就变得很明白了：灵魂的本质来自气和火的混合。克吕西普花很多精力致力于研究这些要素之间的彼此平衡。”

235 Galen, *PHP* II. 8. 48.

才能活着，所以灵魂就是自然气（naturalis spiritus）……[236]

这里的 spiritus 是对 pneuma 的拉丁翻译。用拉丁语写作的卡尔西狄乌斯（Calcidius）记录了克吕西普对“灵魂就是普纽玛”这一判断的论证。在这一论证中，我们看到，克吕西普对灵魂（psychē）一词的使用保持了这个词原初的“生命”含义。在“生命”的意义上，或者说在赋予事物生命的意义上，普纽玛和灵魂是等同的。

普纽玛似乎就是一个生命原则，在廊下派哲学家那里，这个生命原则进一步扩大为所有存在物存在的原则。他们在一般所认同的生理的（physikon）和心理的（psychikon）普纽玛的基础上，加上了第三种普纽玛，即持存的（hektikon）的普纽玛。[237] 普纽玛和动植物的生命，和万事万物的存在紧密联系在一起。[238] 它既存在于有生命的事物中，也存在于无生命的事物中，成为所有事物生存的原则。有了普纽玛，动物才可以生活，植物才可以生长，石头才可以持存。没有普纽玛，就没有作为有机体的统一的世界，更谈不上事物间的相互关联。

在认识到廊下派哲学家所讲的普纽玛弥漫于宇宙万物之中之后，我们再回到关于灵魂与普纽玛的讨论中来。我们看到，廊下派

236 L. S. 53G.

237 L. S. 47N“有两种天生的普纽玛，生理的（physikon）和心理的（psychikon），有些人（廊下派主义者）设定了第三种，持存的（hektikon）。维持石头的普纽玛是持存的普纽玛。给动物和植物提供营养的是生理的普纽玛，在动物中，使得动物可以感觉和在各个方向上运动的是心理的普纽玛。”

238 L. S. 48C.

哲学家对灵魂的讨论总是围绕着关于普纽玛的讨论进行的。克吕西普在《论灵魂》的第一卷中写道："灵魂是我们与生俱来的普纽玛，只要生命的顺畅呼吸还存在于身体之中，普纽玛就有如一个连续体蔓延于整个身体中。"[239] 在廊下派哲学家们看来，认识"普纽玛"是认识灵魂的关键，他们讲灵魂的时候总是离不开讲普纽玛。

概括起来，他们所说的灵魂和普纽玛的关系，可以从以下四个方面得到理解：首先，从"生命"的角度来看，灵魂和普纽玛一样都是人或动物得以生存的依据。其次，从"物质"的角度来看，把灵魂和普纽玛划等号的观点与把灵魂理解为一种身体（sōma）的态度相一致。我们在前面提到过，早期的廊下派哲学家们，无论是芝诺还是克吕西普，都认为灵魂就是身体。他们从灵魂和身体可以相互影响的现象出发，推出灵魂和身体必然是同质的。普纽玛本身就是由同时也是身体组成要素的元素构成。普纽玛和身体或其他事物之间的不同只在于构成它们的元素不同和不同元素之间混合的比例不同。富有物质特性的普纽玛和廊下派哲学家们所认为的灵魂特性是吻合的。第三，就灵魂的具体功能而言，不同类型的普纽玛参与灵魂不同功能的实现活动。廊下派哲学家们对灵魂具体功能的讨论，比如对运动和感觉的讨论，都是通过对身体中不同普纽玛的运行状况的讨论进行的。第四，就狭义的，与身体相对的灵魂而言，虽然说灵魂就是普纽玛，但并不是所有的普纽玛都是灵魂。只有灵魂普纽玛（pneuma psychikon）才使感觉和自主运动成为可能，或者说

---

239 Galen, *PHP* III 1. 10-11.

只有灵魂普纽玛才使狭义的灵魂成为可能。

在讨论灵魂的具体功能的时候，我们看到，廊下派哲学家所讲的三种普纽玛可以在身体中分别找到各自的载体。廊下派哲学家们吸收了当时医学研究的一些成果。他们认为生命普纽玛、持存普纽玛和灵魂普纽玛分别在动脉、静脉和神经中运行，分别参与人的生理和理智活动。在普纽玛的运行管道中，神经是比较晚被发现的。神经的发现对于当时的医生和哲学家认识灵魂来说具有非常重要的意义，因为狭义上理解的灵魂只是指神经中运行的灵魂普纽玛。

亚历山大的医生们通过解剖实践发现，神经是灵魂普纽玛（pneuma psychikon）的器官或载体。它发源于大脑，与感觉、理智活动和自主运动密切相关。从狭义上讲，灵魂就是指具有感觉和可以推动事物运动的东西。感觉和自主运动是灵魂不同于身体其他部分的功能。不过，在能够实现这种功能的灵魂，也就是灵魂的统治部分（hēgemonikon），位于人体什么部位的问题上，亚历山大的医生们和早期廊下派哲学家们观点不同。这些医生们站在阿尔克迈翁、德谟克里特、希波克拉底和柏拉图等人一边，认为灵魂的统治部分位于大脑，而早期廊下派哲学家们则和亚里士多德一样认为灵魂的统治部分位于心脏。但是，无论是亚历山大的医生，还是早期廊下派哲学家，他们在讨论灵魂的时候对普纽玛的重视是一致的。

当时最著名，对后世影响最大的两位医生：一位是与芝诺同时代的医生希罗菲勒斯（约西元前 330 － 250 年），另一位是比希罗菲勒斯稍年轻，对克吕西普产生直接影响的医生埃拉西斯特拉图斯

（约西元前 320 － 240 年）。前者被后人尊为“解剖学之父”，后者被尊为“生理学之父”。他们都很重视普纽玛，都认为灵魂就是普纽玛。医生们和哲学家们一样，都以普纽玛如何在身体中运行来解释人的生理和心理活动。芝诺（西元前 331 － 262 年）和希罗菲勒斯生活的时代非常接近，而克吕西普（西元前 281 或 277 － 208 或 204 年）也只比埃拉西斯特拉图斯小四五十岁。

那个时候的医生们可以进行合法的尸体解剖，甚至有时候他们还有机会进行活体解剖。他们在解剖中的发现，比如发现神经，比如对感觉神经和运动神经的区分，都影响了早期廊下派哲学家们对灵魂和身体的认识。神经的发现，使得医生和后来的哲学家们把灵魂的功能严格限定在感觉和自主运动的主宰上，而不再像荷马那样主要在赋予物体生命的意义上使用“灵魂”这个词，[240] 也不像亚里士多德那样，把植物所具有的营养功能也归于灵魂的名下。[241] 希罗菲勒斯和埃拉西斯特拉图斯都认为，在神经中运行的是灵魂普纽玛，这种普纽玛使得动物能够感觉和运动。如果这种普纽玛在人体中，就能使人具有进行理智活动的能力。

在讨论灵魂和身体间区别的时候，早期廊下派哲学家和亚历山大的医生一样，主要从灵魂的功能这一角度来讲述两者间的差异。当我们考察希腊化时期关于灵魂的讨论，以及关于灵魂与身体关系

240 在荷马那里灵魂有生命的含义，当人死后，灵魂会离开身体以鬼影的形式存在。参见 Beate Gundert, “Soma and Psyche in Hippocratic Medicine”, *Psyche and Soma*, eds. John P. Wright and Paul Potter, Oxford, 2000. p. 13.

241 亚里士多德，《灵魂论》414a30-414b。

的讨论的时候，即使我们主要关心的是哲学家们对这些问题的看法，了解当时医生们的相关观点也是很有必要的。一方面，医生们通过解剖实践所获得的知识为哲学家们的相关讨论提供论证上的资源；另一方面，医生们也借用哲学家们讨论时所使用的一些概念来描述人体活动。当时的哲学家们和医生们都熟悉彼此的思想和发现，同时他们又有共同关心的主题，比如灵魂和身体的关系问题。他们之间的相互影响非常明显，这使得我们对其中任何一方的考察都离不开对另一方的关注。

希罗菲勒斯被认为是神经的发现者。[242] 他发现有一类物体与感觉和自主运动相关，是它们的原因。这一类物体单纯、结实，被称为神经（neurōn）。他认为，神经可能起源于大脑和脊椎，根据功能上的差异可分为感觉和运动两种不同的神经。希罗菲勒斯关于神经的论述在埃拉西斯特拉图斯那里得到了很大程度的继承。[243] 虽然希罗菲勒斯指出了存在着“神经”这样一种物质，但他并没有把神经与肌腱、肌肉严格区分开来。[244]

在整个古典时期，神经一词在使用上的这种含混性一直持续着。虽然古典时期所讲的神经与现代神经科学所讲的神经并不完全

242 *Herophilus: The Art of Medicine in Early Alexandria*, edition and translation and essays by Heinrich von Staden, Cambridge University Press, 1989, p. 159。亦参见 Solmsen, “Greek philosophy and the discovery of the nerves”, *Museum Helveticum*, 18 (1961), pp. 150-197。

243 就运动神经和感觉神经的区分而言，在希罗菲勒斯那里这一区分只是被粗略提及，而到了埃拉西斯特拉图斯这里才真正第一次清楚地将两者区别开来。

相同，但是把神经的主要功能看作主管感觉和运动的观点则无论是在古典时期还是在现代都被普遍接纳。正是神经的这一主要功能，使得它和灵魂联系在了一起。因为，神经所执行的正是灵魂所具有的功能，或者说，灵魂的功能主要通过神经和在神经中运行的灵魂普纽玛得到实现。从神经的角度来解释灵魂，使得灵魂和身体的关系变得更为直接和密切。既然，灵魂和身体中的某一器官有着如此直接的关联，那么，把身体和灵魂完全对立起来的观点就变得很难被接受了。

希罗菲勒斯不认为灵魂是一种无形的，与身体完全对立的东西。他与伊壁鸠鲁和廊下派学者一样，也把灵魂看作一种身体（sōma）。他认为，在神经中运行的普纽玛就是灵魂。灵魂和身体一样都是物质的和有形的，两者的不同在于物质构成上的差异。除了从物质方面来理解灵魂和身体的差别之外，希罗菲勒斯认为，还可以从功能方面来理解这两者的不同。他用自然（physis）这个概念把灵魂（psychē）和身体区分开来。他把感觉和自主运动看作是属于灵魂

244 希罗菲勒斯关于神经的论述可参见 *Herophilus: The Art of Medicine in Early Alexandria*, edition and translation and essays by Heinrich von Staden, Cambridge University Press, 1989, T 81, pp. 200-1：“神经（neurōn）是一种简单、坚实的物体，是自主运动的原因。但是很难在解剖中观察到。根据埃拉西斯特拉图斯和希罗菲勒斯的说法，存在感觉神经，但是阿斯克勒庇亚德斯（Asclepiades）则认为没有。根据埃拉西斯特拉图斯的说法存在两种神经：感觉神经和运动神经。感觉神经的源头是空管，你可以在脑膜（mēnigxi）中找到它们。运动神经的起源在大脑（enkephalos）和小脑（parenkephalis）中。而根据希罗菲勒斯的观点，主管运动的神经可能源于大脑和脊椎，一些从骨头到骨头，一些从肌肉到肌肉，也有一些和关节连在一起。”

的活动，把植物的和其他非自愿的活动，比如消化、呼吸和脉动看作是属于自然的活动，也就是属于不同于灵魂的身体的活动。灵魂只对感觉和自主运动负责，不对自然活动负责。[245] 灵魂的活动通过在神经中运行的灵魂普纽玛来实现，这个普纽玛起源于大脑，遍布于全身。因为希罗菲勒斯的著作只有残篇流传于世，我们对他如何具体讲述灵魂普纽玛的生成和运行的情况了解甚少，对此有较为详细论述的是比他年轻的同时代人埃拉西斯特拉图斯。

根据埃拉西斯特拉图斯的观点，所有的神经发源于大脑（或硬脑膜），从大脑出发向身体的其他部分输送灵魂普纽玛（pneuma psychikon）。动脉从左心室开始输送生命普纽玛（pneuma zōtikon），静脉则从肝脏开始向全身输送作为营养物质的血液。[246] 埃拉西斯特拉图斯认为，身体中的所有普纽玛都有一个最终的共同源头，那就是通过呼吸获得的外在于身体的气。在吸气的时候，外在的气进入肺。从肺出来后，通过呼气，一些气变为还没有进一步区分的普纽玛，在静脉样的动脉中（比如肺静脉中）运行至左心室。在心室中，普纽玛在被“送至”左动脉前被精炼为生命普纽玛。[247] 动脉系统把一些生命普纽玛运送至大脑（或脑膜），在这里进行更

245 Heinrich von Staden, “Body, Soul, and Nerves: Epicurus, Herophilus, Erasisitratus, the Stoics, and Galen”, *Psyche and Soma*, eds. John P. Wright and Paul Potter, Oxford, 2000, p. 87.

246 Galen, *PHP* VII 3, 6-11. 下面对埃拉西斯特拉图斯所讲的普纽玛的论述主要依据 Staden 的相关讨论，参见 Heinrich von Staden, “Body, Soul, and Nerves: Epicurus, Herophilus, Erasisitratus, the Stoics, and Galen”, *Psyche and Soma*, eds. John P. Wright and Paul Potter, Oxford, 2000, pp. 93-96.

为高端的提炼，生成灵魂普纽玛。灵魂普纽玛首先在大脑中形成，然后通过神经被送到身体各处。在埃拉西斯特拉图斯所描绘的人体结构图中，身体的构成要素是静脉、动脉和神经三者交织而成的类似网格或绳索的东西，身体的每一部分，即使是肌腱和骨头，甚至是感觉神经自身都由这种交织物构成。[248] 因为神经作为神经－动脉－静脉编织结构中的一员，随着编织物散布于整个身体中，所以，神经中运行的灵魂普纽玛也就遍布于整个身体中。

和希罗菲勒斯一样，埃拉西斯特拉图斯认为，感觉和自主运动是灵魂普纽玛特有的功能。这种灵魂所具有的特殊功能不同于作为有生命物体的身体所具有的呼吸、消化和生殖功能。他和希罗菲勒斯都是在较为狭隘的意义上使用灵魂这一概念的。也就是说，他们都在主管感知和自主运动的意义上理解灵魂。他们都认为灵魂和身体的差别是功能上的：希罗菲勒斯用“灵魂”和“自然”来区分灵魂和身体所具有的不同功能；埃拉西斯特拉图斯用“灵魂”和“生命（zōtikon）”来做相应的区分。埃拉西斯特拉图斯把“自然”看作一个具有更大外延的概念。“自然”既可以指“灵魂”活动，也可以指“生命”活动。所以，在把身体和灵魂通过功能区别开来的

---

247 参见 C. R. S. Harris, *The Heart and Vascular System in Ancient Greek Medicine from Alcmeon to Galen*, Oxford, 1973, pp. 177-233。Heinrich von Staden, “Body, Soul, and Nerves: Epicurus, Herophilus, Erasisitratus, the Stoics, and Galen”, *Psyche and Soma*, eds. John P. Wright and Paul Potter, Oxford, 2000, p. 93.

248 Heinrich von Staden, “Body, Soul, and Nerves: Epicurus, Herophilus, Erasisitratus, the Stoics, and Galen”, *Psyche and Soma*, eds. John P. Wright and Paul Potter, Oxford, 2000, p. 92.

同时，埃拉西斯特拉图斯认为，灵魂和身体的功能都属于自然行为（physikai energeiai）。[249]

埃拉西斯特拉图斯通过普纽玛来解释灵魂，而他对普纽玛的生成和运行的解释又都是物质性的：灵魂普纽玛由生命普纽玛在大脑中提炼而成，并且归根结底是由外在的气通过体内的层层精炼而最终生成的。所以，在埃拉西斯特拉图斯看来，灵魂是一种精细的物质。这种精细的物质主管生物所特有的感知和运动功能。这种把灵魂看作更为精细的物质的观点我们在伊壁鸠鲁那里已经看到。

伊壁鸠鲁把比普纽玛和热更为精细的物质看作灵魂，认为灵魂虽然与普纽玛和热都不相同，但和混有热的普纽玛最为相近。在伊壁鸠鲁那里，灵魂所具有的精细物体（sōma leptomeres）的特性使得它和其他事物区别开来。埃拉西斯特拉图斯虽然也用“精细”来区分灵魂普纽玛和其他普纽玛，但他没有把灵魂普纽玛和普纽玛看作两种完全不同的事物。灵魂普纽玛也是一种普纽玛，所以，埃拉西斯特拉图斯仍然说灵魂就是普纽玛。

埃拉西斯特拉图斯、希罗菲勒斯和廊下派哲学家们都认为灵魂就是普纽玛。把灵魂理解为普纽玛的医生和哲学家们同时也认为灵魂和身体都是物质的，灵魂和身体可以相互影响。因为普纽玛自身是由物质构成的，所以，和普纽玛划等号的灵魂在这些医生和哲学家们的眼中也是属于物质的。具有物质属性的普纽玛在同样具有物

249 Ps-Galen, Introductio 9，参见 Heinrich von Staden，“Body, Soul, and Nerves: Epicurus, Herophilus, Erasisitratus, the Stoics, and Galen”, *Psyche and Soma*, eds. John P. Wright and Paul Potter, Oxford, 2000, p. 95.

质属性的身体中运行，参与身体的各种生理活动，支配身体的感觉和运动。把灵魂的本质看作普纽玛是希腊化时期很多医生和哲学家们都接受的观点。这种对灵魂的理解把灵魂置于倾向于物质的一方，或者说，这种理解是对灵魂的一种身体（sōma）化的理解。

如果不考虑柏拉图的《蒂迈欧》的话，这种对灵魂的理解与柏拉图对灵魂的理解有着很大不同。他们之间的差异在讨论灵魂和身体关系的时候体现得尤为明显。前者认为灵魂和身体由基本元素通过不同组合而构成，灵魂和身体可以相互影响，两者之间存在着与生俱来的相互依赖性。后者则在灵魂和身体之间画上了一条鲜明的鸿沟，认为两者截然不同。虽然，盖伦对灵魂的理解在很多方面是继承柏拉图的，或者说是赞同柏拉图的，但是，就灵魂和身体的关系这一问题而言，盖伦更多地站在希腊化时期大多数哲学家这边。

盖伦虽然一再强调自己对灵魂的本质没有认识，试图避免对灵魂是否是一种身体，灵魂是否不朽等问题给出答案。但是，他认为，对灵魂的认识必须借助于对身体的认识才有可能获得，灵魂和身体之间有着无法忽视的深刻关联。就这点而言，盖伦对灵魂的认识和廊下派哲学家们的相关论述更为接近。不过，盖伦所理解的灵魂和身体间的关联不像当时多数人所认为的那样，是通过普纽玛在身体中的运行来实现的。盖伦也很重视关于普纽玛的讨论，也认识到普纽玛对灵魂而言的重要意义，但他并不像亚历山大的医生们和早期廊下派哲学家们那样，认为灵魂就是普纽玛。

就像我们在前面讨论过的那样，“普纽玛”对于希腊化时期的医生和哲学家而言，是讨论灵魂时必然提及的。生活在希腊化晚期的盖伦，非常熟悉当时与之前哲学家们和医生们对灵魂问题的讨论。所以，即使仅就甄别其他人对灵魂的理解是否恰当这一目的而言，盖伦对灵魂的讨论也离不开对普纽玛的关注。盖伦对普纽玛的认识继承了埃拉西斯特拉图斯的相关思想。他认为，灵魂普纽玛不同于发源于心脏并在动脉中运行的生命普纽玛。脉络丛延长了生命普纽玛在动脉系统中的运行和逗留时间，为进入大脑进行最终的精炼做准备。生命普纽玛在大脑中被进一步提炼，生成比生命普纽玛更为精细的灵魂普纽玛。[250] 灵魂普纽玛是理性灵魂所具有的感觉和运动能力的输送工具。盖伦明确表示，普纽玛是灵魂的首要工具（organon），他说，“灵魂普纽玛既不是灵魂的本质，也不是灵魂的居所，而是它的首要工具”。[251] 这一工具之所以是首要的，因为他直接关涉动物的感觉和自主运动。普纽玛消失，感觉和自主运动也会随之消失。但是盖伦并没有因此认为普纽玛自身就具有主宰感觉和运动的能力，那是灵魂才所具有的能力，而普纽玛不是灵魂。盖伦否认亚历山大医生和廊下派哲学家都认同的“灵魂就是普纽玛”的观点，明确指出灵魂不是普纽玛。他对“灵魂就是普纽玛”的反驳可以理解为从广义的灵魂概念和狭义的灵魂概念两方面来进行的。

我们在前面讲过，从广义上说，普纽玛是生命的原则，作为生

250 Galen, *PHP* VII 3.23-9.

251 Ibid., VII 3.30.

命原则的普纽玛概念和广义上所讲的灵魂概念是一致的。从克吕西普对“灵魂就是普纽玛”的论证中我们可以看到，普纽玛和灵魂一样是赋予物体生命的东西。克吕西普认为，这种能赋予生命的东西只能是一个，所以灵魂和普纽玛是同一个东西，灵魂就是普纽玛。这个意义上所讲的灵魂和普纽玛都是在“生命原则”的意义上来理解的。这种赋予身体生命的普纽玛参与身体的各种活动，无论是消化和生长，还是运动和感觉都是普纽玛参与的结果。普纽玛与身体密不可分，没有普纽玛的身体不能称之为身体，而只是一具没有生命的尸体。普纽玛弥漫于整个身体中，身体的各种功能，各项活动都离不开普纽玛。

这种关于普纽玛的观点，盖伦并不认同。他认为，普纽玛不具有这种赋予身体生命的能力。“当普纽玛被清空直至它再次被聚集的时候，动物没有丧失它的生命，但是不能够感觉和运动。”[252] 盖伦认为，普纽玛从人体中消失之后，人失去的不是生命，而只是感觉和自主运动的能力。一旦普纽玛再次回到人的身体中，人将再次获得这些能力。[253] 在盖伦看来，普纽玛与人的生命没有直接联系。如果把灵魂理解为生命原则的话，普纽玛不等于灵魂。普纽玛只是灵魂中感觉和自由运动的首要工具，虽然是灵魂中首要的东西（to

252 Ibid., VII 3.21.

253 “当普纽玛从伤口散走，动物立即变得像一具尸体一样，但是当普纽玛再次聚集，动物又会复活。”（Galen, *PHP* VII 3.30）盖伦在这里讲失去普纽玛后的动物只是变得像尸体，而不是真正死去。像尸体是因为动物失去了感觉和运动的能力。在紧接其后对什么样的伤口会造成这种情况的说明中，盖伦明确讲到脑室受伤，如被暴露会造成动物失去运动能力。（Galen, *PHP* VII 3.32.）

prōton），但绝不是灵魂的本质。

当盖伦说灵魂不是普纽玛时，他是在本质的意义上说的，他说灵魂的本质不是普纽玛。我们在前面已经讲到，盖伦在关于灵魂本质的问题上，特别是关于灵魂是否不朽，是否是非身体的问题上一再表现出自己的无知。他不知道灵魂到底是身体的、物质的、有朽的，还是非身体的、非物质的、不朽的。他对这些问题不予讨论。他认为，无论把灵魂理解为非身体的（asōmatos）还是身体的（sōma），普纽玛都不是灵魂的本质。

> 人们可能设想两种关于位于脑室中的普纽玛的情况：如果灵魂是非身体的，那么就像有些人可能说的那样，普纽玛是其第一居所；如果灵魂是身体的，那么这个普纽玛就是灵魂。但是，当这种情况发生的时候，即在脑室被闭合后不久，动物又能够感觉和运动，这两种情况都不是关于普纽玛的正确说法。因此，假设灵魂居住在脑部是更好的，无论灵魂的本质是什么（因为，我们的探究还没有达到这个问题）。对于所有动物的感觉和意愿运动来说，灵魂的首要工具就是这个普纽玛。因为这个原因，当普纽玛被清空直至它再次被聚集的时候，动物没有丧失它的生命，但是不能够感觉和运动；而如果普纽玛真的是灵魂的本质，动物会在普纽玛消失之后立即死亡。[254]

当盖伦在这里讲灵魂不是普纽玛的时候，他所说的灵魂是赋予生命的意义上，也就是广义的灵魂概念上来讲的。他给出的灵魂不

254 Galen, *PHP* VII 3.19-22.

是普纽玛的理由是解剖实践中观察到的普纽玛的消失并不带来生命的消失这一现象。但是我们注意到，他在这里所说的普纽玛不是三种普纽玛的总称，而是特指位于大脑中的普纽玛，也就是灵魂普纽玛。灵魂普纽玛与动物的感觉和运动相关是当时人们的普遍共识。盖伦所观察到的灵魂普纽玛的消失只影响到动物的感觉和部分运动功能的现象，应该也是当时的人们所接受和认同的。但是广义上的普纽玛，尤其是从呼吸意义上来理解的普纽玛，以及这种普纽玛和生命的关系在关于灵魂普纽玛的讨论中往往并不被提及。

虽然盖伦试图在“生命原则”的层面否认灵魂和普纽玛是同一的，但是这一努力在这里似乎并不成功。因为，他用以讨论的灵魂普纽玛本身，其实并不具有这种赋予生命的能力。严格来说，可以和灵魂普纽玛放在一起讨论的通常是狭义上所讲的灵魂，也就是作为感觉和运动原因和主宰的灵魂。在《论希波克拉底和柏拉图的诸种学说》中，盖伦也曾把感觉和运动的主宰表述为灵魂的本质。不过，即使是在这一狭义的灵魂含义上，盖伦仍然不认为灵魂就是灵魂普纽玛。

毫无疑问，盖伦认同灵魂普纽玛和感觉与自主运动密切相关。当灵魂普纽玛通过伤口从体内散出之后，动物就会立刻失去这方面的能力，变得如同尸体一般。这一现象足以证明普纽玛对于感觉和运动来说必不可少。那么，要讨论狭义灵魂是不是灵魂普纽玛，就要考察灵魂普纽玛和感觉与运动的关系到底是什么。灵魂普纽玛和作为感觉与运动的原因和主宰的灵魂到底是同一个东西呢，还是不同的两个东西？首先，让我们来看看盖伦是怎样讲述灵魂普纽玛的。

> 所有动物的感觉和自主运动的灵魂的首要工具是这个普纽玛；[255]
>
> 位于脑部的普纽玛被称为灵魂普纽玛，不是在它的本质意义上，而是在位于脑部的灵魂的首要工具意义上被这样称呼，不管它的本质可能是什么；[256]
>
> 灵魂普纽玛既不是灵魂的本质，也不是灵魂的居所，而是它的首要工具。[257]

在盖伦的论述中，我们可以清楚地看到，他把灵魂普纽玛和灵魂明确区别开来。对于灵魂来说，灵魂普纽玛只是它的首要工具（organon prōton），灵魂普纽玛既不是灵魂的本质（ousia），也不是灵魂的居所（oikos）。作为工具，在灵魂的感觉和运动功能实施的过程中，普纽玛不可或缺，它是必要的传递中介，是运输工具。但它并不就是灵魂，因为它自身不具有感觉和运动的能力，只有灵魂才有这种能力，所以不能把两者看作同一个东西。对于盖伦来说，灵魂指的是一种能力（dynamis）。

> 每个人知道我们拥有灵魂，因为我们清楚地看到身体的活动：行走、跑步、摔跤和各种感觉。依据公理我们知道这些行为都出于某些原因，因为没有事物是没有原因的。但是，由于我们对这些事物的可能原因的无知，我们根据做这些事的能力来给它命名，这个能力实行这些活动。[258]

---

255 Ibid., VII 3.21.

256 Ibid., VII 3.27.

257 Ibid., VII 3.30.

人们把这种能力，或者功能称为灵魂。盖伦反对把普纽玛看作灵魂，就是反对把普纽玛看作具有和灵魂相同功能的事物。盖伦强调要在工具（organon）的意义上理解普纽玛。对区分普纽玛和灵魂的重视，在盖伦这里是他重视工具和功能（dynamis）区分的反映。

盖伦认为，在希罗菲勒斯那里就存在功能和工具的混淆。比如对神经的认识，希罗菲勒斯认为神经、包括在神经中运行的灵魂普纽玛都能够发起运动。而盖伦认为，神经只是运动的工具，遍布神经的能力（dynamis）才是运动的原因。[259] 在盖伦看来，不仅神经是工具，在神经中运行的普纽玛也只是工具而已，它们都不具备引起情感，发起运动的能力。具有这种能力的只能是灵魂自身，其他的不论是作为身体器官的神经，还是从外界进入人体经过层层提炼而成的普纽玛都只能被归在工具的行列。通过工具和能力的区分，盖伦否认了灵魂普纽玛就是狭义上所讲的灵魂，从而彻底地把普纽玛从对灵魂本质的表述中清除出去。

虽然盖伦一再强调普纽玛只是灵魂的工具，不是灵魂的本质，但他对普纽玛是灵魂工具的论证其实并不充分。为什么普纽玛消失便会带来感觉和运动能力的消失只能作为普纽玛是首要工具的证据？对此，盖伦并没有给出让人信服的说明。很大程度上，盖伦给

258 Galen, *Subst. Nat. Fac*. IV 760, 转引自 Hankinson, R. J., “Galen’s Anatomy of the Soul”, *Phronesis* 36.3 (1991), p. 205.

259 Galen, *De tremore*, *palpitatione*, *convulsione et rigore* 5 (7.605-6, K; Heroph. T 141), 转引自 Heinrich von Staden, “Body, Soul, and Nerves: Epicurus, Herophilus, Erasisitratus, the Stoics, and Galen”, *Psyche and Soma*, eds. John P. Wright and Paul Potter, Oxford, 2000, p. 89.

出的只是断言。那么，盖伦为什么会这样断言灵魂和普纽玛的关系？这是需要我们进一步去思考的问题。

盖伦不愿意把灵魂的本质看作普纽玛，不希望对灵魂的本质有如此实在的表述，这与他所持有的对灵魂本质的不可知态度是一致的。虽然人们并不容易在现实生活中观察到普纽玛，但是当时的人们普遍相信它的真实存在。普纽玛是具有身体性、物质性的存在。盖伦说："如果灵魂是身体的，那么这个普纽玛就是灵魂。"[260]对灵魂是普纽玛的否定，也就是对灵魂是身体的否定。根据盖伦一贯秉持的拒绝讨论灵魂是不是身体的，灵魂是不是不朽的态度，盖伦是不会明确表示灵魂是身体的，所以承认灵魂就是普纽玛在盖伦这里也是不可能的。

在盖伦关于灵魂和普纽玛关系的讨论中，对灵魂是身体的否定与对灵魂依赖于身体的肯定同时并存。盖伦对灵魂普纽玛是灵魂不可或缺的首要工具的强调反映了他对灵魂居住在身体中这一事实的重视。不管灵魂的本质是什么，不管它是不是不朽的或者是不是身体性的，它都和身体共同存在。只有通过身体的自然活动这一中介，灵魂的运动才是可能的。[261]

就像我们在第二节中讨论过的那样，对灵魂的认识需要借助关于身体的认识。对于盖伦来说，普纽玛的意义主要也在于认识身体。在论证灵魂三分的时候，无论是关于灵魂不同部分的构造的分析，

260 Galen, *PHP* VII 3.19.

261 Galen, *On My Own Opinion*, 7, 3.

还是灵魂功能的实现的说明都需要借助关于普纽玛的讨论。一方面，普纽玛是当时的医生和哲学家们进行相关论述时必然涉及的概念；另一方面，盖伦在自己的解剖实践中观察到普纽玛这一现象对于生理、心理活动的重要作用。

在盖伦看来，普纽玛作为工具可以帮助灵魂作用于身体，并且通过身体来实现灵魂自身的功能。虽然，盖伦不同意把灵魂和带有物质特性的普纽玛划等号，但他对灵魂的解释仍然倾向于物质性。这种关于灵魂解释的物质化倾向，符合希腊化时期人们对灵魂的普遍共识。盖伦对灵魂问题的讨论显然是在当时的语境下进行的。不过，盖伦不满当时的主流思想界，特别是廊下派哲学家们对灵魂的解释。他特别强调了自己对希腊黄金时期的思想家们的继承，[262] 突出了希波克拉底、柏拉图和亚里士多德对自己的影响。

盖伦在以不可知的态度保持灵魂和身体间张力的同时，从实用的角度强调灵魂对身体的依赖。从可操作性和有效性来看，通过“冷、热、干、湿”建立起来的灵魂和身体间关系，较之通过普纽玛建立起来的灵魂和身体间关系，对于医生和哲学家来说都更具有实际意义。医生所掌握的关于养生术的知识无论对于人的身体，还是对于人的灵魂都非常重要。通过养生术，改变的不仅是影响身体健康的冷、热、干、湿，还有人的灵魂状态。

262 希腊文化的黄金时期主要指西元前 5 世纪至 4 世纪，希波克拉底、苏格拉底、柏拉图和亚里士多德都生活在那个时代。

第四节 灵魂的状态体依赖身体的混合

在《关于我自己的学说》中，盖伦非常清楚地表达了灵魂和身体一样，都是四元素混合的结果的观点。[263] 在《灵魂的状态依赖于身体的混合》中，盖伦对灵魂中的三个部分都依赖于身体的混合，四元素的不同混合带来身体和灵魂状态的双重改变的观点进行了详细论证。[264] 盖伦继承了希波克拉底的四元素说，接受了用四元素的混合来解释灵魂的做法。但他没有像希波克拉底和其他希腊哲学家那样，完全把灵魂身体化。拒绝把灵魂和普纽玛划等号就是这一倾向的体现。在灵魂与身体关系的问题上，盖伦有意地保持了灵魂与身体间应有的张力。与此同时，作为医生哲学家的盖伦，特别重视灵魂对身体的依赖，并通过自己的讨论指出，灵魂的状态依赖于身体中的混合。

盖伦的具体论证从他的医学观察开始。他向读者们提出了这样一个问题：如果像柏拉图所说的那样，死亡意味着灵魂和身体分离，那么，如何解释大量的失血、饮用毒芹汁和发高烧也会引起这种分离的现象？[265]

> 我能清楚认识的只是失血或者饮毒芹汁使身体变凉的现象，以及高烧使人的身体变得过热。所以，我再一次要问的是：

263 “我说过，身体的生成依赖于某种混合，等同于它的要素的混合。如果灵魂和身体相遇，那么灵魂也由这四个要素构成。”（Galen, *On My Own Opinion*, 7, 2）

264 参见 Galen *QAM* 774, 785 (K IV).

265 Ibid., 775 (K IV).

> 为什么灵魂最终会离开过热或者过冷的身体？很多研究不仅没有对此为我们提供答案，也没有为下面的问题提供答案：为什么在大脑中黄胆汁的形成会引起发狂（或者精神混乱）？为什么黑胆汁的形成会引起抑郁？为什么粘液和所有凉性的物质会引起昏睡的毛病，从而造成对记忆和理解的损伤？为什么饮用毒芹汁会让人变得愚蠢？[266]

在这一连串的发问中，我们看到，盖伦指出了身体的过冷和过热对灵魂功能实现的影响。这些影响不仅像引文中描述的那样，可以在身体发生病状时观察到，而且也能从日常经验中观察到，例如饮酒。酒可以帮助我们缓解悲伤和低落的情绪，因为“适度的酒对消化、食物的分配、造血、营养确实有很明显的助益，同样也可以将其既温和又准确地供给给灵魂。”[267]对于体质偏冷的老年人来说，酒可以使因为年纪大而造成的冷恢复到热的平衡状态。[268]酒通过热对身体发生作用。失血和喝毒芹汁则通过使身体变冷的方式发生作用。这样作用通过身体的混合这一中介进而影响灵魂。

除了身体的冷和热可以对灵魂产生影响之外，盖伦认为，身体的干和湿也一样影响灵魂的功能。与论证冷和热对灵魂产生作用时所使用的方法一样，盖伦从药物和日常实践中寻找大量证据来进行论证。[269]不同的是，盖伦这次不是从现实观察的现象入手，而是从

---

266 Ibid., 776-777 (K IV).
267 Ibid., 778 (K IV).
268 Ibid., 810 (K IV).
269 Ibid., 780 (K IV).

柏拉图在《蒂迈欧》中所讲到的处于身体湿气影响下的灵魂说起。

年轻的诸神在接到造物主的命令，铸造可朽的身体来装备人类灵魂的时候，灵魂被置入了如大河一般的潮涨潮落中。[270]

> 因为遭受的这一切，当灵魂落入可朽的身体时便开始丧失其理智。但是当成长和营养的洪流消退之后，这种旋转渐次安静下来。灵魂开始走上了自己的轨道，并且随着时间的推移，这一路径越来越得到固定。在每一个旋转的阶段调整自己以自然的方式与遭遇的客体相合，同与异得到了正名，它们的理智又重新回来。[271]

盖伦提醒大家注意，柏拉图在这里的用词倾向于指出婴儿身体中所具有的湿气。[272]在“当成长和营养的洪流消退之后”的短语里，我们同样注意到了这里关涉的“湿气”问题。干燥和潮湿对灵魂的影响在赫拉克利特那里就已经被提及。[273]后世的人们大都沿袭他的说法：干燥的灵魂智慧，潮湿的灵魂愚钝。盖伦也沿用了这一说法，在引用柏拉图之后，盖伦明确提到了这一观点，并指出，这是柏拉图也认同的观点：

> 干燥使灵魂拥有智力，而潮湿则让灵魂变得愚钝。由于

---

270 柏拉图，《蒂迈欧》43a。

271 柏拉图，《蒂迈欧》44a-b。

272 Galen, *QAM* 780 (K IV).

273 参见 D117：“一个人喝醉了酒，便为一个未成年的儿童所领导。他步履蹒跚，不知道自己往哪里走；因为他的灵魂是潮湿的。”D118：“干燥的光辉是最智慧、最优秀的灵魂。”《古希腊罗马哲学》，北京大学哲学系编译，商务印书馆，1961，第 29 页。

> 潮湿导致愚钝，干燥导致智力，最干燥的灵魂拥有最杰出的智力，混有湿气的干燥就把那种完美的智力拉到带有湿气的灵魂所达到的水平。哪种动物的身体可以像星星那样完全的没有湿气呢？即使是那与之接近的动物，事实上也是没有的。因此，没有一个可朽的动物可以达到智力的顶峰，所有的动物都像分有湿气那样分有着非理性。[274]

因为动物的灵魂混有湿气，所以灵魂中必然包含非理性的部分。灵魂中理性部分和非理性部分一样，都受身体中的四元素的混合的影响，都依照身体中的混合而变化。因此，盖伦说，灵魂中理智的部分是在大脑中的混合，灵魂中激情的部分是在心脏中的混合，而肝脏中的混合则是柏拉图称为欲望的部分，亚里士多德称为营养的或植物的灵魂。[275]

在盖伦看来，对灵魂的解释必须结合冷、热、干、湿四种要素。单单以其中的任何两对，如单以冷和热，或者单以干和湿都不足以解释我们看到的灵魂现象。举例来说，大家都倾向于接受干燥是产生智慧的原因，但是这一观点不足以解释为什么很多人在高龄的时候身体变干燥了，而聪明才智也同时丧失。盖伦认为，这个时候就不能单靠干燥和潮湿来解释灵魂现象，而是需要用冷的要素来进行

---

274 Galen, *QAM* 782 (K IV).

275 “如果推理论证的能力是灵魂的一种形式，它必然是可朽的：因为它也将是混合的，也就是说是在大脑中的一种混合。”（Galen, *QAM* 775 (K IV)）“那么，灵魂中的激情的部分是心脏中的混合，肝脏中的混合则是柏拉图称为欲望的部分，亚里士多德称为营养的、植物的灵魂。”（Galen, *QAM* 782 (K IV)）

分析。因为在这里，冷明显对灵魂造成了伤害。[276] 身体中冷、热、干、湿混合的不同比例都会影响到灵魂的行为和境况，这是我们可以感觉到和观察到的事实。盖伦试图证明的就是灵魂的状态依赖于身体中四元素的混合。

灵魂对身体的这种依赖首先体现在灵魂所天生具有的禀赋上。灵魂天生具有的禀赋是它的身体天性所决定的。盖伦指出，亚里士多德也赞同灵魂的能力依靠身体的天性这一观点。在《动物的部分》第二卷中，亚里士多德列举了母体中血液的不同所带来的灵魂能力的不同。[277] 血液是冷的还是热的，是稀的还是稠的，是浊的还是清的，是造成动物诸多特征和感觉能力间差异的原因。[278] 有血动物从母体的血中生出，所以，它的灵魂特性依赖于血的混合。不过，不仅身体中的血液，身体中有机部分的构造也同样和灵魂的特性相符合。盖伦引用了亚里士多德在《动物志》第一卷中所论述的涉及体相学的一些段落来对此进行论证，指出身体中的面相，如额头、眉毛、眼睛、耳朵等等都能够表示灵魂是否优良。[279]

除了与生俱来的禀赋方面，灵魂对身体存在着依赖，灵魂对身

---

276 “赫拉克利特自己说道，‘干燥的光是最智慧的灵魂’。这一说法再一次地指出了干燥是产生智慧的原因。当我们在心里接受充满了光亮并十分干燥的星星是世上最有智慧的东西的时候，我们也就会倾向于接受这一学说。那么，为什么很多人在高龄的时候就丧失了其聪明才智，而这时的身体却显得干燥了呢？这里就不能以干燥来对其进行解释了，而是要用冷来进行解释，因为这种质明显地会伤害到灵魂的所有行为。”（Galen, *QAM* 786 (K IV)）

277 亚里士多德，《动物的部分》648a，650b-651a。

278 同上，651a。

279 盖伦对亚里士多德《动物志》的引用集中在 491b，491b-492a，492a-b。

体的依赖还体现在灵魂出现非正常情况的时候。盖伦认为，即使是主张灵魂具有非身体的独特本性的柏拉图，也承认灵魂处于非理性状态可能是服药或身体内的坏体液造成的结果。[280] 当人们遭遇精神忧郁症、谵妄症、癫狂症侵袭的时候，我们可以清楚地看到身体的疾患对灵魂的压倒性影响。在盖伦看来，坏的体液给灵魂带来的负面影响是柏拉图已经清楚认识到的。

在《蒂迈欧》中，柏拉图讲述了灵魂因身体原因而生病的情况。柏拉图在解释了身体的疾病之后，开始讨论灵魂的疾病。他认为，灵魂的疾病与身体的状态相关。他引用了苏格拉底的话，“没有人有意行恶”，并指出，一个人变坏的主要原因有两个：一个是身体状况不佳，另一个是缺乏良好的教养。[281] 来自身体状况不佳方面的影响主要通过体液来实现。坏的体液会损害灵魂的能力。当坏的体液在体内找不到出口时，它们就会入侵灵魂的三个部分，引发各种灵魂疾病。[282] 既然灵魂的疾病有两个起源，那么治愈灵魂疾病的方法也就需要涉及两个方面。一个人在通过教育和学习影响灵魂，使之驱善避恶的同时，也需要照顾自己的身体。不仅需要让身体内部的各要素处于和谐状态，而且还能保持身体和灵魂间的比例恰当。[283]

---

280 “如果我们采纳柏拉图的假设，即非身体的灵魂具着自己的独特本性，那么，即使是柏拉图自己也不得不承认灵魂的统治是通过身体而且是屈从于身体的。在他讨论非理性的时候便表明了这一点，他讨论非理性——在婴儿的时候、老年的时候，以及一个人神经错乱、癫狂、健忘的时候——是否是服药或者身体内的坏的体液所造成的结果。”（Galen, *QAM* 787(K IV)）

281 柏拉图，《蒂迈欧》86e。

282 同上，86e-87a。

283 同上，87b-c。

在使灵魂达到最优良状态的努力中，第二方面的努力，也就是保持身体的健康与保持身体和灵魂的和谐往往为人们所忽视。一个真正意义上拥有高贵教养的人，是身体和灵魂都健康和谐的人。这样的人，既不会做无视身体的灵魂活动，也不会做无视灵魂的体力活动。[284] 对于灵魂的健康来说，身体的健康是它的一个必要条件。

相较于柏拉图的其他对话，《蒂迈欧》中描述的人类灵魂与身体的关系最为密切。在这篇对话中，身体对于灵魂功能的实现来说是必须的。因为依照蒂迈欧所讲述的宇宙和人的生成故事，身体是以帮助灵魂的不同部分实现其功能的方式而被构造的。以这种方式被构造的身体是灵魂必不可少的伙伴。它们总是，而且只能是一起行动，任何一方出现状况必然会影响到另一方。所以，人的真正的健康只有在身体和灵魂都健康，并且两者相和谐的情况下才能实现。

《蒂迈欧》的主要部分虽然是在讲述宇宙和人，乃至其他动物是怎样生成的。但这篇对话的旨趣并不在于天文学、物理学或生物学，而主要在于伦理学和政治学。或者说，柏拉图讨论天文、物理、生物的最终目标都是要探究什么是最好的人类生活，如何才能过上这种幸福的生活。[285] 如果我们注意到这篇对话的进行顺序，我们就可以得到这方面的提示：蒂迈欧所讲述的宇宙创生的故事被安排在克里提亚所要进行的关于理想城邦及其公民的讨论之间。依据对话的记载，这个讨论是对昨天苏格拉底所做的相关讨论的延续。让蒂迈欧在克里提亚

---

284 同上，88b。

285 参见 Cornford, *Plato's Cosmology*, the Humanities Press Inc., 1952, p. 20.

讲了从祖父那里听来的关于大西洋岛的故事之后，先来讲宇宙和人的生成，其目的就在于通过对创生的了解，从而知道什么是人的本性，并依据人的本性来找到最好的教育计划来培养人。[286]

在蒂迈欧所讲述的创生故事中，人被构造为灵魂和身体的结合体。虽然灵魂是最高的统治者，但它不可能脱离身体而工作，灵魂必然与身体相结合，[287] 身体与灵魂之间也就必然存在着相互依赖。正是因为人的身体和人的灵魂之间有着这种相互影响的关系，所以对人的培养也就必须同时考虑两方面的因素：既要重视理智和情感的教育，也不能忽视身体的营养和锻炼。柏拉图在《蒂迈欧》中所表达的这种培养具有高贵德性的人的方式是盖伦所极为赞同的。这是盖伦自己所秉持的育人态度。盖伦所具有的既是医生又是哲学家的双重身份正是对这种育人主张的最佳诠释。因此，在所有的柏拉图对话中，盖伦对这篇对话尤为重视，不仅在《灵魂的状态依赖于身体的混合》中大量引用其中的段落，而且还专门为这篇对话做了评注。[288]

286 柏拉图，《蒂迈欧》27a。

287 柏拉图在《蒂迈欧》中向人们展示的世界是理智（nous）和必然（anagkē）的共同产物。在理智和必然这两者中，理智是统治者，它说服必然把被造物引向完善（48a），它们是世界的两个原因（68e）。就人而言，灵魂可以被理解为那个理智的、神圣的原因，身体则是那个必然的原因。灵魂必然（ex anagkēs）被置于身体之中（42a）。人作为被造物与所有其他被造物一样遵循同样的法则，是理智和必然的共同产物。灵魂和身体对于人来说缺一不可，神圣理智为我们提供的是本性所要求的幸福生活（69a），而必然则可以帮助我们在现实层面接近这种幸福。因为造物主在创造世界时不仅需要完美的范型，还需要物质来尽最大可能地实现这种美善。

288 参见 Carlos J. Larrain, *Galens Kommentar zu Platons Timaios*, Stuttgart 1992.

盖伦极力论证灵魂依赖于身体，不仅仅因为他所尊敬的前人，柏拉图、希波克拉底和亚里士多德曾有过类似的表述，更为重要的原因在于这是可以清楚观察到的事实。盖伦认为，真正的哲学家应该以自己清楚观察到的事实为出发点来思考问题，并付诸实践，而不是以适合公共辩论的竞争心态去错误地玩弄辞藻。[289] 这是他一贯持有的认识世界的态度。

盖伦从日常和医学实践中观察到灵魂对身体的依赖。这一事实可以解释我们看到的各种作用产生的原因：

> 这些作用是我们在饮酒、服药以及好的、坏的养生法中所经验到的。它可以进一步解释为什么我们从特定的训练和教育中得到有益的影响、或者有害的影响；最后的但却不是不重要的是，它为孩子中的天生的不同提供了一种解释。[290]

对于盖伦来说，灵魂的状态依赖于身体的混合这一观点既可以对上述问题给出合理的解释，也可以有效地指导我们的实践。因为灵魂对身体有着依赖，所以，对身体的关注也就同时是服务于比之更高的灵魂的。由于有了灵魂这样一个更高的指向，那些看似不太重要的与身体相关的事宜就变得不再是无关紧要的了。因为它们不仅能对身体产生影响，而且可以通过身体进一步影响灵魂。能够对身体产生作用的除了身体自身的运动之外，还有外在的气候和饮食。对此盖伦所推崇的哲学家和医生的典范柏拉图和希波克拉底都有相

289 Galen, *QAM* 817-8 (K IV).

290 Ibid., 821 (K IV).

关论述。

在《蒂迈欧》和《法篇》中柏拉图都讲到了饮酒和食物对身体的影响。[291] 而希波克拉底则在《空气、水和地方》一文中专门讨论了气候对人的影响。至于饮食对人身体的作用，在希波克拉底著作中更是比比皆是。[292] 就这点而言，盖伦无疑是柏拉图和希波克拉底的继承者。盖伦认为，自己可以在饮食方面给予人们指导，使得他们有更好的记忆力和理解力。与此同时，营养还可以影响人的性情，使人变得温和、节制、勇敢，从而使人们在讲伦理学的时候也得到裨益。另外，外在的风、气候和地理也会通过冷、热、干、湿的不同而作用于人的身体，使人具有不同的体貌和性情。盖伦也十分乐意在这方面给人以建议，指导他们该选择什么，该回避什么。[293] 他甚至提到该读他的什么书来获得这方面的知识：如果想学到更多关于食物的知识的话，可以看他三卷本的《论食物的特性》和《好的和坏的体液》这本小册子。[294]

291 盖伦在《灵魂的状态依赖于身体的混合》中引用了《法篇》第二卷中关于饮酒的讨论，如 666a-c，674a-b 等。

292 比如《养生术》和《重症之下的养生术》两篇文章就专门讨论了饮食对于健康的人和对于病人来说的作用。

293 “所以我的对手们——他们不喜欢这一观点，即认为营养能让人多一点或者少一点温和，多一点或者少一点节制，变得勇敢或者胆怯，温柔文雅或者粗暴爱争吵——即使是现在到我这里来，接受我关于饮食的指导仍然是很明智的。在他们讲伦理学的时候，他们可以从这里得到大量的裨益，而且可以提高他们的智力，同时对他们的德行产生影响，如同他们获得了更高的理解力和更好的记忆。除了饮食之外，我还要教他们关于风及周围空气的混合，教他们关于地点的知识，指导他们该选择哪个、该回避哪个。”（Galen, *QAM* 808 (K IV)）

294 Ibid., 814 (K IV).

《灵魂的状态依赖于身体的混合》一文讨论的主要问题是灵魂对身体的依赖，但它的出发点和落脚点都不在身体而是在灵魂。当然这个灵魂是与身体不可分的。在文章的开始不久，盖伦就直言“对儿童灵魂中的行为和情感间差异的理解是这里整个讨论的开始。”[295] 在文章的最后，盖伦把讨论引向了对廊下派的一种观点的考察。这种观点认为，“所有的人生来是适合接受美德的，只是受了他周遭的影响而变得远离美德。”[296] 也就是说，所有的恶都是来自外部的，灵魂内部并不存在恶的种子。盖伦反对这种观点，他认为，事实上我们的灵魂内部就有着使人远离美德的力量：

> 恶人绝大部分的恶来自自身，外部的影响是其中很小的一部分。比如，称为坏习惯的部分来自灵魂中的非理性部分，错误的观点则是理性部分所产生的。因此，如果我们接受一个好的正直的人的教育的话，我们可以获得正确的判断和良好的习惯。[297]

不仅灵魂的三个部分可以对人何以会行恶给出解释，灵魂对身体的依赖也可以证明这一点：

> 灵魂理性部分的聪慧或者不同程度的愚蠢依赖于混合，而混合自身又取决于出生和好的体液养生法。这些条件可以引起恶性或者良性循环：强烈情感的形成是因为热的混合，而这种情感的极端又会接着燃烧这种天生的热。相似的，有着很好的

295 Ibid., 768 (K IV).

296 Ibid., 816 (K IV).

297 Ibid., 820-1 (K IV).

比例的混合的人，其灵魂就会产生好比例的运动，而这可以帮助其获得好的情感。[298]

正因为灵魂由不同部分组成，并且依赖于身体的混合，所以，灵魂内部就存在使我们远离美德的因素。因此，我们才需要特别关注我们的灵魂，时刻净化它，防止恶在里面发芽生根。[299]特定的养育（dia trophēs）、训练（dia epitēdeumatōn）和教育（dia mathēmatōn）在这里显得尤为重要，这也是柏拉图在《蒂迈欧》中所讲的意思。柏拉图在《蒂迈欧》中用了这三个词来说明我们在避恶求善过程中所应该尽力做的事。[300]依据盖伦的说法，柏拉图所讲的"养育"指包括饮食在内的养生术，"训练"指训练身体和精神上的追求，"教育"则指教授几何学和算术。[301]盖伦给出的解释非常贴近柏拉图所用的这些词的原本含义，[302]同时，这也是盖伦自己所需要的解释。这种对人的养育、训练和教育，在盖伦看来，本于观察到的关于灵魂的事实。所以，以此为出发点所进行的对人的培养是全面而有效的，可以在最大程度上保持灵魂的优秀。

盖伦放弃对灵魂本质的探究，以观察到的事实为出发点来讨论灵魂问题，考察灵魂与身体的关系，其目的就在于找到真正可以使

298 Ibid., 821 (K IV).

299 Ibid., 820 (K IV).

300 柏拉图，《蒂迈欧》87b。

301 Galen, *QAM* 813 (K IV).

302 就表面的词意来看，"dia trophēs"指通过食物、营养，"dia epitēdeumatōn"指通过做事、习惯，"dia mathēmatōn"指通过所学的知识，特别是数学方面的知识。

灵魂健康高贵的方案，从而有助于人们的伦理和政治生活。在这个意义上，盖伦再一次实践了他自己所说的真正的医生同时也是哲学家的主张。他不仅把哲学的方法运用到自己的医学实践中，更是在关注的核心问题和最后的旨归上与哲学家们相一致。

盖伦把灵魂作倾向于身体的解释，用冷、热、干、湿的混合来解释灵魂的各种状态。这为他所采用的通过对身体的调养来治疗灵魂疾病的方法提供了理论上的支持，论证了对身体的照看同样也是对灵魂的照看。盖伦不把灵魂看作是当时人们常说的普纽玛，反映了他在灵魂本质问题上的不可知态度。这一态度表明，盖伦虽然总是结合身体谈论灵魂，但却没有把灵魂直接看作身体来谈论。

在关于灵魂本质的讨论中，我们注意到，盖伦在谈论灵魂问题时试图结合各家采取中间路线。他以特殊的方式保持了灵魂相对于身体而言的独立性，保持了灵魂可能具有的超越性。对于我们理解盖伦所讲的灵魂与身体的关系来说，灵魂对身体的依赖与灵魂本质的不可知是同等重要的。这两者之间既存在关联，也存在张力。盖伦关于灵魂的各种讨论都离不开他所理解的灵魂与身体间的这种独特关系。

在对灵魂的状态依赖身体的混合的讨论中，我们既注意到，盖伦所谈论的混合涉及灵魂的三个部分，也注意到，帮助人们在追求美德的过程中，远离愚蠢和坏脾气是医生和哲学家的共同任务。接下来，我们将对灵魂三分的证明，和对灵魂中激情的治疗分别进行专门讨论。这些讨论不仅可以帮助我们进一步认识盖伦所理解的灵魂，同时也是对盖伦所理解的灵魂与身体关系的继续考察。

第三章　灵魂三分的证明

通过上一章的讨论，我们已经清楚地看到，当盖伦讲灵魂的时候，他所讲的总是与身体在一起的灵魂。对灵魂的认识有赖于对身体的认识，而且，灵魂功能的实现有赖于身体状况的良好。具体而言，灵魂和身体间的这种密不可分的关系通过四元素的混合体现出来。但是，对灵魂的认识仅仅局限在“灵魂不能离开身体”、“灵魂的状态依赖身体中四元素的混合”是不够的。

一方面，就身体的构成方式而言，存在着不同层级的构成。按照亚里士多德的说法，“元素（stoicheia）”是首要的，通过元素所构成的骨、肉等“同类部分（homoiomerē）”是第二种，而在“同类部分”后生成的“异类部分（ahomoiomerē）”，如面、手是第三种。[303] 亚里士多德认为，元素层面的构成是一种潜能意义上的构成，[304] 而“同类部分”和“异类部分”则直接构成动物的身体。[305] 盖伦熟悉亚里士多德所讲的不同层次的构成方式，[306] 在《灵魂的状态依赖

303 亚里士多德，《论动物部分》646a13-24, 646b5-10。

304 同上，646a14。

305 同上，646b10-12。

306 Galen, *QAM* 773（K IV）；“同样的方法也为身体的本性的知识提供了基础，身体的本性是在三层意义上来理解的。首先，是在基本元素的层面上，这些元素彼此构成整个的混合；其次，是在可感知的层面上，也称作是“同类（homogeneous）”的层面上；第三，则源自有机的部分。这三个意义下动物的用处和功能也是要运用逻辑方法来认识的：他们同样要以严格的证明来获得，而不是毫无验证的。”(Galen,“ The best doctor is also a philosopher”, K I 60, in *Galen: Selected Works*, trans. P. N. Singer, Oxford University Press, 1997, p. 33.)

于身体的混合》中，盖伦主要从元素的层面来讨论灵魂和身体的关系。而在更高的层面上，比如血、肉、骨（同质部分）和脏器（异质部分）层面上，身体与灵魂的关系同样非常密切。在这些层面上对身体部分的讨论，对身体与灵魂关系的讨论，在盖伦那里，主要是通过对灵魂三分的证明展开的。不仅是四元素说和由四元素衍生的四体液说可以解释灵魂与身体间的不可分，盖伦所持有的灵魂三分的观点，和他对这一观点的证明从另一个方面也说明了身体与灵魂的不可分。

另一方面，关于灵魂我们也需要进一步的考察。对于灵魂，除了本质上的不可知，事实上的与身体不可分之外，我们还应该讨论灵魂的能力（或者功能）。在讨论灵魂对身体的依赖的时候，盖伦所讲的是灵魂能力对混合的依赖。而灵魂的能力主要有三种。盖伦认为，“没有什么比我们的灵魂具有某些能力更为显明的事了，其中一种天然地追求快乐，另一种追求权力和胜利。”[307] 除了这些低等动物也同样具有的能力之外，人还有追求真理和知识的能力。[308] 对灵魂诸种能力的考察同时涉及对与之相关的行动和实现原因的考察。因为“能力（dynamis）是实现的（tēs energeias）原因，而且伴随着，也是行动的（tou ergou）原因（aitia）。”[309]

---

307 Galen, *PHP* Testimonies and fragments of the beginning of Book II.

308 亚里士多德在《形而上学》的开篇说：“所有人在本性上欲求知道。”（《形而上学》980a）

309 Galen, *On the Natural Faculties* (I iv), trans. Arthur John Brock, Harvard University Press, 1991, p. 4.

对于灵魂有哪些能力，这些能力的特殊本性是什么，作为原因的灵魂能力通过身体中的哪个器官发挥作用的考察都主要集中在盖伦对灵魂三分的证明中。关于灵魂中三个部分及其功能的讨论在盖伦的灵魂学说中占有极其重要的位置。同时，因为对灵魂能力的考察离不开身体，所以灵魂三分的观点对于盖伦的生理学来说同样极为重要。

无论是就认识灵魂和身体的各自特性而言，还是就理解灵魂与身体的关系而言，盖伦的灵魂三分学说都是必须被考察和讨论的对象。虽然用四元素的混合来解释灵魂能力与证明灵魂三分都能向我们展现灵魂与身体间的亲密关系，但是这两种讨论所展现的灵魂与身体间的关系并不完全相同。它们所体现的是灵魂与身体关系的两个不同方面。

当盖伦用四元素的混合解释身体和灵魂关系的时候，我们看到的主要是灵魂对身体的依赖。而当他对灵魂三分观点进行证明的时候，我们看到的主要是身体对灵魂的服从。如果用亚里士多德所讲的“形式－质料”来对此加以解释的话，前者所说的是，灵魂在质料上以身体为前提，后者强调的是，灵魂在形式和动力的意义上制约着身体。在盖伦看来，身体各部分的功能都是围绕灵魂三部分的功能而被设定的。灵魂三分观点所支撑的不仅是对灵魂构成的认识，同时也是对身体构成的认识。灵魂三分说和四元素说对于盖伦的生理学来说都非常重要，它们一起构成了盖伦生理学说的哲学基础。[310]而在盖伦关于灵魂与身体关系的讨论中，这两种学说也同样重要。

只有同时考察四元素说和灵魂三分说，我们对灵魂与身体的认识才可能是全面的。

与考察灵魂与身体的关系一样，考察灵魂的能力也是哲学家和医生们都会从事的工作。关于统治我们的力量（dynameōn）的考察，“无论对哲学家来说，还是对依据理性行医的医生来说都是必须的”。[311] 对于医生来说，灵魂能力的直接作用对象就是身体，身体的各种功能都要适合灵魂的功能。所以，对灵魂的不同认识，同时意味着对身体的不同认识。对于哲学家来说，灵魂的能力包含人类所独有的理性能力，对灵魂能力的考察即是对人的能力和行为的考察。对灵魂能力的不同认识，会带来不同的拥有健康灵魂的方法。因此，无论是医生还是哲学家，都会考察这些灵魂能力的数目到底是多少，这些能力分别位于身体中什么部位。

在这些问题上，不同的学派有着不同的观点。亚里士多德认为，存在着三种不同功能的灵魂。灵魂的起源是心脏，心脏是惟一本源。以克吕西普为代表的廊下派认为，灵魂的统治力量位于心脏。但是他们否认存在三种不同的灵魂能力，他们只承认灵魂中存在一种能力。盖伦反对这两种观点。他认为，把心脏视为所有神经起源的看法，和否认灵魂中存在非理性能力的观点都与可以清楚观察到的事实相反。盖伦就自己在这个问题上的立场和所要进行的考察的目的做过清楚地表述：

---

310 Galen, *On the Usefulness of the Parts of the Body*, trans. Margaret Tallmadge May, Cornell University, 1968, “Galen’s System of Physiology”, pp. 44-45.

311 Galen, *PHP* Testimonies and fragments of the beginning of Book I, II.

我的目的是表明，灵魂中不是只有一个部分（morion）或凭借一种能力（dunamis），使得判断和情感（pathē）都得以发生，像克吕西普宣称的那样，而是灵魂拥有多种不同的能力，拥有多个部分。波西东尼和亚里士多德认为，灵魂的能力在数目上是三个。通过它们，我们欲求、发怒、进行理性活动。可是，它们在空间上还彼此区别。我们的灵魂不仅拥有多种能力，而且由多个在种（heterogeneis）上和本质（ousia）上不同的部分构成，这就是希波克拉底和柏拉图的说法。[312]

盖伦认为，柏拉图和希波克拉底在很多根本问题上是一致的。在灵魂认识的问题上他们的观点也同样一致。盖伦赞同柏拉图在《理想国》中对灵魂所做的三重区分。他认为灵魂中影响我们的能力有三种，并进而引用《蒂迈欧》中的段落来佐证自己的主张。灵魂的三种功能事实上由灵魂的三个部分来实施。这三个部分，分别位于脑、心脏和肝脏，其中最高的理性部分，不是位于心脏而是位于大脑。

虽然盖伦在《论希波克拉底和柏拉图的诸种学说》一书中讲到自己写作此书的目的是考察希波克拉底和柏拉图之间的所有一致之处，但实际上，全书绝大多数的讨论都围绕灵魂中统治我们的力量展开。[313] 盖伦不仅指出柏拉图和希波克拉底的观点一致，而且指出他们所持的观点是正确的，其论证方式是“科学的”。[314] 尽管盖伦不赞同把自己归为任何一个学派，我们也很难说盖伦就是一位柏拉图主义者。[315] 但是，盖伦对柏拉图的尊重和继承，尤其在灵魂学说

312 Ibid., *PHP* V 4.2-3.

上对柏拉图的认同和推崇是毋庸置疑的。

盖伦继承了柏拉图的灵魂三分学说，但他用以证明灵魂三分的方法在很大程度上是亚里士多德的。无论从科学前提出发进行推演的论证步骤，还是从实际观察，也就是解剖出发，寻找有效论据的做法，都是盖伦秉持亚里士多德的科学精神的体现。盖伦不仅以此来论证自己的观点，同时也以此来批驳他人的观点。蒂耶勒曼认为，写于盖伦第一次逗留罗马时期的《论希波克拉底和柏拉图的诸种学说》第一至第六卷，可以被看作是在灵魂问题上运用科学论证方法的充分证明。[316]

---

313 《论希波克拉底和柏拉图的诸种学说》的第一至六卷集中讨论的是灵魂中统治我们的三种力量。吉尔指出，虽然在第六卷中盖伦试图证明他所讲的灵魂三分可以得到希波克拉底和柏拉图的支持，但在这一部分“希波克拉底”更多地是在象征的意义上被使用的，也就是在“医学的”的意义上被使用，具体指的是对神经和脑的功能的生理学考察。在第七卷盖伦进一步讨论了脑、神经和感觉器官，特别是其中的视觉功能；在第八卷中，盖伦主要讨论了柏拉图和希波克拉底对元素和体液的论述；第九卷讨论的主要内容是两者在区分方法上的一致性。参见 Christopher Gill, *Naturalistic Psychology in Galen and Stoicism*, Oxford, 2010, p. 92.

314 “在这本书中汇集这些人的所有段落或者解释它们并不是我的目的所在，因为我打算在其他的著述中分别地呈现我的诸种解释。我现在的目的，就像我一开始申明的那样，是仅仅就他们是否在每一点上都彼此赞同的问题上考察和判断他们的观点。既然考察希波克拉底和柏拉图之间的所有一致之处是我的目的，而且我已经讲过对于医学和哲学的主要的、重要的诸种东西，那么现在是时候来转向那些剩下的东西了。”（Galen, *PHP* Testimonies and fragments of the beginning of Book I, I）因为此书的第一卷大部已经佚失，所以我们无法清楚详细地知道盖伦自己对写作此书目的的最初论述。我们只能根据第一卷的残篇与后面诸篇的论述对盖伦的写作目的进行推论。参见 De Lacy，eds., trans., and comm., *On the Doctrines of Hippocrates and Plato*, “Introduction”, p. 48.

既然在盖伦的灵魂三分讨论中，科学论证方法和解剖实践是不能被忽视的重要内容，那么在具体讨论盖伦对灵魂三分的论证之前，有必要首先对盖伦所使用的研究方法做一个比较详细的考察。我们不仅要了解盖伦使用了什么方法，还要了解盖伦为什么采用这一方法。在盖伦那里，科学的论证方法和解剖学不仅是讨论盖伦的灵魂

---

315 De Lacy 认为，盖伦虽然嘲笑那些自称为柏拉图主义者的学院派人物，但他自己在逻辑学、灵魂学说等很多方面对柏拉图，甚至是当时的学园派（学院派在逻辑学方面吸收融合了逍遥派和廊下派的观点）多有继承。De Lacy 倾向于把盖伦归为柏拉图主义者，参见 De Lacy, “Galen’s Platonism”, *The American Journal of Philology*, Vol. 93, No. 1 (Jan., 1972), pp. 27-39。一般来说，学者们普遍认为盖伦是一位折中主义者或调和论者，文德尔班在《哲学史教程》中把盖伦归为折中派一类，参见文德尔班，《哲学史教程》，罗达仁译，商务印书馆，1997，第 290 页。Hankinson 也认为盖伦是一位折中主义者，参见 R. J. Hankinson, “Galen’ s philosophical eclecticism”, *Aufstieg und Niedergang der Römischen Welt*, II, 36, 5, pp. 3505-3554; 另参见 Tieleman, Teun, *Galen and Chrysippus on the Soul*, E. J. Brill, 1996, p. xvii。Tieleman 认为把 Eclecticism 译为“折中主义”比较容易引起误解，以为这是对各派观点的调和，其实 eclecticism 更为恰当的含义是对各派观点中好的观点的拣选。在这个意义上，盖伦可以被看作属于 eclectics。Michael Frede 虽然也认为把盖伦归为折中主义者是毋庸置疑的，但是他指出，不应该因为盖伦是折中主义者就低估他在哲学史上的价值。从医学方面看，盖伦也是位折中主义者，但是没有人会因此忽视他在医学史上的地位。对折中主义的理解应该包括两方面，从广义上来看，盖伦所生活的那个时代的绝大多数哲学家们都是折中主义者。这是一个值得专门研究的复杂而重要的时代现象。从狭义上来看，盖伦的折中主义与当时一般的折中主义者不同：一是盖伦拒绝把自己归为现存的任何一个学派；二是盖伦认为自己无力回答一些重要的哲学问题，比如灵魂本质。因为对这些问题的回答可以区别出各个不同的学派，而盖伦不想把自己与其中任何一个学派划等号。参见 Michael Frede, “On Galen’s Epistemology”, *Essays in Ancient Philosophy*, Clarendon Press, 1987, pp. 281-5.

316 *The Cambridge Companion to Galen*, eds. R. J. Hankinson, Cambridge University Press, 2008, p. 49.

三分论证的前提，而且其方法自身即是他哲学思想与医学思想相结合的一个体现。

第一节　研究方法与解剖学

作为医生和哲学家的盖伦，对当时人们关注的几乎所有哲学问题都进行了讨论。但在所有这些讨论中，他着墨最多，也最为重视的是对研究方法的探讨。以讨论灵魂中统治我们的三种力量为主题的《论希波克拉底和柏拉图的诸种学说》一书中，[317] 盖伦在交代了写作目的和研究主题之后，就开始特别强调他对研究方法的重视：

> 在这本书的第一卷，我提醒每一位要从事任何证明工作的人，首先在证明方法上（tē apodeiktikē methodō）训练自己。[318]

在随后的章节中，盖伦不断以各种方式重述他的这一观点。在对灵魂中统治我们的力量是一个还是三个、这些力量的源泉分别位于哪里的问题上，他对自己观点的论证和对他人观点的反驳都基于对论证方法是否正确的讨论之上。盖伦所重视的解剖学与他所支持的科学方法之间同样有着密切关系。在与哲学家们讨论灵魂问题的时候，使用解剖学观察的结果来为自己论证进行辩护是盖伦讲述灵魂学说时的一个突出特点。

317 此书前六卷写于 162 至 166 年间，后三卷完成于 169 至 175 年间。这两段时间盖伦都居住在罗马，是他著作的高产期。

318 参见 Galen, *PHP* I 3.

盖伦对科学方法的重视不仅体现在《论希波克拉底和柏拉图的诸种学说》一书中，也体现在他的其他许多著作中，例如《论治疗方法》（*De Methodo Medendi*）、《论先导原因》（*De Procatartics Causis*）等。在那里，他也特别告诫青年人要首先学习逻辑和科学的方法。[319] 盖伦专门就逻辑和科学方法所写的论文数量与他就解剖学所写的论文数量可谓相当。他的逻辑证明方面的著作与他在解剖学方面的著作构成了他所有作品中最重要的两个部分。[320]

在盖伦的所有著作中，对逻辑和科学方法进行最为具体而详细论述的是他的 15 卷巨著《论证明》（*Peri apodeixeōs*）。[321] 盖伦认为，

---

319 盖伦在《论治疗方法》中批评那些想要成为医生却不学几何学、星象学、逻辑学、音乐以及其他高贵学科的人是不想付出努力就想成为医生的人。参见 *Galen on the therapeutic method*, trans. R. J. Hankinson, Oxford, 1991, pp. 4-5. 在《论先导原因》中，盖伦写道，“我总是这样说，任何人如果不精通逻辑推理是不可能完全不被骗的。” *Galen: On Antecedent Causes*, (xiii 170), trans. R. J. Hankinson, Cambridge, 1998, p. 132.

320 在《我自己的著作》一文中，盖伦列举的解剖学方面的论著有 20 余种，其中《论身体各部分功能》有 17 卷，《解剖过程》有 15 卷，对马里努斯（Marinus）20 卷的解剖学著作盖伦也逐卷做了总结。盖伦在逻辑证明方面的论著虽然有 40 余种之多，但除了十五卷的《论证明》之外多是单篇的文章。当盖伦总结自己所写著作的时候，对这两类著作的讲述最为充分，除了对写作目的有所论述之外，还对其中的一些主要内容做了概述。相比而言，对于其他方面的论著盖伦多是只做题目的罗列。由此可见，解剖学和逻辑证明在盖伦那里有着同等重要的位置。参见“My own books”, *Galen: Selected Works*, trans. P. N. Singer, Oxford, 1997, pp. 10-22.

321 可惜的是，《论证明》一书已经佚失，我们现在已无缘看到这本书了。大量其他逻辑方面的著作，一部分因为收藏盖伦著作的和平殿失火而丢失，其他部分则散落在他的朋友们以及一些私人收藏者的手中，多数今天已无法找到。Galen, “My own books”, *Galen: Selected Works*, trans. P. N. Singer, Oxford, 1997, p. 19.

无论是在阅读他的医学著作，还是在阅读他的哲学著作之前都应该先看这本书。一个人“如果学习了这里所呈现的方法，并在这些方面训练自己，他才可能在他所要探寻的领域中找到真理。”[322] 盖伦的这一态度足以看出他把逻辑证明和科学方法放在一个怎样重要的位置上。盖伦的研究方法直接决定了他做的是什么样的研究，以及他怎样做研究。

我们现在考察盖伦的灵魂学说也必须从认识他的研究方法开始，从讨论他如何进行论证开始。所有的论证必然从前提出发，前提作为论证的起始点，规定了论证的方向。要认识他的研究方法，第一步就是要明了，在盖伦看来，什么才是科学的、合适的前提，怎样才能获得这样的前提。

一、四种论证前提

盖伦认为，要学习证明，首先要学习的就是辨别那些用以推出结论的前提（lēmmata）。[323] 如果对前提是否正确或合适没有一个明确的认识，那么接下去的论证、推理和结论就很难保证是正确的和合理的。而要辨别那些用以推出结论的前提，就首先要知道一共有多少种前提，并把它们区别开来。

盖伦对各种各样的前提进行了区分，把它们分为四类，即科学的（epistēmonikon）或证明的（apodeiktikon）前提、辩证的

322 Galen, “The Order of My Own Books”, (K xix 53), *Galen: Selected Works*, trans. P. N. Singer, Oxford University Press, 1997, p. 24.

323 参见 Galen, *PHP* II 3.13.

（dialektikon）前提、修辞的（hrētorikou）前提和诡辩的（sophistikou）前提。我们可以看到，盖伦对前提所做的这种区分很显然受到了亚里士多德的影响。[324] 他所讨论的这些前提，亚里士多德都曾经讨论过。盖伦本人非常熟悉亚里士多德的著作，这其中当然包括亚里士多德对逻辑证明的讨论。他认为，在他之前的哲学家中对科学证明论述地最好的是亚里士多德和亚里士多德的弟子泰欧弗拉斯图斯（Theophrastus）。[325]

> 古人们已经写了所有的这些：在《辩谬篇》中讨论了诡辩的（前提），如果你愿意也可以叫它们命题（axiōmatōn）或陈述（logōn），这在我们目前的讨论中没有区别；在《修辞学》中讨论了修辞的前提；在《论题篇》中讨论了辩证的前提；在《证明篇》或者也叫做《第二分析篇》中讨论了科学的前提。[326]

德·兰西认为，这里的"古人们"首先指的也是亚里士多德，[327] 当然还包括亚里士多德所创建的逍遥派的其他哲学家们。盖伦对同时

---

324 德·兰西指出，盖伦所列的四种前提与他的老师新柏拉图主义者艾尔庇努斯（Albinus）所列的四种推论法相近。这四种推论方法是，确切无疑的推论（apodeictic），尝试性的推论（epicheirematic），修辞的推论和诡辩的推论。虽然在艾尔庇努斯那里有与盖伦相似的说法，但并不能以此认为盖伦所讲的四种前提是来自柏拉图传统的。德·兰西认为，艾尔庇努斯很可能从逍遥派哲学家那里借用了这些说法。De Lacy, "Galen's Platonism", *The American Journal of Philology*, Vol. 93, No. 1 (Jan., 1972), p. 28.

325 Galen, *PHP* II 2.4.

326 Ibid., II 3.12-13. 这里的《辩谬篇》、《修辞学》、《论题篇》、《第二分析篇》等篇名都是复数，除了亚里士多德的著作之外还包括其他逍遥学派成员的作品。

327 参见 *Galen on the Doctrines of Hippocrates and Plato*, trans., eds., and comm.by P. De Lacy, Berlin, 1978, p. 626.

代的逍遥学派的方法论持有一种相对肯定的态度，认为他们是在这方面受到过良好训练的人，所以与他们交谈会相对容易得多。他甚至把他们作为谈话对象的参照系来看。[328]

那么，盖伦是不是只是简单重复亚里士多德的观点，将其直接作为自己研究方法的起点呢？如果他们之间存在着差异，那么之间的差异表现在哪里？这差异是否是根本性的？要回答这些问题，要求我们仔细阅读盖伦对这四种前提的论述，以及与之相应的亚里士多德的论述。通过对两者的比较，我们或许可以理解盖伦研究方法中的核心概念，找到前面这些问题的答案。

首先，让我们来看一看盖伦是怎样论述他所说的这四种前提的：

> [所谓科学的前提就是]从被考察事物的本质自身（autēs tēs ousias）出发找到恰当的（prosēkonta）和合适的（oikeia）前提。[329]
>
> 任何事物如果偏离了这条道路就是多余的和无关的。通过这种方式，证明的科学（epistēmonikon）前提就与修辞的（hrētorikou）、训练的（gymnastikou）和诡辩的（sophistikou）前提区别开来。但是就这些（后面的三种前提）而言，那些芝诺和克吕西普的信徒们也没能教给我们方法，给我们以训练。因为这个原因，在他们的书中所有的前提被混乱地放在一起，一个接着一个。一般是这样，出于偶然的原因进行一

328 “如果一个人在发现和识别不同类型的前提方面受过良好训练的话，我的回答就不必过长，不会长于回答逍遥学派所要用的时间。”（Galen, *PHP* II 3.23）

329 Galen, *PHP* II 3.3 这里的 ousia 类似亚里士多德讲的 to ti ēn einai，所以译作本质。

个修辞的论证，接着因为有用所以进行一个训练的，也就是辩证的（dialektikon）论证，然后是一个科学的论证，再接着或许是一个诡辩的论证。因为他们不知道科学前提要被带回到（anapheretai）被考察事物的本质（ousia）那里，并且以之作为目标（skopon）。其他所有的前提都是外在的。辩证学家把这些前提运用在训练中来反驳智者，检验青年男子的生产，像助产妇那样工作，把他们引向某种发现，提问并且产出。如果你愿意，你可以把所有这些叫做辩证的，训练的，或者论题的（topika），因为我不在意这些名字，但是我试着把这些与科学的前提区别开来。其他的前提比这个更远离[被考察事物的本质]，它们在很大程度上通过公认的（endoxōn）和城邦生活的事例以及来自相同种类或证据的归纳而构成。如果你愿意，可以把它们称作说服的（pithana）或修辞的，因为我不在乎你怎样称呼它们，但是试着知道这些事物的本性（tēn physin）是必须的。而诡辩的前提则离被考察事物的本质更远。[330]

其他相关的论述还有：

我称它们中的第一种为科学的和证明的，第二种为训练的，如亚里士多德所言，是辩证的，第三种为说服的和修辞的，第四种为诡辩的。我指出各种前提建立在心脏的属性（hyparchontōn）和性质（symbainontōn）上。那些与被考察事物本身相关的是科学的前提，其他所有的则是辩证的前提，从

330 Galen, *PHP* II 3.8-12.

外在证据而得的前提是修辞的前提，而那些通过老练地使用某些同名异议或者言说方式而得的前提则是诡辩的前提。[331]

我说过一共有四种不同的前提。一些出自属性中与问题的本质相关的部分，一些出自与问题和探究不相关的属性。其他的来自外在的证据，在这些之外的第四种是诡辩的前提。它通过老练地运用言说方式来制造模糊不清。[332]

以上所引的这些关于前提的论述，是《论希波克拉底和柏拉图的诸种学说》一书中较为集中讨论四种前提的段落。我们注意到在这几段中，对各个前提的论述都使用了内外，远近这些表示位置关系的修饰词。也就是说，这四种前提在盖伦眼里处在一个严格的序列中，有着明显的等级差别。一、二、三、四不只是数目上的编号，更表现了等级序列上的高低。而对这一序列的强调同时也就是对其排序标准的强调。以"被考察事物的自身本质"为中心点，根据距离这个本质的远近，科学的或证明的前提，辩证的前提，修辞的前提和诡辩的前提的位置分别得以确立。

因为科学的前提直接就是从事物的自身本质出发，而其他所有的前提都不是，所以科学的前提就与其他三种前提区别开来。盖伦明确地把科学前提和其他三种前提看作是不同的两类前提。[333]盖伦特别强调了这一区别，使得科学前提在所有前提中拥有最高位置。他认为，对于要认识的事物而言，最好使用科学的前提和由这前提

331 Ibid., II 8.2.

332 Ibid., III 1.4.

333 Ibid., II 4.3-4.

出发的科学的证明。其他的前提和论证，因为离事物本质越来越远，所以也就越来越不可取。

从盖伦对心脏的具体讨论中，我们可以更清楚地看到他对四种前提的区分，以及这一区分对认识事物的重要作用。盖伦在讨论心脏是不是灵魂中的统治部分时说，首先要明确的是，什么是灵魂中的统治部分，这一部分的本质属性是什么。

> 灵魂中的统治部分是感觉（aisthēseōs）和意动的（hormēs）源泉。所以要证明心脏自身含有这种统治的部分，就不能从其他前提出发，而必须从它是身体其他部分的每一个按照意动而运动的（tēs kath hormēn kinēseōs）始因，以及每一个感觉都要回到它为前提出发。[334]

盖伦认为，灵魂统治部分的本质属性是感觉和意动的源泉。只有根据这个本质属性，才能判断心脏是否是那个统治的部分。也就是说，只有符合这个本质属性，心脏才具有统治地位。以任何其他的前提为出发点来进行的论证，在盖伦看来，都不具有说服力：譬如根据一般属性，如位置来断定心脏的核心地位；[335] 或者根据大多数人、哲学家和诗人们的意见来认同心脏的统治地位；或者根据一些词源学上的巧辩来论证心脏的统治地位都是不可取的。[336] 而且这些论证一个比一个离真理更远。

334 Ibid., II 3. 4-6.

335 参见 Ibid., II 4.5-19.

336 参见 Ibid., II 5.95-97.

二、亚里士多德对科学的前提和事物本质的讨论

真正的知识只能通过从科学的前提出发的证明才能获得。科学的前提之所以在认识中具有如此重要的地位，因为它从事物的本质出发，包含与这本质有关的属性，同时又是恰当的和合适的。把本质作为始点和中心点是获得科学证明的保证。在这里，盖伦对科学的前提的定义和他对被考察事物的本质的强调，与亚里士多德在《后分析篇》中对科学的前提的论述非常接近。

亚里士多德认为，不从根据自身（kath auta）的属性出发就不是科学证明。[337] 依据科学证明而获得的知识必须具有必然性，[338] 而必然性和"根据自身"有着十分密切的关系。"因为每个种只有当它根据自身并且以此是每个种时才是出自必然的。"[339] 根据自身之所以是必然性的保证，因为所谓根据自身，很大程度上是就事物本质而言的。[340] 只有事物的本质属性是必然的，其他与事物相关的属性都只具有偶然性。亚里士多德认为，作为提供必然性知识的科学证明的前提必须从必然的本原出发，而这必然本原也就是那根据事物自身的属性。

> 如果证明知识出自必然的本原，依据自身的最初存在（ta kath auta huparchonta）对事物来说是必然的，那么很显然，证明

337 参见亚里士多德，《后分析篇》，余纪元译，75a 18-19，《亚里士多德全集》，第 1 卷，苗力田主编，中国人民大学出版社，1990。

338 同上，73a22。

339 同上，75a28-29，译文稍有改动。

340 同上，73a34-40。

> 三段论所从出的前提必然具有这种性质。因为每个属性要么这样属于，要么在偶然的意义上属于，偶然的不是必然的。[341]

盖伦和亚里士多德在解释科学证明的前提的时候，使用了不同的表述方式。前者用 ousia（本质）来说明前提的出发点和目标，后者用 ta kath auta huparchonta（依据自身的最初存在）来保证前提的必然性。不过，他们所讲的科学的前提却是一致的，都是关于事物的自身本质。这一目标之所以值得作为科学前提的目标，这一保证之所以能够成立，都是因为它们是关于 to ti ēn einai（是其所是）的。[342]

对于科学证明来说，除了要知道前提的性质，还应该知道如何来确立前提。那么这一保证科学证明的正确性，由此出发可以得到知识的前提，在盖伦和亚里士多德看来到底是怎样获得的呢？除了认为这种前提必须是真实的之外，亚里士多德还强调了它是“在先的”，和“更易了解的”。亚里士多德在这里区分了两种在先，即本性上的在先和相对于我们而言的在先。

> 相对于我们而言的“在先”和“更了解”，我是指与我们的感觉比较接近的东西（ta engyteron tēs aisthēseōs）。而纯粹意义上的“在先”和“更易了解”则是指远于感觉的东西。最普遍的东西最远离我们的感觉，而具体事物则离它最近。它们是相互对立的。[343]

---

341 同上，74b5-13。

342 亚里士多德，《形而上学》Z 卷 4-6 章。

343 亚里士多德，《后分析篇》72a 1-5。

从这段引文中我们似乎可以得出这样的结论：亚里士多德的科学的前提站在纯粹意义上的“在先”和“更易了解”这边。因为证明是普遍的，而普遍的东西离我们的感觉最远，不能为感官所感知。[344]感官知觉所关涉的必定只能是特殊的。[345]因此，科学知识不可能通过感官知觉（di aisthēseōs）而获得。[346]需要指出的是，亚里士多德所讲的这两种意义上的“在先”，虽然彼此似乎离得很远，但事实上并不是绝然对立，毫不相关的。亚里士多德一方面说感官无法感知普遍，另一方面也说“从感觉中我们能够把握普遍”。[347]亚里士多德描述了从感觉中把握普遍的具体过程：从感官知觉中产生记忆，记忆不断重复产生经验，经验在灵魂中作为整体固定下来，这就是普遍。所以，从感觉中产生的经验能够固定成为科学证明的出发点。[348]

这种通过感官获得普遍的方法可以称之为归纳。[349]虽然归纳自身是一种证明方法，但这种来自本原的前提并不是可以通过证明获得的。在亚里士多德看来，基本前提不是知识，不可以被证明。[350]要获得基本前提，靠的不是证明而是断定（lambanein）。[351]而具

344 同上，87b34。
345 同上，87b38。
346 同上，87b28。
347 同上，90a30, 亦可参见 88a2-5。
348 同上，100a5-10。亦可参见《形而上学》981a1-10。
349 同上，100b4。
350 同上，71b27，72b20，100b15。
351 同上，76a34。

有这种断定能力的，也就是说能够在灵魂中把经验固定下来的，不是知识而是努斯。[352] 如此一来，这一不可证明的与自身相关的前提就可以避免论证上的无限倒推而真正成为在先的，从而保证了后面论证的正确性和必然性。

感官所面对的是个别事物，是偶然的，是离纯粹"在先"最远的，但是只要特殊事物一出现，感觉就会涉及普遍，就会在灵魂中出现那最初的普遍。[353] 只有通过对我们而言的"在先"，我们才能获得纯粹意义上的"在先"。从这个意义上来说，科学证明的前提可以通过感觉经验来获得。

把感觉作为获得证明前提的源泉，这一观点在盖伦那里表述地更为明确。他认为，人们在处理具体问题时，应该探询证明它的前提：

> 这些前提应该来自单纯感觉（aisthēseōs aplēs），这些感觉来自经验（empeirias），或者生活（tēs kata ton bion），或者技艺（tēs kata tas technas），来自清楚展现给理智（noēsin）的东西，以便从这里得出想要的结论。"[354]

在《论治疗方法》一书中盖伦转述了他在《论证明》中所表达的类似观点：

> 所有证明的前提都由那些明白地显现在我们的感觉和理智上的事物构成。并且在考察事物时，应该通过定义恢复事物的名字。[355]

352 同上，100b13，亦可参见《尼各马可伦理学》1543a35。

353 同上，100a15-100b1。

354 Galen, *PHP* III 8.35.

355 参见 *Galen on the Therapeutic Method*, trans. R. J. Hankinson, Oxford, 1991, p. 21。

对于证明的前提来说，感觉是其构成的一个来源。缺少这一来源的前提就不能是科学的前提。假如论证的前提仅仅基于自己的设想而不是基于可感经验的话，那么，这个前提就常常会是错误的。[356]

三、盖伦和亚里士多德关于“普遍意见”的讨论

如果说关于科学前提的论述，无论在这一前提的性质还是在如何获得这一前提方面，盖伦很大程度上继承了亚里士多德的学说的话，那么在对什么是辩证的前提，什么是修辞的前提的解释上，两者的一致性就不再那么明显。与讨论科学前提时的情形不同，在这里我们更容易看到盖伦与亚里士多德之间的差别。

在盖伦这里，他一方面以是否关涉事物的本质属性为标准，把辩证的前提、修辞的前提和诡辩的前提都归入“多余的”、“无关的”一类；另一方面，虽然辩证的前提并不涉及被考察事物的本质，但由于它仍然关涉事物的属性，所以盖伦又把辩证的前提和证明的前提归在同一个阵营，以区别于那些仅仅依赖技巧和外在证据的修辞性前提和诡辩性前提。

辩证的论证因为离本质远一层，所以它最直接的功能不是用以获得知识，而是训练年轻人。通过这种训练，使他们能够发现问题，并且能够驳斥那些论辩技巧老到的智者们。修辞的论证起点，在盖伦看来，倚靠的是些外在的证据。盖伦所讲的外在证据主要指那些被接受的普遍意见（endoxa）。这些人们所接受的意见或者来自非

356 参见 Galen, *PHP* II 6.13.

专家，或者来自诗人，或者来自哲学家，或者另有什么其他来源。[357] 不论这被接受的意见从何而来，它们都是外在的，离事物本质更远一层的。正因为修辞的前提不是来自事物的属性，而是来自意见，所以在论证中，它与诡辩的前提一样应该被避免。

这个被盖伦认为是构成修辞前提的普遍意见，在亚里士多德那里却是辩论前提的出发点：

> 从普遍接受的意见（endoxōn）出发进行的推理是辩证的推理。”[358]

对于什么样的意见可以被称为 endoxa，盖伦和亚里士多德的看法似乎比较一致。亚里士多德认为：

> 所谓普遍接受的意见，是指那些被一切人或多数人或贤哲们，即被全体或多数或其中最负盛名的贤哲们所公认的意见。[359]

endoxa 不仅仅指普通人认同的意见，也包括贤哲们所公认的意见。但是，对于这个普遍接受的前提在论证中到底起到什么样的作用，盖伦和亚里士多德却持有不同观点。可以说，盖伦把亚里士多德所说的普遍接受的意见作为修辞的前提，并且把修辞和辩证截然分开的立场是非亚里士多德的。[360]

357 “所有的前提来自人们的意见，不管是非专家的、诗人们的或是哲学家们的，或是来自词源学，或是来自表赞同或不赞同的示意，或者来自诸如此类的其他事物，都属于第三种前提。”（*PHP* II 4.4）

358 亚里士多德《论题篇》，徐开来译，100a30，《亚里士多德全集》，第 1 卷，苗力田主编，中国人民大学出版社，1990。

359 同上，100b20，亦可参照 104a3-15。

360 Teun Tieleman, *Galen and Chrysippus on the Soul*, E. J. Brill, 1996, p. 18.

在亚里士多德看来，公认的意见并非没有可取之处。它可以在一定程度上起到帮助我们认识事物本质的作用。而旨在说服公众的修辞的论证，虽然在方法上和辩论的论证不同，但是它们处理的对象都不属于科学，都是一定程度上获得公认的知识。因此，亚里士多德说，修辞和辩证是对应物（antistrophos）。[361]

而这对不同却相似的事物，在盖伦那里，却因为一个关于事物属性，一个关于普遍意见，而被严格地区分开来。虽然盖伦承认亚里士多德，同时也是柏拉图所认同的辩证推理的训练功能，[362]但是，盖伦不认为辩证论证的起点是普遍意见。普遍意见对认识而言的正面功能在盖伦那里被完全取消，修辞的论证的功用也相应地同时被降格。修辞的论证成了应该被批评的论证方式。我们注意到，盖伦和亚里士多德对辩证前提的出发点的不同理解，对辩证的论证和修辞的论证间关系的不同认识，很大程度上是因为他们对 endoxa（普遍意见）有着不同的理解。

要理解亚里士多德所讲的普遍意见，不得不提他的现象（phainomena）概念。“现象”首先是指经验观察到的事物，是可以由感官所感知的。而且就像我们前面讨论过的那样，这些可感的现象是获取知识所必要的起点（archē）。在亚里士多德的生物学和气象学著作中，作为现象的可感事物在起源上的作用得到了具体而充分的阐述。[363]但是，如果就此认为亚里士多德所讲的现象仅仅是

361 参见亚里士多德，《修辞学》1354a。

362 亚里士多德在《论题篇》101a20 处指出辩证推理的作用有三：关于智力训练，关于交往会谈，关于哲学知识。

指经验观察到的东西，那么我们对他所讲的现象的理解很难说是全面的。在《前分析篇》的一开始，在对辩证推论的说明中，亚里士多德就把现象的和被普遍接受的论断相提并论。[364] 如果我们读他的《尼各马可伦理学》的话，我们会发现，他对伦理问题的讨论，开始于对各种意见的分析，并且把这些意见称之为现象。[365] 由此看来，亚里士多德所讲的现象不仅包括经验观察的现象，同时也包括那些被言说的普遍接受的意见。[366] 各种普遍意见不仅是伦理知识的起点，通过辩证的方法它们同时也可以帮助我们认识事物的本原。虽然这些普遍意见不能像观察到的现象那样作为科学前提的直接来源，但仍是认识过程中可资借鉴的有益资源。

普遍意见之所以可以起到这样的作用，

> 因为从适于个别学科的本原出发是不可能对它们言说什么的，既然这些本原是其他一切事物的最初根据，而且，必然要通过关于每个东西的普遍意见来讨论它们。辩证法恰好特别适于这个任务，因为它的本性就是考察，内含有通向一切探索方法的本原之路。[367]

普遍接受的意见不同于可感现象（tōn phainomenōn kata tēn

363 参见 Teun Tieleman, *Galen and Chrysippus on the soul*, E. J. Brill, 1996, pp. 21-22.

364 亚里士多德，《前分析篇》24b2-3。

365 参见亚里士多德，《尼各马可伦理学》1145b1-5。

366 对亚里士多德的 phainomena 的分析详见 G. E. L. Owen, "Tithenai ta Phainomena" 一文，收录在他的文集 *Logic, Science and Dialectic*, Duckworth, 1986, pp. 239-251.

367 亚里士多德，《论题篇》，徐开来译，101a37-101b4。

aisthēsin）[368]，但是同属于现象的两者在亚里士多德那里有着不同却类似的功用。作为伦理知识起点的普遍意识可以同时是辩证的起点，参与对事物本原的探究。

和亚里士多德一样，盖伦也使用现象这个概念，也把可观察的事物作为现象，同时把这现象作为论证的起点。在讨论心脏功能的时候，他说，心脏的清楚可见的属性（tōn enargōs phainomenōn hyparchein tē kardia）或者说，解剖的观察结果（to phainomenon ek tēs anatomēs）是论证的起点。[369] 从解剖所获得的是可见的现象，而事物的属性也必须同样是显现的，可见的。

我们之前讨论过，盖伦认为，科学论证的前提必须关于事物自身的本质属性，而要获得这一前提所依靠的是感官感知的事物，并以此为出发点。那么，现在我们可以以另一种方式来表述这一出发点，那就是那些显现给我们的现象。如果仅从这点来看，盖伦对现象的理解符合亚里士多德的相关论述。但是，与亚里士多德把普遍接受的意见也看作事物显现给我们的现象不同，在盖伦那里，普遍意见离真实的事物本质比较远，从而不可能藉此认识事物本原，进而获得知识。盖伦只相信自己的感官所感知的事物。他把普遍意见看作只是修辞论证的起点，表现出对普遍意见的极端不信任。

对盖伦来说，凡是以普遍意见为出发点，而不是以可感现象为出发点的论证都应该遭到反驳。盖伦对克吕西普灵魂观的批评，正

368 在《论天空》中亚里士多德区分了这两者，参见《论天空》303a22。

369 Galen, *PHP* II 8.51.

是基于克吕西普犯了这样的错误：以大家普遍接受的意见作为出发点，并且大量引用诗人的语言来论证自己的观点。[370] 无论是他的出发点，还是他的论证，因为诉诸的都只是意见，所以在盖伦看来都是不可取的。盖伦所讲的普遍接受的意见不仅包括大众的意见，还包括专家和哲学家们的意见。盖伦极力反对普遍意见，在很大程度上也是为了告诫人们，应该通过自己的观察实践来认识事物而不要盲信他人的学说。相信他人的意见，认为这些意见可以论证事物，而无视呈现给我们的现象本身，这种做法只会带来对某一个学派的盲目的爱或者盲目的恨，而不可能获得真理。盖伦反对那些诉诸权威的哲学和医学学派，认为自己不属于它们中的任何一个。他向当时盛行的各个哲学和医学学派学习，但不把其中的任何一个奉为至尊。他认为柏拉图和希波克拉底是在哲学和医学领域中最出色的人物，但他对他们的推崇也建立在他们的学说与他自己的观察相符的基础之上。

对普遍意见的反对，一方面反映了盖伦对待权威的态度，另一方面也凸现了他对可感现象的重视。对可感现象的重视不能不说是受到了亚里士多德的影响，但是对普遍意见的不同于亚里士多德的看法显示出了盖伦学说中可能存在的其他来源。根据蒂耶勒曼（Teun Tieleman）的论证，盖伦把意见仅仅看作是修辞的观点在一定程度上是受了亚历山大医生希罗菲勒斯的影响。[371] 希罗菲勒斯严格区分

370 参见 Galen, *PHP* III 1.21-23.

371 作为第一个当众解剖的解剖学家，他大量细致的解剖工作，使得他获得了解剖学之父的称号，他对大脑中枢神经的研究也直接影响了盖伦。

了他自己检验过的可感现象以及他所不信任的意见。为此，他还专门写了《反对公共意见》。[372] 来自解剖学家的影响提醒我们注意，我们所讨论的盖伦不仅是一位哲学家，更是一位杰出的医生。盖伦对可感现象和意见的讨论，还应该放在他作为解剖学家和医生的背景之下才更容易被理解。

四、证明方法与解剖学

盖伦的著作中，关于科学方法和解剖学的论著最多。这是一个偶然的现象，还是其中有着某种必然的关联？是不是从解剖学的角度出发才能更好的理解盖伦所讲的科学方法？是不是盖伦所讲的解剖学要以他的科学方法作为前提才具有合法性？从科学方法的起点出发，即从对论证的科学前提的考察中，我们看到科学前提涉及的必须是存在事物的本质属性，而对这一本质属性的认识来源于感官感知和经验。对普遍意见作用的贬低，在一定程度上也是为了进一步强调在获取知识过程中可感现象的重要地位。对可感现象的作用，以及对认识本质属性的科学论证方式的强调与对解剖的重视似乎有着某种必然联系。

对可感现象的强调和认识事物本质的兴趣似乎必然导致对解剖学的重视，反之亦然，对解剖学的重视必然要求对这两者的强调。解剖学作为一门观看的学问，本身就是现象的和经验的。与解剖观察到的事物相比，意见不足以保证什么。因为意见必须经过解剖实

372 参见 Teun Tieleman, *Galen and Chrysippus on the Soul*, E. J. Brill, 1996, pp. 22-23.

践的检验才能是可信的。所以盖伦说，关于灵魂的诸种论述的根据除了从解剖那里找还能从哪里找呢？[373]

解剖让我们看到了更多关于身体的现象，这些观察到的现象成为前提的来源和论证的证据直接参与到科学证明的过程中。盖伦认为，只有以感觉经验为出发点的论证才能让我们认识真理。只有感觉经验，或者只有抽象理论，在认识过程中都是很不够的，只有将两者结合起来才能真正认识事物，获得知识。[374]在这个意义上，解剖和逻辑证明是不可分的。

出于观察的需要——在亚里士多德看来这是人类求知本性的表现[375]——解剖学对于认识人的身体来说似乎是必须的。但是，把希腊人对解剖的兴趣仅仅看作是基于对观看的欲求，以及出于证明的需要，还不足以解释为什么解剖学只有在古希腊才得以出现和得到发展。[376]因为即使同样是观看，同样是想要观看，看到的东西和想要看的东西很可能是不同的。那么，为什么在盖伦看来，对体表特征的观察和饮食起居的查验，虽必不可少，却远不足以认识身体？为什么必须依靠解剖学这种专门技术才能达到对身体的真正认识？

373　参见 Galen, *PHP* II 3.4-6.

374　参见 *Galen on Medical Experience*, trans. B R. Walzer, Oxford, 1944, p. 85.

375　参见《形而上学》980a1。

376　解剖学是希腊独有的学科。虽然在世界上的其他地方也存在着人体解剖，但解剖作为一门学科成为医学理论中的一个重要的组成部分，是起于希腊的。对解剖的观察方式的讨论可以参见 Shigehisa Kuriyama, *The Expressiveness of the Body and the Divergence of Greek and Chinese Medicine* (Zone books, 1999), pp. 116-129. 中译本见栗山茂久，《身体的语言——古希腊医学和中医之比较》，陈信宏、张轩辞译，上海书店，2009 年，第 100 － 115 页。

这其中蕴含着什么样的哲学前提和方法论原则？为什么这一前提和原则构成了解剖学，乃至广义而言，所有西方医学和身体理论的基础？

如果我们注意到盖伦在讲述论证前提时所强调的用以区分前提等级的原则的话，我们或许可以对这一现象有一些理解。根据是否关于被考察事物的自身本质属性，以及离这一本质属性的远近，四个前提在盖伦那里被严格地排序。盖伦认为，我们最应该采用的是其中的科学前提。按照盖伦的理解，科学的研究方法必须从关于事物的本质属性出发。把这一本质看作论证的目标，并在论证过程中不断地回到这个目标。这个事物本质，虽然要通过感觉获得，但它本身不是可感的和现象的，而是本源的和必然的。对事物本质的探究成了论证以及为论证服务的经验观察的最终目标。这个最终目标推动着人们通过观察去寻找那被认为是存在的 ousia。解剖学的兴趣不仅仅是观察的兴趣，同时也是认识 ousia 的兴趣。

以认识事物本质作为认识的最终目标，以感觉经验作为认识的出发点，这些特点是亚里士多德和盖伦的科学方法所共有的。虽然对经验，尤其是对个人经验的重视在盖伦那里得到了加强，但是在根本点上，两人并不矛盾。可以说，在科学方法上，盖伦继承了亚里士多德的学说，并以此来指导自己的医学实践。

如果我们在考察盖伦对待解剖的态度时，不仅考察他与亚里士多德的同异，而且考察他与当时其他医学流派关于解剖的论争的话，那么，我们对于盖伦所秉持的科学方法，他对抽象理论和具体观察的态度，或许会有更为清楚的认识。

在医学中，解剖学是与观察有着直接关系的学科。离开观看，离开各种感觉经验，解剖的存在是无法想象的。然而，注重观察经验的经验派医生们却不赞成进行各种形式的解剖活动。[377] 他们所关心的只是对身体健康真正起作用的各种践行，而不是对“身体是什么”的认识。[378] 即使就对身体的认识而言，经验派医生们也认为解剖技术是无用的，不能提供什么有益的帮助。

根据克尔苏斯（Celsus）的说法，解剖学知识之所以对于认识人体来说不是必须的，因为无论是尸体解剖，还是活体解剖所看到的身体都不是处于正常状态下的身体。[379] 他说，即使我们的身体没有遭受任何外伤的影响，恐惧、疼痛、饥饿等等因素都会改变我们身体的状况，更不要说把身体切开这样的活动对身体产生的影响了。它能造成身体的颜色，软硬度等等各方面的改变。[380] 而需要我们去认识的身体，或者说我们所关心的身体，不是这种被切开的非正常状态下的身体，而是健康完好的自然身体。我们要认识的是健康身体的构成及其运作方式。所以，经验派医生认为，对于这种正常身体的认识，解剖学是无能为力的。他们甚至认为，对身体“本性

377 盖伦在向初学者介绍经验派医学的时候提到，经验派医生不认为解剖会有任何发现，也不认为对于医学这门技艺来说，解剖有任何必要性。参见 Galen, “on the Sects for Beginners”, *Three Treatises on the Nature of Science*, trans. Richard Walzer and Michael Frede, Hackett Publishing Company, 1985, p. 9.

378 Christopher E. Cosans, “Galen’s Critique of Rationalist and Empiricist Anatomy”, *Journal of the History of Biology*, 30, 1997, p. 36.

379 Celsus, *De Medicina*, trans. W. G. Spencer, Harvard University Press, Prooem, 40-4.

380 Ibid., Prooem, 41.

（nature）”的认识是不可能的，也是不需要的。没有关于身体“本性”的认识，同样可以治疗疾病。而能否提供有效的治疗，能否帮助病人获得健康才是他们唯一关心的主题。

与经验派医生不同，唯理派医生推崇解剖学。他们继承和发展了亚里士多德的解剖方法，把解剖经验作为他们所坚信的医学理论的基础。他们所关注的不是事物的表象（appearance），而是实在（reality），是表象之后的不可见之物。他们认为，解剖学可以帮助人们认识推理所得的理论上的“实在”。这个“实在”是我们观察到的现象的原因。[381] 需要指出的是，唯理派医生对于解剖的兴趣并不是出于观察的兴趣。事实上，他们并不相信看到的东西。就像科尚（Cosans）所指出的那样，他们虽然继承了亚里士多德的解剖方法，却没有继承亚里士多德对感觉经验的信任。[382] 他们对解剖的兴趣更多的出于一种形而上学的冲动。就像解剖离不开观看一样，

381 科尚分析道，比如在解释疾病的时候，希波克拉底和亚里士多德认识这是冷、热、干、湿之间的比例不协调造成的结果，而很多唯理派医生会更进一步认为是“粒子和部分间”的不平衡所造成的。他们用这些不可见的元素解释各种生理现象，而这种解释有时候会不同于病人的经验感受。如果他们对身体的认识是正确的话，那么他们就能对身体的治疗提出比较新的有效方案。但是，如果他们通过推理而得的对身体的认识有误的话，那么因为在他们看来，科学推理所得的比病人的感受更为可靠，当这两者相互矛盾的时候，他们更愿意相信所谓的对身体的客观描述。他们会不顾病人的内在主观感觉来进行医治，那么，这样的医治方法是否可取就是值得待商榷的了，而这也正是经验派医生反对唯理派医生的最为重要的一个原因。Christopher E. Cosans，“Galen’s Critique of Rationalist and Empiricist Anatomy”，*Journal of the History of Biology*, 30, 1997, p. 39.

382 Christopher E. Cosans，“Galen’s Critique of Rationalist and Empiricist Anatomy”，*Journal of the History of Biology*, 30, 1997, p. 36.

解剖也同样离不开理智的力量。

如果仅仅依赖观看，解剖是很难进行下去的。解剖所看到的不是美的，令人愉悦的事物；恰恰相反，通过解剖所看到的往往是些恶心的，令人反胃的东西。在唯理派医生和自然哲学家看来，即使这些东西让人觉得恶心难过，也不能成为我们不继续看下去的理由。就像亚里士多德所说的那样，不经历这种反胃，对身体的血、肉、骨、脉等构成的认识就是不可能的。[383] 值得注意的是，当我们今天很自然地把解剖学看作西方医学的基础学科之一的时候，我们往往忽视这样一个事实：在古代希腊和罗马，解剖并不必然和医学相关，对于解剖的兴趣也并不完全出于医学上的需要。

在古代，认为解剖对于医学这门技艺来说没有必要的医生并不在少数。这其中不仅有经验派的医生们，也包括方法论派的医生们。唯理派医生对解剖的兴趣，实际上是一种对事物背后不可见的本质的兴趣。他们希望可以认识人体的本质构成。解剖、指征和合乎逻辑的推理对于他们来说，是认识不可见存在物的有用工具。[384] 当他们进行解剖实践的时候，他们首先考虑的往往不是这项解剖活动是否能对某种疾病的治疗有所帮助，而是解剖的结果是否能为他们的理论设想提供佐证。实际上，这种对身体的兴趣与哲学家对自然的兴趣更为接近。

盖伦和唯理派哲学家一样，认同解剖对于医学的必要性。解剖

---

383 亚里士多德，《论动物部分》645a25-30。

384 Galen, “on the Sects for Beginners”, *Three Treatises on the Nature of Science*, trans. Richard Walzer and Michael Frede, Hackett Publishing Company, 1985, p. 9.

学可以帮助人们认识什么是身体。只有首先具有关于正常身体的知识，人们才能认识身体的非正常状态，即患病了的身体。然后，在这个基础上才可能做出正确的诊断，提出有效的治疗方案。如果说，像我们前面分析过的那样，唯理派医生对解剖的兴趣可以被看作一种哲学上的兴趣的话，在盖伦看来，解剖学和哲学的关系更为密切。

盖伦的解剖活动本身就如同哲学活动。他认为，解剖术不仅是一门把身体切开的技艺，而且是进行哲学活动的一种方法。解剖实践是为哲学理解奠基的一种重要方式。[385] 和哲学一样，解剖学需要闲暇（scholē），需要不去考虑具体的功用。所以，那些想要学习解剖的学生完全可以，甚至应该不考虑病人的实际需要。在一定程度上，盖伦是认同这种观点的。他认为，对身体的探求需要无关功利的单纯的理智兴趣。但是，这位后世解剖学的奠基人并不完全赞同唯理派医生对待解剖的态度。

盖伦自己所从事的解剖工作并没有完全脱离临床实践的需要，并不是丝毫不受经验限制的。他一方面强调解剖所需要的理智兴趣，另一方面认为，这种兴趣应该是有节制的。[386] 在重视理智上的追求的同时，盖伦也关注实际上的用处。盖伦的这一特点，我们在讨论他对灵魂本质的表述时已经注意到了。盖伦对待解剖的态度，他所持有的既不同于经验派也不同于唯理派医生的关于经验和理性的立

---

385 Christopher E. Cosans, “The Experimental Foundations of Galen’s Teleology”, *Studies in History and Philosophy of Science*, Vol. 29, No.1, p. 75.

386 Christopher E. Cosans, “Galen’s Critique of Rationalist and Empiricist Anatomy”, *Journal of the History of Biology*, 30, 1997, p. 37.

场与他对待灵魂本质的态度是一致的，都体现了盖伦试图结合两者的努力。考虑到盖伦作为哲学家和临床医生的双重身份，他的这一努力就更容易为人所理解。

盖伦对科学方法的重视和对解剖的重视是一贯的。这由盖伦的基本哲学立场所决定，并且具体体现在他关于灵魂和身体的讨论中。盖伦认为，因为科学的前提与事物的本质相关，所以只有从科学的前提出发所进行的论证才是正确可信的。那些遭到盖伦反驳的人们所持有的观点之所以错误就在于他们论证的前提是错误的，是远离事物本质的。要真正认识事物，就要获得论证所需的科学前提，而要获得科学前提就需要借助可感的现象，或者感官所感知的事物。解剖实践作为对事物本质的兴趣和感官感知相结合的产物，有着方法上的正确性，所以，对于认识身体而言非常重要，不可或缺。这种解剖方法对于我们认识灵魂来说同样重要。

在盖伦看来，灵魂的诸种功能是通过身体来实现的，对身体的解剖也是对灵魂的考察。盖伦通过解剖的方法论证了所有神经的起源位于脑和骨髓，而骨髓的起源也位于脑；所有动脉的起源位于心脏；所有静脉的起源位于肝脏。神经拥有灵魂能力（tēn psychikēn dynamin），动脉拥有脉动能力（tēn sphygmikēn），而静脉拥有生长能力（tēn phytiken）。通过对神经、动脉和静脉功能，以及它们的起源的考察，盖伦向我们证明了灵魂所具有的三种能力和它们的起源。

盖伦对灵魂中分三个部分，各部分功能及与身体关系的讨论虽然以柏拉图的灵魂三分思想为先导，但真正支持这些观点的是他的科学证明和解剖实践（这其中包含着对亚历山大医生们的解剖实践的继承）。盖伦认为，通过解剖所获得的知识是可取的，是哲学家和医生们认识身体和灵魂的共同基础。

第二节　灵魂中的统治部分：位于脑还是心脏

对解剖的重视和对论证方法的强调是盖伦讨论身体和灵魂问题的前提基础。从科学前提出发，经由解剖实践证实的观点是盖伦所采纳的观点，也是他认为惟一正确的观点。在关于灵魂三分的证明中，盖伦所提倡的这种方法得到了具体而充分的运用。有了前面关于盖伦所理解的科学论证方法和解剖实践的讨论作为准备，我们现在可以来看一看盖伦是怎样具体论证他的灵魂三分观点的。在盖伦那里，对灵魂三分观点的证明从对灵魂统治部分在身体中的位置的讨论开始。因为，这一讨论不仅是盖伦灵魂三分学说中的核心问题，而且也是他与其他哲学家们，比如亚里士多德和克吕西普在灵魂问题上的分歧所在。

要讨论灵魂中统治部分（hēgemonikon）位于哪里，首先应该明白灵魂的统治部分指的是什么。[387] 盖伦认为，灵魂的统治部分是

387 盖伦接受了廊下派所讲的“灵魂统治部分”概念。把灵魂统治部分看作主管感觉和身体运动的中心，把它视为一个高度一元化的概念，这是廊下派思想中的一个重要特点。参见 Christopher Gill, *Naturalistic Psychology in Galen and Stoicism*, Oxford, 2010, p. 38.

感觉（aisthēsōs）和意愿运动（kinēseōs tēs kata proairesin）的起源，而且，这是医生和哲学家们都普遍公认的观点。[388] 论证灵魂的统治部分位于哪里，就是论证感觉和意愿运动的起源在哪里。自从希罗菲勒斯发现了神经是运动和感觉的原因之后，[389] 感觉和意愿运动起源的问题就进一步转变为神经起源的问题。对神经功能和起源的研究只有通过解剖的方式来进行才是科学可信的。

盖伦进行的关于灵魂统治部分的讨论，其起点便在于"神经开始的地方(tōn neurōn hē archē)在哪里,灵魂统治部分就位于那里。"[390] 神经开始的地方位于脑是正确的观点，而认为神经开始的地方位于心脏则是错误的。盖伦对自己观点的论述常常是在对他人观点的反驳中展开的。在关于灵魂中统治部分是位于心脏还是脑问题的论述上也是如此。在这里，他所反对的对象主要是以克吕西普为代表的廊下派和亚里士多德。

一、克吕西普的证明和盖伦对廊下派的批评

在前面对论证前提的讨论中，我们曾经提到过，克吕西普在论证的时候往往诉诸诗篇或词源学等非科学的论证前提。因此，他对灵魂的认识在盖伦看来远离了事物的本质，是不可取的。

---

388 参见 Galen *PHP* Testimonies and fragments of the beginning of Book I, IV; II 3.4.

389 关于希罗菲勒斯被视为神经的发现者的问题参见 *Herophilus: The Art of Medicine in Early Alexandria*, edition and translation and essays by Heinrich von Staden, Cambridge University Press, 1989, p. 159。亦参见 Solmsen, "Greek philosophy and the discovery of the nerves", *Museum Helveticum*, 18 (1961), pp. 150-197。

390 Galen, *PHP* Testimonies and fragments of the beginning of Book I, III.

克吕西普认为，灵魂中的统治力量位于心脏，他从多个方面对这一观点进行了证明。根据盖伦的记载，克吕西普在《论灵魂》的第一卷中这样来讨论灵魂中的统治部分。他通过解说人们在说 egō（我）这个词时的发音动作和体态来证明灵魂的统治部分位于心脏。他说，当我们发 egō 的第一个音节 e 的时候，我们会朝向胸膛的方向打开下颚。在说“我”这个词的时候，我们也会朝向自己点头，或是用手指着自己的胸膛。egō 这个词的两个音节连接得很紧密，不像 ekeinos（那个人，他）这个词那样，第一个音节和第二个音节之间是分开的。[391]

盖伦认为，克吕西普的这种证明无法成立，其中的解释也非常牵强。盖伦指出，在说“我”的时候，我们会指向自己心脏所位于的胸膛部位与要证明的灵魂的统治部分位于心脏之间没有任何关系。当我们说“我”的时候，不单单会指向胸膛，有时也会摸着自己的鼻子。那么，克吕西普怎样来解释这种现象呢？如果在第二种情况下鼻子与灵魂统治部分没有关系的话，那么在第一种情况下，克吕西普所认为的相关性是否也同样不能成立呢？盖伦接着质问道，当我们说“我”的时候，向胸膛方向点头为什么只能解释为头部运动所朝向的地方是灵魂的统治部分，而不是进行运动的头部本身是灵魂的统治部分呢？另外，关于 egō 和 ekeinos 的第一音节和第二音节之间，为什么前者是连接的，而后者是分离的问题，盖伦认为克吕西普也无法给出令人信服的解释。[392] 总之，克吕西普在这

391 Ibid., II 2.10-11.

里的解释类似诡辩术，论证的前提是修辞的或诡辩的，是离事物本质最远的。

在克吕西普关于灵魂统治部分的讨论中，诉诸修辞或诡辩的前提来论证心脏是灵魂统治部分的地方不止一处。盖伦指出，在《论灵魂》第一卷中，克吕西普从心脏(kardia)这个词的词源学角度出发，讨论心脏与灵魂统治部分间的关系：

> 与所有这些相一致，心脏根据某种强力和统治权（tina kratsin kai kureian）获得它的名字。由此，灵魂的统治和强力部分就在它之中，如它被称为强力（kratia）那样。[393]

克吕西普认为，kardia（心脏）因为它是某种 kratia（强力或统治力量）而得名。这种力量就是灵魂的统治力量，所以灵魂的统治部分位于心脏。在对 egō 的讨论之后，克吕西普从 kardia 这个词出发展开讨论。克吕西普的这两处讨论在盖伦看来，属于同一类型的讨论，都是从远离事物本质的前提出发所进行的讨论。

克吕西普除了借用诡辩的前提和词源学方面的修辞前提之外，他还诉诸同样属于修辞前提的人们普遍接受的观念。他认为每个人生来就有这样的观念，即我们的统治部分位于心脏。[394] 因为我们可以很清楚地感觉到情感，特别是悲痛、恐惧、愤怒发生在心脏部位，好像被来自心脏的蒸气所推动。[395] 克吕西普大量引用荷马的诗句来

392 Ibid., II 2.12-22.

393 Ibid., III 5.28.

394 Ibid., III 1.23.

395 Ibid., III 1.25.

证明灵魂中的激情部分位于心脏。依据盖伦的讲述，克吕西普在全书中引用了上千行荷马的诗句，[396]另外还有不少荷西俄德的诗句。[397]从盖伦的转引中，我们看到，这些诗句多是讲述心中充满愤怒，或是悲伤的。愤怒和悲伤显然都属于灵魂中的激情部分，而不属于处于统治地位的理性部分。在论证目标是灵魂的统治部分位于心脏的讨论中，论证灵魂的激情部分位于心脏似乎显得不太适宜。但在克吕西普看来，这样的论证是很自然的。在他那里，灵魂中不存在不同的部分，激情发生的地方也就是理性和其他功能运作的地方：

> 因为愤怒发生在那里，所以其他欲望也发生在那里是合理的，包括剩下的各种情感（pathē），思虑（dialogismous）和与之类似的东西。[398]

盖伦不否认情感发生在心脏，这与柏拉图所认为的血气部分（thumoeides）位于胸膛是一致的。盖伦追问克吕西普的是，我们要考察的不是灵魂中的激情部分是否位于心脏，而是灵魂中的理性部分是否位于那里。[399]盖伦不认为灵魂中的情感和理性所发生的地方是相同的。他引用克吕西普熟悉的《奥德赛》中的诗句，[400]和欧里庇得斯的《美狄亚》中的诗句，[401]来证明情感和理性是两种不同的力量，分属灵魂中的不同部分。

396 Ibid., III 2.3.

397 Ibid., III 2.17.

398 Ibid., III 2.5.

399 Ibid., III 2.1.

400 盖伦所引的是《奥德赛》第 20 卷 5 － 22 行（Galen, *PHP* III 3.8-10）

401 欧里庇得斯，《美狄亚》1078-9（Galen, *PHP* III 3.16）

当奥德修斯面对那些与求婚者鬼混的女仆们时，他可以用理性控制自己的怒火；而美狄亚虽然明知杀死自己的孩子是件可怕的事，但仍被复仇之心所战胜。在奥德修斯和美狄亚的例子中，情感和理性之间存在着激烈的冲突。在奥德修斯那里，理性统治了情感，而在美狄亚那里则相反。盖伦认为，这些诗句是对克吕西普所认为的灵魂中没有部分的观点的反驳。虽然，盖伦使用和克吕西普一样的方法，也就是引用诗句的方法，来驳斥克吕西普的观点，但这并不表示盖伦赞同引用诗句的论证方法。盖伦所重视的仍是从科学前提出发的解剖的方法。

对于我们要研究的事物，“我们首先应该说出所要研究事物的本质（ousia），然后，在对所有部分的考察中以此为标准和目标。”[402] 对灵魂中统治部分的考察也应如此。既然在灵魂统治部分的问题上，盖伦和克吕西普的分歧主要在于到底是心脏还是脑，是灵魂的统治部分。那么，清楚什么是灵魂中的统治部分，也就是说，知道灵魂中统治部分的本质是什么，就显得非常必要。在对灵魂统治部分的本质有所认识之后，我们再来考察心脏和脑与灵魂统治部分的关系。

在讲明了研究事物时所应采用的方法之后，依据这一方法，盖伦这样来讲述应该对灵魂统治部分所做的研究：

> [灵魂中的]统治部分，就像他们也意愿的那样，是感觉和意动的起源（to katarchon aisthēseōs te kai hormēs）。所以，对心脏自身中包含[灵魂中]统治部分的证明，必然不能从任

402 Galen, *PHP* II 3.3.

何其他的前提，而只能从它引发身体其他部分的每个自主运动，并且所有的感觉都回到它那里为前提。那么现在，在哪里可以找到对此的验证？除了在解剖中还会在哪里呢？因为，如果这个 [器官] 能把感觉和运动的能力（dunamin）传向所有个别部分，那么，必然地，肯定有一些管道（aggeion）为了服务这些任务而从这里长出。所以，这是很显然的，从科学证明的（apodeiktikēs）方法出发，解剖动物，仔细观察有哪些及多少种结构从心脏出发并延伸至身体其他部分，是更为有效的。这些结构有各个种类，在数目上也很多。这种传递感觉或运动，或是两者都传递，那种发挥某些其他功能。由此才能达至这一点，也就是达至理解身体中的哪些力量以心脏为其源头(pēgē)。403

关于灵魂统治部分的本质是什么的问题，盖伦认为，他和其他人，当然也包括克吕西普的观点是一致的。但是，克吕西普并没有从这一科学证明的前提出发来论证自己的观点。他对心脏是灵魂统治部分的证明，不是从与本质相关的前提出发，即不是从心脏是感觉和自主运动的起源出发来进行论证，而是从盖伦所批评的其他远离本质的前提出发来进行论证。这样的论证，因为其前提错误，所以结论也就变得不可取。除了前面讨论的借用语言、诗句和大众意见来论证自己的观点之外，克吕西普还试图从心脏与发声的关系出发，论证心脏是灵魂中的统治部分。但是，在盖伦看来，这一论证

403 Ibid., II 3.4-7.

同样也是没有从科学证明的前提出发，同时也缺乏相关的解剖知识。

与前面所提到的克吕西普对心脏是灵魂中统治部分的论证相比，从心脏与发声关系出发进行的考察，虽然不是盖伦所要求的从科学的论证前提出发进行的考察，但它与事物本质的关系相对较近。它属于盖伦所讲的第二类前提，也就是辩证的前提。从这种前提出发，即从事物的属性出发。虽然这些事物的属性不直接关于事物的本质，但至少，这是对事物自身的一种考察。[404]

心脏的位置（thesis）是心脏的诸种属性之一。心脏位于胸腔的中部，通过肺与我们呼吸所经由的气管相连。[405] 有些人，依据心脏所处的中心位置，就推断心脏对全身的支配作用，比如亚里士多德。[406] 而有些人，则依据心脏与气管的相连，推论心脏是呼吸和发声的发源地，并进而论证理性（logos）的起源也是心脏，比如廊下派的学者们。对这两种从心脏位置出发所作出的推论，盖伦都进行了批评。对亚里士多德的批评我们会在后面专门讨论，在这里我们先来看一下盖伦是怎样反驳廊下派的学者们的。

芝诺、克吕西普和第欧根尼（Diogenes of Babylon，约西元前 240 － 150）都认为心脏是声音的发源地。第欧根尼认为：

声音（phōnē）经由气管（dia pharuggos）来传递（chōrei）。

---

404 Ibid., II 8.3-4.

405 Ibid., II 4.8.

406 亚里士多德在《论动物部分》中讲到，心脏处于支配主导作用的第一位置上，它位于身体的中心，而中心是比较高贵的地方（665b20-25）。原因和本原都只有一个，其最佳位置是中心，因为中心只有一个。心脏位于身体的中心，它是所有感觉运动的出发点和终点（666a10-15）。

如果它是出自脑（apo tou egkephalou）的，它就不可能经由气管来传递。言语（logos）所出之处就是声音传递所经由之处。言语出自思想（apo dianoias），因此，思想不可能位于脑。[407]

芝诺的相关表述是这样的：

声音经由气管被送出，如果它是从脑（ap' egkephalou）被送出的，它就不可能经由气管被送出。[408]

盖伦认为，“如果它是出自脑的，它就不可能经由气管来传递”的表述是有问题的。因为这里使用的介词 apo（from，从某处而来）的含义是模糊的，它可以做两种理解，分别对应于他们没有使用的另外两个介词：一个是 hupo（by，由于），一个是 ex（out of，出自）。如果从这两方面来理解的话，声音由于某种事物被送出，指的是有某种力量支配和推动声音的发出；而声音出自某物，指的是声音通过一个容纳它的器官而发出。[409] 这两种“从某物出来”的方式和含义是不同的。介词 hupo 和 ex 后所接的名词自然可以是不同的事物。当我们说声音经由气管被送出的时候，我们同时可以说脑是这一运动的原因，这之间并不存在矛盾。[410] 所以，第欧根尼和芝诺在这里所做的推论是不成立的。这种利用语词的模糊性来进行论证的方式，在盖伦看来是一种诡辩论的方式。[411]

407 Galen, *PHP* II 5.8.

408 Ibid., II 5.25-6.

409 Ibid., II 5.28-9.

410 Ibid., II 5.42.

411 Ibid., II 5.26.

克吕西普没有像芝诺和第欧根尼那样，使用在盖伦看来具有模糊含义的 apo 一词，他直接使用了介词 ex。但是，克吕西普对 ex 的使用并不是盖伦所希望的那样。当他讲 ex hou（出自这里）的时候，他并不只是讲言语所从出的部位，他同时把这一部位与支配言语的部位相等同。和芝诺一样，克吕西普也没有对“从什么部位出来”和“由什么力量推动”进行区分。他说，“言语从这里（ex hou）被送出，这里就是灵魂的统治部分”[412]。这句话在盖伦看来是不成立的。只有把这句话中的 ex 换成 hupo 之后，这句话才是正确的。也就是说，不能以言语从身体中哪一部分发出，而应该以言语由身体中的什么力量推动来推论灵魂统治部分的位置。因此，克吕西普从这一错误前提出发所得出的结论，自然不能被盖伦所接受。克吕西普的论证思路与芝诺和第欧根尼的论证思路大致相同。他把声音和言语联系起来，把言语和思想联系起来，然后，通过论证声音从由心脏出发的气管发出，来论证言语、思想和各种理智活动的起源也是心脏。

> 进入其中，意义（sēmasiai）在这里生成的地方，和从这里（ex hou）出发，言语（logos）发生的地方是灵魂中的统治部分（to kurieuon tēs psuchēs meros）的观点是合理的。因为，言语的源头不会不同于思想（dianoias）的源头，发声（phōnēs）的源头不会不同于言语的源头。把所有的事说得简单一些就是，发声的源头不会不是灵魂中的统治部分。[413]

412 Ibid., II 5.57.

413 Ibid., II 5.15-7.

> 总而言之，言语所出的地方也必然是思虑（dialogismon）、思想（dianoēseis）和言说行为（tas meletas tōn hrēseōn）所发生的地方，就像我曾说过的那样。而这些行为很显然发生在心脏，因为，发声和言语都从心脏出发，经由气管而被送出。[414]

在廊下派的关于发声的讨论中，盖伦的批评不只限于词汇的使用和表达上。即使不考虑用词的精确性和推理的严密性这方面的问题，通过发声现象来论证心脏是灵魂的统治部分的努力也是失败的。廊下派把声音认作从心脏出发的观点，本身就是有问题的，是不被认可的。因为，这一观点与解剖实践不符。

在实际的发声过程中，心脏并没有在其中扮演任何角色。与发声直接相关的器官是喉。当动物要发声的时候，发生运动的是胸腔和上腹部的肌肉。在发声时，这些部位的肌肉会拉紧，而心脏自身并没有因此发生额外的运动。[415]心脏既不是声音的容纳器，也不是发声的驱动者。在 ek 和 hupo 的两种意义上，发声都不源于心脏。盖伦认为，与发声相关的器官是脑和喉舌。驱动喉的肌肉由发源于脑的神经所支配，然后通过舌说出言语（dialektou）和进行论说（dialexeōs）。[416]

通过解剖实践，也就是通过切断起源于脑的神经，我们很容易看到发声受到影响的现象。而对心脏的挤压却不会对动物的呼吸和发声产生影响。即使把心脏取出，动物仍然能够呼吸、哭喊和运动，

---

414 Ibid., II 18-20.

415 Ibid., II 4.25-6.

416 Ibid., II 4.34.

直至因失血过多而死亡。但是，如果我们砍牛的第一椎骨（这是起源于脑的脊髓所生发的地方），我们会立刻看到牛不再能够跑动。如果切开椎骨，牛就会无法呼吸和发声。而与此同时，心脏连同动脉还可以持续跳动很长一段时间。据此，盖伦认为，心脏是脉动的起源，而脑是自主运动的起源。[417]

如果说，廊下派的学者因为缺乏相应的解剖学知识而在与心脏相关的认识方面犯错的话，那么，这样的错误多少是可以被原谅的。[418]但是作为哲学家，在考察灵魂统治部分的时候，不是从与之本质相关的科学的论证前提出发，而是从远离本质的其他前提出发来进行考察的行为则是不可被原谅的。盖伦指出，如果有人有意这样做，那么这是智者的行为；如果是出于无意这么做，那么就是缺乏方法上的训练。[419]

对论证方法的重视是盖伦一贯强调的。他对廊下派的批评，核心就在于，他们没有从科学论证的前提出发。廊下派学者们总是在事物本质的外围打转，或是从第三、第四种前提出发，或是从第二种前提出发来进行论证。盖伦认为，关于发声的论证，依赖于心脏在身体中所处的位置和心脏与气管的关系。这种与心脏位置相关的考察虽然涉及心脏的属性，却不是关于心脏本质属性的考察。它与

417 Ibid., II 4.44-9.

418 “不过你可能会容忍克吕西普，他谨慎地宣称他说的心脏并不给予他心脏是神经起源的知识，或任何与之相关的问题的答案，因为他承认他在解剖方面的无知。”（Galen, *PHP* I 6.13）

419 Galen, *PHP* II 5.49.

亚里士多德从胚胎发育的角度论证心脏的起源地位一样，都属于从第二种前提出发的论证。[420]

从前面的分析中，我们看到，以克吕西普为代表的廊下派哲学家们关于灵魂的统治部分位于心脏的论证，或是从语言出发，或是从大众意见出发，或是从非本质的属性出发。这些出发点都是盖伦所批评的远离事物本质的起点。虽然克吕西普在进行论证时的最大问题是论证前提的错误使用，但是在克吕西普的整个论证中，存在问题的不只是前提。即使接受这些前提作为论证的出发点，接下去的具体论证也是无法自洽的。

在从词源学角度进行的论证中，克吕西普给出的解释非常牵强。在诉诸大众意见的时候，克吕西普所爱引用的诗人们的诗句也不能为他的结论提供有利的支持。不仅如此，诗文中还有大量与克吕西普的观点不合的例证。在从心脏的位置出发所作的证明中，对心脏与发声关系的考察里不仅存在语言上的不精确所带来的推理错误，而且把心脏认为是发声源头的观点与实际的解剖结果也不相符。

盖伦对廊下派的批评主要在于他们对论证方法的使用上。[421] 在论证的出发点上，廊下派的哲学家们犯了严重的错误。虽然，有的时候他们也会触及到盖伦所提倡的科学的论证前提，但是他们并没

420 Ibid., II 8.21-2. 亚里士多德认为，在胚胎发育中，心脏是最早成形的器官（《动物志》561a11-3,《青年与老年》468b28-31,《论动物部分》666a10，《论动物生成》740a3-4）。所有有血动物都有心脏，心脏是血脉的起点和源泉，心脏是最先的，所以也是感觉的源头。关于亚里士多德和盖伦的胚胎学说，参见 De Lacy 的评注，pp. 160.34-36.

有对此特别重视，加以充分的论述。比如，克吕西普曾写道："我们依据这一部分意动（hormōmen），我们赞同（sugkatatithemetha）这［一部分］，所有的感觉器官与这一部分相连。"[422] 盖伦认为，在克吕西普的所有论述中，这是惟一一处属于科学前提的，但是，克吕西普并没有对此进行证明。[423]

二、对亚里士多德的批评

如果说，盖伦对以克吕西普为代表的廊下派的批评，集中在他们所使用的论证方法上的错误和对解剖学的无知的话，那么，这些批评对于亚里士多德来说似乎都是不适用的。亚里士多德对各种论

421 盖伦对克吕西普的批评是否恰当的问题，我们在这里不进行专门的讨论。蒂耶勒曼对克吕西普保有很大的同情，认为盖伦对克吕西普的批评过于严厉。蒂耶勒曼认为，盖伦对克吕西普在论证时所诉诸的普遍意见批评太过，忽视了用普遍意见来说服听众是希腊化时期辩论的典型形式之一。可参见 Teun Tieleman, *Galen and Chrysippus on the soul*, E. J. Brill, 1996。吉尔认为，廊下派的逻辑证明在盖伦这里并不是完全没有可取之处，事实上廊下派的逻辑证明理论对盖伦有着不亚于亚里士多德的影响，特别是其中的因果关系理论。盖伦在进行脑部是灵魂统治部分的证明时所讲的"原因"就是在廊下派所说的原因意义上讲的。盖伦在这里没有提及廊下派的这一影响并不能就此否认这一影响的存在。参见 Christopher Gill, *Naturalistic Psychology in Galen and Stoicism*, Oxford, 2010, pp. 53-55。我认为，盖伦对克吕西普所持的论证方法主要持批评态度，和盖伦对甄别论证前提的特别重视与他把医学和哲学结合起来的努力相关。在灵魂问题上，盖伦对克吕西普的批评虽然关涉最终结论，但对论证方法的批评似乎是盖伦更关心，更在意的。盖伦对以科学前提为出发点的论证方法的强调与他在和哲学家们讨论人的灵魂时引入解剖学方法，借用解剖学结论的努力密不可分。

422 Galen, *PHP* III 5.31.

423 Ibid., III 5.32-3.

证方法都有过详细的论述，[424] 盖伦认为，亚里士多德是古代哲学家中，对科学证明论述得最好的人。[425] 同时，与克吕西普声称自己没有解剖学知识不同，亚里士多德进行了大量的解剖观察，拥有丰富的解剖学知识，并写下了不少相关著作。[426]

正是因为亚里士多德熟悉解剖观察，所以，在盖伦看来，当他说出与解剖实际不符的主张时，便更应该受到指责。[427] 在灵魂的统治部分位于脑还是心脏的问题上，盖伦不同意亚里士多德的主张，认为亚里士多德在这个问题上所犯的错误在于背离了解剖观察的实情。

盖伦指出，亚里士多德曾在两个地方讲到过神经的起源，但是亚里士多德的讲述是令人困惑和不清楚的。[428] 盖伦引用了亚里士多德在《论动物部分》第三卷中关于心脏中存在大量神经的论述：

> 心脏也拥有大量的神经（neurōn plēthos），这是合理的，因为运动源于此（apo tautēs），通过收缩和舒展来进行运送活动；因此（心脏）需要这种服务和力量。[429]

424 Ibid., II 3.12-13.

425 Ibid., II 2.4.

426 亚里士多德关于动物的著作都是建立在解剖观察的基础之上的。

427 Galen, *PHP* I 6.14.

428 Ibid., I 8.1.

429 Ibid., I 8.3. 另见亚里士多德《论动物部分》666b13-16。崔延强的中译本中，把 neurōn 译为"腱"（见《亚里士多德全集》，苗力田主编，第五卷，中国人民大学出版社，1997，第 79 页）。neurōn 一词有肌腱的含义，同时也被用来指神经；最早用这个词指神经的是埃拉西斯特拉图斯（Erasistratus），在盖伦这里，neurōn 的神经含义尤为突出（Liddell & Scott eds., *Greek-English Lexicon*, Oxford, 1940, p. 1171）。关于神经，肌腱和韧带之间的差别盖伦在后面有专门的讨论。

从这段引述中，我们看到，亚里士多德认为运动从心脏出发，而且运动与心脏的关联是通过神经来实现的。正是因为心脏中存在大量的神经，所以心脏可以成为运动的发源地。在盖伦看来，亚里士多德在这里犯了双重错误。

第一，仅仅凭借心脏中存在大量神经就判定运动源自心脏是有问题的。如果这一判定可以成立，那么必然首先接受这样一个前提假设，即证明心脏中存在大量神经就足以充分证明心脏是神经的起源。但是，这一假设显然是不成立的。因为，如果依据这一原则的话，我们似乎同样也可以说手和足也是神经的起源，因为那里也存在大量的神经。[430]

第二，事实上，心脏中并不像亚里士多德所认为的那样，存在大量神经。盖伦认为，亚里士多德把神经样的东西和神经本身混淆了。[431]而这种混淆发生在亚里士多德那里是不应该的。因为亚里士多德明确教导我们说，当我们考察器官的时候，要观察器官的实现活动和使用（energeian te kai chreian），而不是状态（kataskeuē）。[432]

亚里士多德在《灵魂论》第二卷和《论动物部分》第一卷中都强调形式和功能。某一事物之所以可以被称为是这一事物，在于它的形式和功能。[433]如果只是通过外观形状和颜色来判断事物的话，

430 Galen, *PHP* I 8.4-6.

431 Ibid., I 8.8.

432 Ibid., I 8.9.

433 亚里士多德，《灵魂论》412b10-22，《论动物部分》640b23-641a6；参见 De Lacy 的评注，pp. 92.23-26。

那么石眼睛或画上的眼睛也就可以被称为眼睛了，而这是亚里士多德所批评的。眼睛是视觉的物质，只有当它具有视觉功能的时候，它才是眼睛，反之，它就不是眼睛。[434] 因此，在亚里士多德看来，尸体因为不能完成人的功能而不是人。同样地，画中的医生和石头笛子也不是真正的医生和笛子。[435] 只要具有相同的功能，即使形状上存在很大的差异，它们仍可被认为是同一类事物。例如，人的眼睛和螃蟹的眼睛，虽然在状态上有很大差别，但都具有视觉功能，所以都可以被称为眼睛。[436] 正因为亚里士多德本人对事物本质和功能的重视远胜于事物的外在样式，所以，当亚里士多德把神经样的东西与神经相混淆的时候，他所犯的错误才让盖伦感到尤为诧异。

从总体上看，盖伦对亚里士多德的批评，在这里是成立的。然而，他指责亚里士多德犯了仅仅依靠外在样式来判断事物的错误，则似乎有失公允。因为，在亚里士多德时期，人们对神经的认识并不像盖伦时代的人们对神经的认识那样清晰。

一般认为，神经的发现者不是亚里士多德，而是希罗菲勒斯。[437] neurōn 这个词被用来指神经也是在埃拉西斯特拉图斯之后。[438] 在这

---

434 同上，412b20-21。

435 亚里士多德，《论动物部分》640b34-5，641a1-2。

436 Galen, *PHP* I 8.14.

437 *Herophilus: The Art of Medicine in Early Alexandria*, edition and translation and essays by Heinrich von Staden, Cambridge University Press, 1989, p. 159。亦参见 Solmsen, “Greek philosophy and the discovery of the nerves”, *Museum Helveticum*, 18 (1961), pp. 150-197。

438 Liddell & Scott eds., *Greek-English Lexicon*, Oxford, 1940, p. 1171.

之前，人们并没有像后来的人们那样明确区分神经、肌腱（tenōn）和韧带（sundesmos）。neurōn 这个词常常用来通指所有这些组织。所以，当亚里士多德说 neurōn 时，他所指的并不是严格意义上的神经。不过，当亚里士多德在这里讲 neurōn 的时候，他考虑的是其主宰运动的功能，而这一功能确实是与神经相关的。盖伦可以指出，亚里士多德没有区分神经与神经样的东西。这主要是因为，亚里士多德对后来人们所说的神经还没有那么明确的认识。但他不应该指责亚里士多德不重视事物的功能，而仅仅依据外观判断事物。

在希波克拉底那里，对神经一词的使用同样是不严格的。虽然，盖伦认为希波克拉底分别命名了神经、韧带和肌腱：把能感觉和运动的称为神经或腱（tonon），把无感觉的称为韧带，把肌肉的末端称为肌腱。[439] 但是，这其中的神经和腱之间，至少在用词上，并没有做特别明确的区分。在希波克拉底之后，很多人仍用 neurōn 一词同时指神经、韧带和肌腱三种不同的东西。[440] 对于这种名词使用上的混乱状况，盖伦其实是非常清楚的。他刻意要澄清这三者间的差异，一方面因为在他生活的时代，人们已经通过解剖对这三者做出了明确的区分，另一方面，因为盖伦试图通过这一区分来突出强调神经所独具的感觉和运动功能，进而强调，具有这些功能的神

439 Galen, *PHP* I 9.9.

440 Ibid., I 9.10. 在希波克拉底之前人们就用 neurōn 一词指肌腱，比如《伊利亚特》16.316 中，neurōn 指脚上的肌腱。之后，柏拉图在《斐多》98c 中也用这个词指与骨头相对的肌腱。参见 Liddell & Scott eds., *Greek-English Lexicon*, Oxford, 1940, p. 1170.

经是发源于脑和从脑出发的脊髓的。

盖伦对神经的认识继承了希罗菲勒斯和埃拉西斯特拉图斯。他把神经与肌腱和韧带区别开来。他承认，神经、肌腱和韧带在外观上有一些相似之处，比如它们都是白色的、无血的和实心的。[441] 在构成上，这三者之间也存在某种关联。特别是肌腱，作为神经样的肌肉末端，它是神经和韧带的共同产物。[442] 在指出神经、肌腱和韧带间的相似之处和密切关系的同时，盖伦更为强调的是这三者之间的差别。他认为，这三者间的差别是非常明显的。这些差别不仅体现在外观特性上，更体现在各自的功能上。事实上，外观特性上的不同，也是各自功能不同的一种体现。

盖伦认为，"神经从脑和脊髓中长出，运输感觉或运动或（感觉和运动）两者达到它触及的地方"。[443] 因为神经与感觉相关，所以它在本性上是软的，为的是能适合感觉活动；有些虽然会稍硬些，却比肌腱柔软地多。[444] 韧带不涉及感觉，它的作用如同它的名字所表达的那样，是绑在一起的意思。[445] 韧带在三者中是最硬的，而由韧带和较硬的神经构成的肌腱则比神经硬，比韧带软。[446] 所有的神经都是严格的圆形，但是，并不是所有的肌腱都是圆的，圆形的韧带则更少。[447]

441 Galen, *PHP* I 9.8.

442 Ibid., I 9.2.

443 Ibid., I 9.2.

444 Ibid., I 9.5.

445 Ibid., I 9.2.

446 Ibid., I 9.7.

围绕心脏，被亚里士多德认为是 neurōn 的组织实际上是韧带而不是神经。那些切开心脏即可见的膜被像绳子样的东西固定在心脏上。这些绳子样的东西起到捆绑的作用，有如韧带所起的作用一样。[448] 盖伦认为，亚里士多德在这里得出的结论虽然是错误的，但他的论证方向是正确的。比如，他认为自愿活动（proairesin energeias）需要某种可观的力量（ischuos），而脑中并不具有这种力量。[449] 在具体的论证中，亚里士多德认为韧带或神经为自愿活动提供所需要的力量，而心脏中存在大量神经样的韧带。盖伦认为，亚里士多德从观察中得出上述结论，但他并没有非常耐心地就这一问题在解剖活动中找证据，他也没有仔细考察从心脏出发的神经是怎样到达身体各部的。[450]

与廊下派哲学家们不同，亚里士多德对灵魂统治部分的考察是从感觉和运动起源的角度出发的，也就是说，他是从盖伦所主张的事物本质出发来进行考察的。[451] 他认为灵魂的统治部分是心脏，或者说感觉、运动、营养这些灵魂能力的本原的第一位置在心脏。[452] 感觉和运动是人们普遍承认的灵魂特性，[453] 在感觉和自主运动方面，

447 Ibid., I 9.3.

448 Ibid., I 10.4-5.

449 Ibid., I 10.7.

450 Ibid.

451 亚里士多德也从心脏所处的身体中心位置这一角度讨论统摄感觉、判断和营养的是心脏。《青年与老年，生与死》469a23-469b6。

452 亚里士多德，《论动物部分》647a24-31，《青年与老年，生与死》469a23-27。

453 亚里士多德，《灵魂论》403b26-7，427a17-19。

心脏都是其起源。亚里士多德对心脏与感觉和自主运动的关系都进行了论证。他的论证是建立在解剖观察的基础之上的，他观察到心脏与血液和 neurōn（肌腱）间有着非常密切的关系，而血液与肌腱又直接关涉到感觉和运动。

亚里士多德认为，感觉与血液紧密相关。虽然血液本身没有感觉，但是身体中只有由血液构成的部分才具有感觉能力，无血液的部分也就没有感觉。[454] 心脏作为最初拥有血液的部分和容纳血液的容器是血液的起源。[455] 那么自然地，心脏也就成为感觉的起源。而心脏对自主运动的作用则是通过肌腱（neurōn）来实现的。neurōn 为自主运动提供所需的力量，并且通过收缩和舒展来完成肌肉的运动。[456] 亚里士多德认为，运动源于心脏，因为心脏拥有大量的肌腱；感觉也源于心脏，因为心脏是血液的起源。作为血液的起源，心脏同时也是营养的本原，因为血液为肌体提供营养。[457] 因此，心脏是灵魂所有能力的第一位置所在。

在亚里士多德的论证中，论证的前提和论证中对实际观察的依赖都是盖伦所认可的。亚里士多德对心脏是灵魂统治部分的论证，与之前讨论过的廊下派主要依据语词、修辞和普遍意见所进行的论证有很大不同。盖伦基本赞同亚里士多德的论证方法和方向。在盖伦看来，亚里士多德的问题主要出在缺少了他一惯具有的在解剖细

454 亚里士多德，《论动物部分》656b20。

455 同上，666a17-19。

456 同上，666b15。

457 同上，650b2, 12-13。

节方面的耐性。[458]也就是说，在这个问题上，亚里士多德虽然重视解剖观察，同时也的确进行了观察，但他所看到的结果却不够确切。例如，血液与感觉间的关系可能不像亚里士多德所想象的那样；又如，在心脏周围发现大量肌腱并不能得出心脏是与肌腱有关的运动的起源的结论。精通论证和解剖的亚里士多德本不应该得出这些错误结论。

盖伦认为，亚里士多德之所以会犯错，主要是因为他和克吕西普一样都受到其他人的错误判断的影响。[459]他没有严格跟随解剖所见来建立自己对心脏或神经的认识，而是依据自己的在先预期来进行推论。这种行为在医生们那里并不鲜见。有些医生在还没有观察到解剖现象的时候，就通过推理，依据自己的预期来断言，好像他们已经观察到了似的。[460]这种行为是盖伦所批评的。他认为，推理应该建立在观察的基础上，而不是相反。

盖伦对亚里士多德由于观察失误而做出错误判断的批评不仅涉及亚里士多德对心脏的认识，也涉及他对脑的认识。由于缺乏对神经的正确认识，亚里士多德对脑的认识存在很多问题。盖伦批评了

458 Galen, *PHP* I 10.7.

459 Ibid., I 10.2. 克吕西普主要受了普拉克萨哥拉斯（Praxagoras）的影响。盖伦在之前讨论普拉克萨哥拉把心脏视为神经起源的时候，提到克吕西普引用普拉克萨哥拉来反驳那些支持神经起源于脑的人们。（*PHP* I 7.1-2）但是，关于亚里士多德主要受到什么人的影响，我们在盖伦的行文中很难找到明确的答案。或许是亚里士多德错误地把希罗菲勒斯所讲的“神经样的东西”误认为“神经”。（*PHP* I 10.3）

460 Galen, *PHP* I 10.8.

亚里士多德把脑的功能看作是缓解心脏热量的观点。[461] 按照这一观点，外在空气的温度必然高于脑的温度，因为只有这样，脑才能帮助心脏降低其热度。亚里士多德就是这样来认识脑的，他认为，脑中没有血液所以是冷的，脑是身体中最冷的部分。[462]

在盖伦看来，这种对脑的认识显然不符合实际观察。无论是对动物头颅进行解剖时，或是给头骨碎裂的人进行治疗时都可以发现，脑的温度高于空气的温度。而且，脑的温度比空气温度高是不少人的共识。每一个进行头骨操作的人都知道，操作的时候动作要尽量快速，因为这对防止脑部冷却而言非常重要。一旦脑部冷却，对于头骨破碎的人来说，这是最为危险的事情。[463] 在盖伦看来，脑显然不可能是冷的，既然脑自身不可能是冷的，那么脑的冷却功能就无从谈起。只要是有过解剖经验的人都不应该产生这种错误的认识。而这一错误发生在如此重视解剖观察的亚里士多德身上，让盖伦感到非常不解。[464] 盖伦指出，亚里士多德在讨论脑的冷却功能时忘记了自己曾经论述过的肺的冷却功能。[465]

如果谈到对心脏的冷却作用的话，靠近心脏的肺似乎比远离心脏的脑更能胜任这一职责。肺借助呼吸作用，通过外部的空气来冷却体内的热。关于肺的这种冷却作用，亚里士多德已经有了非常清

461 亚里士多德的相关论点，见《论动物部分》652b6-27。

462 亚里士多德，《论动物部分》652a27-28，34，《动物志》495a5-6。

463 Galen, *UP* I 448.

464 Ibid., I 449.

465 Ibid.

楚的认识。在《论动物部分》中，对肺的讨论主要涉及的就是它的冷却功能；在《论呼吸》中，对肺的讨论也是围绕呼吸和冷却作用进行的。亚里士多德明确指出，心脏中的灵魂的热气（tēs psychēs empureusin）需要肺的呼吸来冷却。[466] 盖伦对亚里士多德的这一观点大加赞赏，认为这与希波克拉底和柏拉图的观点相一致。[467]

盖伦认为，通过肺的呼吸作用，借助空气来使心脏中的热气温度降低已经足够了，并不额外需要专门的器官来给心脏降温。脑离心脏较远，较之围绕心脏的肺而言，脑并不能很好地执行冷却心脏的功能。亚里士多德却把脑部功能仅仅看作是冷却心脏中的热，并且批评那种认为脑是感觉原因的观点。[468] 在亚里士多德看来，五项感觉中，味觉与触觉近属于心脏（pros tē kardia），[469] 听觉、视觉和嗅觉虽然位于头部，但却由心脏这一主体感觉器官来操作。[470] 作为血脉之源的心脏，同时也是营养和感觉的木源。[471]

脑与感觉的关系在亚里士多德之前就有不少哲学家或医生曾经谈到过，除了希波克拉底和柏拉图之外，还有阿尔克迈翁（Alcmaeon of Croton）等人。[472] 他们都认为脑与感觉功能相关。亚里士多德批

466 亚里士多德，《论动物部分》668b33-669a6；《自然诸短篇：论呼吸》478a26-31。

467 Galen, *UP* I 450，柏拉图对肺的冷却作用的论述见《蒂迈欧》70d。

468 亚里士多德，《论动物部分》656a23-27，

469 亚里士多德，《自然诸短篇：感觉与感觉客气》439a1-2，吴寿彭译为"味觉与触觉器官两皆近属于心脏"，pros 后的心脏用第三格来表示，有在心脏之上，靠近心脏的意思，吴寿彭将其译为"近属于心脏"还是非常确切的。

470 亚里士多德，《睡与醒》455a20，《青年与老年，生与死》469a10。

471 亚里士多德，《青年与老年，生与死》469a1-25。

评那些受到眼睛、鼻子、耳朵这些关涉感觉的器官长在头部的现象影响的人，认为这些人没有认识到感官的职司实际上位于心脏。亚里士多德的这种批评和他关于脑与心脏的论述，在盖伦看来都是不正确的，都可以很容易地在实际观察中找到反证。亚里士多德极力否认脑与感觉的关系在一定程度上因为他缺乏关于神经的正确认识。虽然即使认识到感觉与神经的关系，神经与脑的关系并不能必然推出脑是感觉的出发点，但至少不会否认脑与感觉之间存在关联。因为缺乏对神经的正确认识，亚里士多德把属于大脑的感觉功能归于了心脏。而对神经认识的缺乏，在盖伦看来主要是因为观察上的疏忽。

建立在自己认真观察的基础之上，盖伦提出了不同于亚里士多德的观点。并且指出，自己的观点与早于亚里士多德的柏拉图和希波克拉底相一致。盖伦认为，灵魂的不同功能分别由身体的不同部分来执行。灵魂统治部分所具有的支配感觉和意愿运动的能力由大脑和从大脑出发的神经来完成。在心脏中并不存在亚里士多德所认为的大量支配感觉和意愿运动的神经。[473]

472 一般认为，阿尔克迈翁已经认识到了脑和视神经间的关系。在希波克拉底的《论圣病》（peri ierēs nousou）中，脑被视为思想、感觉、情感的中枢。（《论圣病》VI，XIX，XX）盖伦常引用《论圣病》中的观点来证明希波克拉底也持有大脑控制理智和感觉的观点。在《蒂迈欧》中，柏拉图借助蒂迈欧之口详细讲述了灵魂中的理性、激情、欲望在身体中的位置。（《蒂迈欧》69b-72d）人的感觉和理智活动都发生在头部。关于盖伦之前的希腊化时期医生们对大脑、神经和普纽玛的讨论可参见 Julius Rocca, *Galen on the Brain*, Brill. 2003, pp. 31-42。

473 Galen, *PHP* I 10.

在亚里士多德关于心脏功能的论述中，我们可以看到，亚里士多德对神经的认识非常有限。他没有看到神经与感觉间的关系，只注意到了神经与运动间的关系。而他对神经如何支配运动的认识也是比较模糊的。在亚里士多德那里，没有神经与肌腱间的区分。在盖伦的叙述中，神经和肌腱之间有着明确区别。虽然在肌肉中，神经总是与韧带交织在一起形成肌腱，但是，神经与韧带和肌腱是不同的组织，是可以彼此区别开来的。[474]

盖伦所理解的运动图景与亚里士多德所讲的运动有某些近似之处，但在盖伦那里，神经的地位更为突出。盖伦认为，四肢得以运动是因为肌肉的作用，而肌肉之所以会产生作用，是因为它接受了神经的指示。[475] 在神经中运行的是精神普纽玛（psychikon pneuma）。它起源于脑，输布全身，抵达四肢。亚里士多德对神经认识的不足，导致了他在认识脑的功能时产生偏差。脑与神经的关联，在亚里士多德那里完全没有被建立起来。他否认脑与感觉和自主运动间的关系，把脑仅仅看作是服务心脏的一个器官。在亚里士多德那里，心脏是灵魂的惟一起源。虽然灵魂有三种不同的力量和功能，但它的起源都是心脏。被后人（特别是廊下派哲学家们）称为灵魂统治部分的起源，在亚里士多德那里也就是心脏。

盖伦对灵魂中统治部分的讨论以他对神经的认识为基础。盖伦接受普遍认同的关于灵魂统治部分的观点，认同灵魂统治部分是感

474 Ibid., I 10.14.

475 Ibid., I 10.12.

觉和自主运动的起源。对感觉和自主运动源头的考察即是对灵魂统治部分的考察。在身体中，与感觉和自主运动直接相关的是神经。因为一旦相关神经受损，相应的感觉和运动功能就会受损。于是，在整个考察中，对神经的考察便占居了中心位置。神经的发源地，自然也就是灵魂统治部分的发源地。盖伦就是据此来反驳廊下派哲学家和亚里士多德的。

三、神经、脑和灵魂统治部分

盖伦对灵魂统治部分的论述在他所提倡的科学研究方法和解剖实践的基础上进行。他对廊下派和亚里士多德的批评也主要集中在这两个方面：对廊下派的批评针对的是他们在论证方法上所犯的错误和他们在解剖实践上的无知；对亚里士多德的批评则主要针对他在解剖观察上的失误。盖伦认为，对事物的正确认识必须依赖于论证方法的正确和实际观察的精准，只有同时顾及了这两个方面，我们才有可能获得关于事物的正确认识。

论证要成立，首先要求的是论证前提的恰当。按照盖伦的观点，就是要从被考察事物的本质出发来进行论证。在前面讨论盖伦对廊下派和对亚里士多德的批评时，我们已经提到，盖伦论证灵魂统治部分位于脑的首要前提（kuriōtatē protasis）是“神经开始的地方在哪里，灵魂统治部分就位于那里。”廊下派哲学家们没有以这个前提为出发点来考虑问题。缺乏解剖知识的他们没有注意到神经与感觉和意愿运动之间的关系。他们把对灵魂统治部分的论证建立在修辞和普遍意见的基础之上。

虽然在亚里士多德那里，我们没有找到与盖伦表述类似的说法，但是，在某种程度上，亚里士多德是同意盖伦所说的这个前提的。至少在考虑灵魂功能的时候，亚里士多德也谈及了神经。如果把盖伦的"首要前提"看作是三段论的大前提的话，那么，盖伦在这之后加上的前提可以被看作是小前提。这个小前提就是"神经开始的地方在脑。"[476] 盖伦认为，无论是首要前提还是这个后加的前提都必须经得起解剖的检验。那些同意首要前提，却认为"神经开始的地方位于心脏"的人（比如亚里士多德），显然不能从解剖中找到支持。所以，他们所表述的这个小前提是错误的，由此得出的"灵魂统治部分位于心脏"的结论自然也是站不住脚的。[477] 盖伦认为，自己对这两个前提的表述都有解剖观察的结果作为支持，所以，他得出的"灵魂的统治部分位于脑"的结论才是正确合理的。

在盖伦所讲的两个前提中，神经是其中最为关键的一个概念。对神经功能与结构的认识直接决定对灵魂统治部分位置的讨论。对于神经，盖伦进行了比前人更为详细的研究。在《解剖过程》和《论身体各部分的功能》中，盖伦都对神经进行了专题讨论。[478] 在继承了亚

476 Galen, *PHP* Testimonies and fragments of the beginning of Book I, III; VIII 3-4.

477 Ibid., VII 1.6.

478 "我所说的你必须用以发现这种说法的解剖观察在我的《解剖过程》中有详细的论述，这里我将提及的是对我们现在的讨论特别有用的部分。"（Galen, *PHP* VII 3.14）。在《论身体各部分的功能》一书中，盖伦对身体各部的功能都进行了详细的讨论，对脑和神经功能的讨论都有专门的章节。此书中的第一卷第八章讨论头、脑和诸感觉，第九章专门讨论了脑、颅神经和颅骨，第二卷第十六章专门讨论了神经、动脉和静脉。

历山大医生们，特别是在埃拉西斯特拉图斯的神经研究的基础上，[479] 盖伦通过解剖仔细考察了神经的出发点和在身体各部的走向。[480]

神经起源于脑，从脑出发传向身体各部。盖伦认为，起源于脑的神经有三重结构：神经的核心部分（enteriōnē）起源于脑，从脑出发向外延伸；包围核心部分的环绕物有两重，第一重由从软脑膜生长出的物质构成，第二重由从硬脑膜生长出的物质构成。[481] 盖伦指出，在埃拉西斯特拉图斯关于神经起源的大部分论述中，埃拉西斯特拉图斯没有明确认识到神经的三重结构。他看到的仅仅是神经的外围部分，所以他把神经的源点看作覆盖脑的脑膜。[482] 不过，盖伦注意到了埃拉西斯特拉图斯对神经的认识并不是一成不变。到了

---

479 上一章中我们已经提到过，在神经研究的历史上，希罗菲勒斯被认为是神经的发现者，但是他对神经的认识还比较粗糙，埃拉西斯特拉图斯在其基础上进一步推进了神经研究，明确区分了感觉神经和运动神经。盖伦在讨论前人对神经的研究时，常常引用埃拉西斯特拉图斯的观点。当然，盖伦对埃拉西斯特拉图斯的观点也有一些批评。参见 Solmsen, “Greek philosophy and the discovery of the nerves”, *Museum Helveticum*, 18 (1961), pp. 150-197。

480 由于在盖伦生活的时代，人体解剖是违法的，所以盖伦对人的认识，主要依据的是动物解剖结果。盖伦对人脑的认识很大程度是基于对牛脑的解剖观察，同时也参考了猿猴、绵羊、猪和山羊等其他动物的脑部解剖结果。之所以选择牛作为解剖的主要对象，主要基于两方面的原因：第一，获取是否便利，与猿猴相比牛比较容易买到；第二，尺寸大小，牛脑是所有被解剖的动物中最大的。就观察而言，尺寸大比尺寸小容易观察。关于盖伦对解剖动物的选择，可参见 Julius Rocca, *Galen on the Brain*, Brill, 2003, pp. 67-76。把动物的大脑，而不是人的大脑作为解剖的对象，在盖伦那里是迫不得已的事。虽然无法进行人体解剖，但是因为曾经担任过角斗士医生，盖伦有机会借着伤口观察到身体内部的结构。当然，对于后来有机会进行人体解剖的医生们来说，盖伦的这些解剖经验是受很大限制的，其中难免有些错误的结论。

481 Galen, *PHP* VII 3.5.

埃拉西斯特拉图斯晚年的时候，他经过更为详细认真的解剖观察认识到了神经中的核心结构，认为神经的核心起源于脑，而不是脑外层的脑膜。[483]

> 因为人在思维方面远远高于其他动物，所以（脑室）大并有大量褶皱。从神经长出的东西都起源于脑（tou egkephalou）。而且，总的来说，脑看起来是身体中神经的起源。由鼻腔生成的感觉通过孔隙传递给脑，来自耳朵的感觉也是这样。而来自脑的生成物传向舌头和眼睛。[484]

在这段盖伦引用的埃拉西斯特拉图的文字中，我们看到，埃拉西斯特拉图已经非常明确地把神经的起源看作是脑，并且把感觉功能看作是神经的重要功能。虽然，埃拉西斯特拉图已经认识到一些盖伦认为很重要的神经特性，但是，他对脑和神经的认识在盖伦看来仍有不足的地方。盖伦认为，自己在这方面比埃拉西斯特拉图做了更多的活体动物解剖实验，所以对脑和神经的结构有更为清楚的认识。他认为，又硬又厚的脑膜主要是用来保护脑的，而又软且薄的脑膜除了保护脑之外，更多地承担把脑中的管道，如动脉或静脉

482 埃拉西斯特拉图斯看到，一旦牛的第一脊椎受伤，脑膜被切断，牛的运动能力就立刻消失。所以，他认为运动能力源自脑膜，并进一步论证神经起源于脑膜。盖伦指出，埃拉西斯特拉图斯忽视了后脑室在其中所起的作用。当埃拉西斯特拉图斯看到脑膜被切开的牛失去运动能力时，他忽视了后脑室被暴露这一现象。盖伦认为，正是因为后脑室被暴露，牛才失去了运动能力，而不是因为脑膜受损，牛才会不动。盖伦提供的论证是，其他部位的脑膜而不是包围后脑室的脑膜受损并不会引起动物的运动能力消失。Galen, *PHP* VII 3.32-34.

483 Ibid., VII 3.6-7.

484 Ibid., VII 3.10-11.

联结起来的职责。[485]

盖伦对脑的结构及其功能做了专门的研究。他认为，由头骨和脑膜保护起来的脑中有四个脑室：两个位于前部，一个位于中部，一个位于后部。脑室，特别是后脑室，直接支配动物的感觉和自主运动。通过解剖，人们可以清楚地看到，打开头骨或者脑膜并不会使动物死亡或失去感觉和运动能力。只有当脑室受伤时，动物才会失去运动和感觉能力。刺伤后脑室的行为对动物的伤害最为严重，中部脑室受伤对动物造成的伤害其次，而两个前脑室被刺伤所造成的伤害相对最小。[486]

根据脑中哪个部位受伤会造成动物感觉和运动能力的损害，来推断脑中哪个部位支配动物的感觉和运动能力，这是盖伦论证脑是感觉和自主运动，也就是神经起源的时候使用的一种重要方法。[487] 这种方法也常被盖伦用来反驳反对者。例如在批评那些把心脏视为神经起源的医生和哲学家们的时候，盖伦通过解剖实验证明，对心脏的压迫不会影响发声和运动，只会造成失血，而刺激脑和由脑出发的骨髓则会直接影响发声、运动和感觉。[488] 由此，盖伦指出，脑才是感觉和运动的起源，心脏只是脉动的起源（pēgē）。

485 Ibid., VII 3.13.

486 Ibid., VII 3.15-18.

487 在关于灵魂统治部分的讨论中，盖伦所说的首要前提并不被所有人接受，但他认为，“灵魂统治部分是感觉和自主运动的起源是普遍接受的观点。”所以，对灵魂统治部分的证明都会涉及感觉和自主运动。参见 Galen, *PHP* III 7.37, VIII 1.1.

488 Ibid., II 4.43-49, 5.6-7.

盖伦的这种论证方式，虽然可以直接地向人们展示脑与运动、感觉的关系，脑与神经的关系，但却不足以直接证明脑是主管运动、感觉的神经的起源。在关于起源的证明中，盖伦除了从脑对感觉、运动产生影响的角度出发，还从脑和神经的本质构成出发来进行证明。他指出，脑和神经在本质构成上是一致的。

[脑]的本质（ousian）与神经相似，这本质应该是起源（archē），除了它要（比神经的）更软一些之外。对于接受所有感觉（aisthēseis），产生所有影像（phantasias），获得所有观念（noēseis）的部分来说这是恰当的。因为一种容易被改变的物质最适合承当这种行为和遭遇。软的物质总是比硬的物质更容易被改变。这就是为什么脑比神经软的原因。但是，因为必须有两种神经，像我前面已经说过的，脑自身也有两种本性。那就是，前面的部分比剩下的部分软，解剖学家把后者称为 enkranion 和 parenkephalis。这两个部分被硬脑膜的褶分开，并由位于头冠部下面的沟槽和相关组织来联通。前部必须是软的，因为它应该是引导感觉器官的软神经的起源；而后部必然硬些，因为它是散布全身的硬神经的起源。因为软的物质与硬的物质不能非常和谐地交合在一起，所以自然让它们彼此分开，在两者之间安置硬膜，这个硬膜也包围由这两个部分组成的脑。而且，脑的前部与覆盖着的又厚又硬的脑膜相邻，有很好的理由更硬一些，位于脑中间的部分被硬脑膜围住，应该是更软的，因为在外的部分必须为抵御伤害和生发硬神经而被构造。然而，

脑的中间部分仅仅因为它所处的位置而不易受到侵害，成为软神经的合适起源。[489]

这是盖伦对脑的构成和特点所做的一个概要说明。在对脑的说明中，神经与脑是放在一起讨论的。神经的本质构成与脑的本质构成是同一种物质，神经的构成物质是在脑的构成物质基础上紧缩而成的，因此，神经可以在脑中找到起源。在盖伦看来，神经比脑的构成部分硬（构成脑的部分是柔软、潮湿的），不是因为神经与脑的本质不同，而是前者比后者更干燥、更紧实。[490]

不同的神经有着不同的干燥和紧实程度。总的来说，神经分为软的和硬的两种；软神经负责感觉功能，硬神经在肌肉中支配各种运动，而这两类神经又分别可以在脑中的不同部位找到各自的起源。从软硬程度不同的脑部出发，神经还会因为负责不同的感觉和运动而有更为细致的软、硬、粗、细上的差异。比如，与眼睛相连的神经最为柔软和宽大。在所有的感觉中，视觉是最精细的。[491] 通过眼睛可以获取被观察对象的最多、最重要信息，如颜色、大小、形状、位置等等。[492] 柔软、宽大的神经最易于接受这些外来的精密信息，所以，视神经比其他神经更为柔软和宽大。

在对脑的总体特性进行概述之后，盖伦开始对与感觉相连的各个神经做更为详细的论述。[493] 这些论述与对身体各部分功能的论述

---

489 Galen, *UP* I 461-462, 17.

490 Ibid., I 463.

491 Ibid., II 383.

492 Ibid.

493 Ibid., I 463-470.

结合在一起。盖伦在讨论身体各部分的时候，同时会论及神经，以及另外两个重要组织：动脉和静脉。对眼、面部、头、脊椎、肩部、生殖器、胚胎的结构和功能做了具体论述之后，盖伦在专门讨论身体各部分功能的著作的接近尾声的地方，专列一章讨论了神经、动脉和静脉。[494] 他认为，虽然在前面的论述中已经谈及神经、动脉和静脉，但是，不应该让它们仅仅散见于各章之中，而是应该把它们放在一起，做一个专门的单独的考察。[495] 盖伦的这一安排显然不是随意的，他对身体的讨论从手足开始，以神经、动脉和静脉作结。

在对身体各部分别进行讨论之后，盖伦回到遍布全身的三种组织结构。神经、动脉和静脉虽然是身体的组织，但它们却与灵魂的三个部分紧密相连。回到神经、动脉和静脉，不仅意味着盖伦藉由这三者对身体的结构做了一个最后的总括，而且意味着盖伦对身体的全部考察都是在对灵魂功能认识的背景之下进行的。

当盖伦讨论灵魂的时候，他不仅强调灵魂的三种不同功能，而且强调这三种不同功能分别拥有三种不同的起源，位于身体中的三个不同位置。灵魂的功能与身体的结构紧密相关。正因为如此，对身体的解剖才可能有助于我们对灵魂结构和功能的认识。较之廊下

494 《论身体各部分的功能》一书共分十七章，第十六章名为“神经、动脉和静脉”。在对身体各部分的功能，包括对神经、动脉和静脉一一进行论述之后，盖伦对自己的观点做了总结，但他并没有就此结束整部书的写作。他把全书的最后一章命名为“颂诗”，明确提出自己所写的整部书都是献给诸神的赞歌。（Galen, *UP* II 451）对人体的认识，甚至对动物的认识都可以帮助我们认识自然的智慧和技能，所以盖伦认为，自己所做的解剖工作并不仅仅对医生有用，而且对渴望认识整个自然的哲学家有用。（*UP* II 448）

495 Galen, *UP* II 375.

派哲学家们所认为的灵魂拥有理性这惟一功能而言，灵魂三分的观点更适合用来解释身体中各部分的功能和构造。它不仅可以解释人体主要脏器存在的意义，还可以解释由这些脏器出发的组织结构在整个人体构造中所发挥的作用。当我们理解盖伦对灵魂统治部分的讨论的时候，一方面要注意他对解剖学和论证方法的运用，另一方面要注意，这个对灵魂统治部分的讨论是在灵魂三分观点的背景下进行的。

从前面讨论的盖伦对脑、神经和灵魂统治部分的论述以及他对廊下派和亚里士多德的批评中，我们可以非常清楚地看到，盖伦在讨论灵魂问题时采取了结合逻辑论证和解剖观察的独特方式。这一方式与盖伦一直持有的结合理性和经验的立场是相符的。在讨论灵魂能力的时候，盖伦不仅认为从解剖那里可以获得对科学证明的验证，而且认为解剖观察所得出的结论适用于柏拉图在《理想国》和《蒂迈欧》中所讲述的灵魂三分学说，符合无论是柏拉图还是亚里士多德所讲的造物主对人体结构功能的安排。

对灵魂统治部分在身体中的位置的考察与对灵魂三分的证明构成了盖伦讨论灵魂能力时的核心问题。而这两个问题又是完全联系在一起的。在关于这两个问题的讨论中，盖伦把医学上的解剖实验与哲学上对灵魂的思考结合起来。盖伦的这一努力体现了他把医学和哲学结合起来思考问题的一贯作风。这一特点虽然不是盖伦所独有的，但在他身上体现得尤为明显，是盖伦区别于其他哲学家和医生的一个重要特征。吉尔认为，结合哲学和医学两个角度来考察灵魂问题是盖伦在这个问题上的特殊贡献。[496] 当我们考察盖伦的灵魂学说时，我们必须注意这种医学和哲学的结合，正是通过这种结合盖伦丰富了柏拉图的灵魂三分学说。

四、对柏拉图灵魂三分学说的继承与发展

《论身体各部分的功能》一书的讨论对象是人的身体。在此书的开篇，盖伦对“部分”进行了简要论述。盖伦所讲的身体中的部分既包括手、眼这些亚里士多德称为的“异类部分（ahomoiomerē）”，也包括血管、肌肉等亚里士多德所讲的“同类部分（homoiomerē）”。[497]“异类部分”和“同类部分”的构成与用处是盖伦这部著作讨论的主要问题。在澄清了何谓“部分”之后，盖伦写道：

> 所有部分的用处都关涉灵魂，因为身体是灵魂的工具。因此，由于灵魂不同，动物的部分间存在很大的差别。有些动物勇敢，有些怯懦，有些顽劣，有些却温顺，有些好像是城邦中的一员，和大家一起为城邦工作，而有些则孤僻、不具有社会性。在每一种情况下，身体都适合灵魂的习性和功能。[498]

在讨论身体各部分功能的医学生理学著作中，在正式讨论诸如手、足的功能之前，盖伦首先提到“灵魂”。紧接着对“部分”的讨论而进行的关于“灵魂”的论说在全书中属于准备性的部分。盖

496 Christopher Gill, *Naturalistic Psychology in Galen and Stoicism*, Oxford, 2010, pp. 91-92.

497 参见亚里士多德，《论动物部分》646a13-24，646b5-10。

498 Galen, *UP* 3.2.6-3.2.13.

伦的这个准备不是一般热身意义上的准备，而是具有奠基意义的准备。这个位于先前准备部分的关于灵魂与身体的讨论，为后面关于身体各部分功能的分析提供了一个基础。在盖伦看来，身体不是一个独立存在的生物体，而是作为灵魂的工具而存在的身体。灵魂不同，相应的身体也就不同，身体的结构是为了适合灵魂的功能而被建造的。

盖伦在全书的开始，首先论及的便是身体与灵魂的这种相应关系："所有（身体）部分的用处都关涉灵魂"。"灵魂"一词在这里的出现是其在全书中的首次亮相。这次亮相，"灵魂"以位于动词 estin（是、有）后的第三格（或称"与格"）形式现身。在古希腊语语法中，这种形式的第三格往往表示一种所属关系。在含义上，第一格（或称"主格"）名词所指的事物从属于第三格名词所指的事物。"用处"在这里是第一格，"灵魂"是第三格。所以，身体各部分的用处都关涉灵魂的意思可以从所属关系上来理解。既然是所属关系，那么，身体用处与灵魂的关涉就不是以平等的方式，或是身体主宰灵魂的方式，而是相反。在这种关系里，身体从属于灵魂。灵魂相对于身体而言处于更高的位置，对于身体的使用来说处于主导地位。通过这种与格形式，盖伦向我们展示了灵魂与身体的主从关系。

在确定了灵魂与身体的主从关系之后，盖伦对这种关系得以确立的原因给出了自己的解释："因为身体是灵魂的工具（organon）"。这里所讲的 organon，不完全等同于我们今天常讲的器官（organ）。

器官指的是身体中具有相对独立功能的组织。盖伦虽然也谈论这些身体组织，但当他讲 organon 的时候，他更多地是在工具的意义上使用这个词。

盖伦的这一使用有其传统渊源。《灵魂论》中，亚里士多德就有与之类似的表述：

> 一切自然物体（sōmata）都是灵魂的工具（organa），对于动物的物身而言为诚然，于植物物身而言，也诚然如此，它们统统都是为了灵魂而存在的（活着的）。[499]

盖伦虽然和亚里士多德一样，把身体看作灵魂的工具。但是，在《论身体各部分的功能》中，盖伦没有像《灵魂论》那样，从质形关系和潜能与实现的关系上来思考身体与灵魂，而是通过对身体功能的具体讨论考察身体与灵魂的关系。当盖伦讲“身体是灵魂的工具”时，他试图强调，身体结构是为了适合灵魂功能而被建造的，对身体构造的考察服务于对灵魂功能的考察。盖伦对灵魂功能的考察基于他所持有的灵魂三分观点。因为身体的构造符合灵魂的功能，所以对身体部分的考察除了涉及手、足、头、眼等器官外，还会涉及与灵魂三部分功能直接相关的神经、动脉、静脉等人体组织。

在全书接近尾声的地方，对神经、动脉和静脉进行重新集中讨论，是盖伦刻意安排的结果。把身体功能的建构置于灵魂功能的基础之上，是对讨论之初盖伦所提出的“身体是灵魂器官”观点的具体展开。根据灵魂三分的观点，脑、心和肝是灵魂三部分在身体中

499　亚里士多德，《灵魂论及其他》415b18-20，吴寿彭译，商务印书馆，1999，第96页。

的位置所在。而这三个器官的功能实现离不开神经、动脉和静脉。脑是神经的起源、心是动脉的起源、肝是静脉的起源。神经、动脉和静脉都从起源出发遍布全身。从各自的起源出发，它们像是有着很多分支和细稍的树干，身体的各项功能藉由它们而发挥作用。

这种以灵魂功能为基础论述身体构造的方法不是盖伦首创。在柏拉图那里，特别是《蒂迈欧》中，我们已经看到过类似的论说模式。在蒂迈欧讲述宇宙起源的时候，他说道，神或造物主（theos, dēmiourgos）在制造身体之前先造了灵魂，因为灵魂是身体的主人和统治者。[500] 在蒂迈欧口中，灵魂直接表述为身体的主人。与盖伦所讲的“所有部分的用处都关涉灵魂”相比，这个表述所表达的身体对灵魂的从属关系更为直接和明确。从产生时间上来讲，灵魂先于身体；从产生方式来讲，身体装备灵魂所需要的一切。

依照蒂迈欧的讲述，宇宙产生的顺序是先灵魂后身体，人的构造也是一样。人与宇宙或天体的差别在于，人的灵魂较之宇宙灵魂是第二、第三等级的。[501] 人的灵魂中不仅有神圣的部分，还有可朽的部分。灵魂中的神圣部分为造物主所造。人的身体，和灵魂中不可朽的部分则不是由造物主，而是由造物主的子孙们所铸造。[502]

诸神按照宇宙的样子造了一个圆形体，并赋予它神圣的运动。这个圆形体就是头颅，它是整个身体的统治者，支配着各种运动。为了使头颅所支配的身体能够自由运动，身体被拉长并分出四肢。

---

500 柏拉图，《蒂迈欧》34c。

501 同上，41d-42b。

502 同上，42e。

因为运动时前面优于后面，所以在脸面上，诸神为灵魂配置了各种感觉器官，使之作为自然的正面，用以引导运动。[503] 这个圆形的头颅是为了放置造物主所造的不朽灵魂而铸造的。诸神在接纳了造物主所造的人的神圣灵魂之后，开始按照造物主的旨意造人。

在用以支撑头颅的身体中，诸神造了另一种类型的灵魂。它们是可朽的，不像灵魂的神圣部分那样拥有理性。但它们却可以协助灵魂的神圣部分发挥作用，使身体尽可能地按照理性的指示来运作。要使神圣的灵魂在可朽的身体中发挥作用，就要求身体的构造符合灵魂的要求。所以，诸神在构造灵魂的可朽部分和身体的时候，都是出于使这些部分能够听从理性支配的角度来考虑的。

为了使灵魂的神圣部分不受污染，诸神在头和胸之间设置了脖子，这样既可以把头和身躯连接起来，又可以使头和身体的其他部分保持距离。位于身躯中的灵魂的可朽部分，因着与理性的亲疏关系而位于身躯中的不同部位。灵魂中的激情部分（thumoeides）位于靠近头颅的部位。因为这样，它就可以听到理性的声音，可以在欲望不服从理性的时候，帮助理性一起来克制欲望。灵魂中欲望部分（epithumētikon）和激情部分在身体中以膈膜分开。欲望的部分位于膈膜和肚脐之间。因为欲望较之激情而言，是无法理解理性的，所以，把灵魂的欲望部分设置在与理性较远的地方，以便减弱它对理性的干扰。

脖子与膈膜之间是灵魂的激情部分所在的位置，人体器官中的

503 同上，44d-45a。

心脏和肺都位于那里。心脏通过发怒的方式使得来自理性的指示可以遍及全身，而位于心脏周围的肺则可以缓解心脏因为激情而造成的剧烈跳动，从而缓解激情灵魂的紧张，使之更好地服务于理性。

位于膈膜之下的灵魂的欲望部分，主管吃喝和身体的其他需要。这一部分的灵魂不是理性的天然帮手，也不能真正理解理性，但却可以接受来自理性的影响。理性对这一部分的影响，主要通过肝脏来实行。肝脏就像镜子一样，反射理性的影像来威慑灵魂的欲望部分，并通过肝脏分泌的苦素来发生作用。位于肝脏附近的脾脏好像一块擦镜布，吸收肝脏的污点，时刻保持肝脏的光亮平滑，从而使肝脏可以始终保持反射理性影像的功能。[504]

在《蒂迈欧》中，对灵魂构造的讲述同时伴随着对身体构造的讲述。柏拉图关于与灵魂结构相应的身体结构的讨论和盖伦在《论身体各部分的功能》以及其他论著中所讲的作为灵魂工具的身体构造非常近似。[505] 根据柏拉图的讲述，在造人的过程中，无论是对可朽灵魂的置放，还是对身体各部分功能的安排，诸神考虑的主要因素都是如何使身体听从理性的指示，如何使身体服务于理性。理性是造物主赋予灵魂的特性。[506] 虽然人的灵魂并不纯然由造物主所造

---

504 同上，69d-72d。

505 柏拉图和盖伦都谈到了与灵魂三部分密切相关的大脑、心脏和肝脏。不同的是，柏拉图对灵魂在身体中所处位置的讨论相对来说较为宽泛。比如，对灵魂欲望部分所处的位置，柏拉图只说了这部分灵魂位于膈膜和肚脐之间，虽然他也谈到了位于相同部位的肝和脾对这部分灵魂的影响，但他并没有把灵魂的具体位置落实在其中任何一个脏器上。（《蒂迈欧》70e，77b）在盖伦那里，灵魂与身体的关系要显得更为密切，灵魂三部分的起源明确位于身体中的三个重要脏器。

的神圣灵魂所构成，但是灵魂中的可朽部分是朝向理性、并为理性服务的。身体服从于理性，也就是身体服从于灵魂。身体各部的所有构造都要按照灵魂中不同部分的功能来安排，只有这样的身体才是灵魂所需要的身体，只有位于这样被构造的身体中的灵魂才是可以发挥作用的灵魂。

在蒂迈欧的讲述中，对人而言，身体和灵魂是不可分的。在诸神造人的过程中，身体是必须的。身体作为被统治者，是围绕和服务于灵魂这一统治者的。无论是位于圆形球体中的脑，位于胸腔的心、肺，还是位于腹腔的肝、脾，其位置和功能都与位于相应部位的灵魂的不同功能相适应。对于造物主来说，这样的设计和安排是以使被造物尽可能完善为基础的。[507]

对于造物主的存在，盖伦同样给予了承认。和柏拉图一样，他也使用 dēmiourgos（造物主）这个词来指设计、安排身体各部分结构和功能的神。不过更多的时候，盖伦使用 physis（自然）这个词来指他所讲的造物主，他把这个造物主称为自然。[508] 这个意义上的自然，亚里士多德也经常提及。

和亚里士多德一样，盖伦认为，造物主不会创造任何一件无用的东西。[509] 盖伦所持有的这种自然目的论的观点，使得他对灵魂的认识，既不同于德谟克里特的原子论灵魂观，也不同于柏拉图在《斐

506 柏拉图，《蒂迈欧》30b。

507 同上。

508 借用 TLG 的检索功能，我们可以看到，在《论身体各部分的功能》一书中，“dēmiourgos”一词出现了 37 次，而“physis”一词则出现了 485 次之多。

多》中所讲的身心二元论。前者认为，灵魂由不可变的原子构成，所有的变化都仅仅是附带的，是一种约定从俗的东西，不存在灵魂特有的本质和能力。[510]后者认为，灵魂是非自然的实体，与身体只是以一种偶然的、暂时的方式结合在一起。[511]这两种观点，一种认为灵魂的能力是偶然的，一种认为灵魂与身体的关系是偶然的。在

---

509 亚里士多德在不同的著作中多次提到“自然不造无用之物（ouden hē phusis ergazetai matēn）”的思想，如《灵魂论》432b21，434a30，《论动物行进》711a18，《政治学》1253a9 等等。在《论身体各部分的功能》一书中，“自然”一词随处可见。盖伦在讲述每一部分结构和功能时，都会说，“自然制造了……”。在盖伦看来，自然有着非凡的智慧和惊人的技巧，他不会设计和制造任何无用的东西。

510 在《论自然的功能》中，盖伦区分了哲学与医学中两种对待自然的学说：“一种学派假设所有会生成和毁灭的本质是完全统一的（连续的），能够变化的。另一种学派认为本质不能变化或改变，进一步分为精细的粒子，这些粒子通过虚空彼此分隔开来。”（Galen, *On the Natural Faculties*, I. XII, (K.II 27), trans. Arthur John Brock, Harvard University Press, 1991, p. 45）此书的英译者布洛克认为，盖伦在这里说的前者是生机论者的观点，后者是原子论者的观点。“依据第二种学说，不存在特别属于自然或灵魂的本质或功能，而是来自于不受变化影响的连接在一起的第一物体（sōmatōn）。依据第一种学说，则恰恰相反，自然不是在这些物体之后的，而是远远在它们之前，比它们历史久远。因此，在这些人眼中，自然放置植物和动物的身体，自然这么做，因为他有这个能力：把合适的东西吸引、吸收进来，而把异己的东西排除出去。而且，他在起源阶段熟练地铸造每一样东西，规定生成的被造物。并在这里执行另一些功能，如同情和为后代预先谋划，乐于分享和友爱同类。根据另一种学说，这些东西都不存在于自然中，在灵魂中也没有任何原初的内在观念（ennoia），无论是赞同、竞争、区分、综合、公正、不义、美丽或丑恶的观念都没有。所有这些东西，他们说，都是出自我们的感觉并通过感觉，动物们则是由某种印象和记忆所掌控。”（Galen, On the Natural Faculties, I. XII, (K.II 28)）盖伦认为希波克拉底持有的是第一种观点，他自己也站在第一种观点这边，反对以德谟克里特、伊壁鸠鲁为代表的第二种观点。参见 R.J. Hankinson, “Body and Soul in Galen”, *Common to Body and Soul*, (ed.) R. A. H. King, Walter de Gruyter, 2006, p. 240.

盖伦看来，原子论的灵魂观和身心二元论都存在问题，它们都忽视了自然的力量。

盖伦认为，灵魂的能力和灵魂与身体的结合都不是偶然的，而是自然的美好安排。自然创造的世界在各方面都是最好的。关于这一点，盖伦不是像柏拉图那样以讲故事的方式论说造物主创造时的初衷，即造物主希望一切事物都尽可像他一样，希望万物都尽可能完善而无缺陷，并以此作为论证的主要依据。[512] 而是以科学论证的方式，通过解剖观察来论证自然无懈可击的技巧。[513] 虽然，自然的伟力即使不通过解剖，仅仅通过观察外在的身体就能得到论证，但是，通过解剖观察和科学推论所得出的关于身体内部结构与灵魂三分的认识，无疑可以进一步论证造物主的智慧。

按照柏拉图的说法，他通过蒂迈欧之口所讲出的关于宇宙生成的故事只是一个近似的解释。他多次声称，这只是近似解释，但他会尽量给出最近似的解释。[514] 柏拉图认为，这个解释无法在每个细节上都十分精确。他无法百分之百地确信自己在这个问题上

511 参见 Christopher Gill, *Naturalistic Psychology in Galen and Stoicism*, Oxford, 2010, p. 65.

512 柏拉图，《蒂迈欧》29e-30a。

513 一般认为，盖伦持有自然目的论的观点。汉金森认为盖伦持有的是非常严格意义上的目的论：在亚里士多德那里，某个身体组织会被称为“剩余物”，这个部分自身没有用处，但是可以通过目的解释认为是某种必然产物，而在盖伦这里却倾向于认为即使看上去没有用处的部分也有确实的功能。R. J. Hankinson, “Philosophy of Nature”, *The Cambridge companion to Galen*, R. J. Hankinson(eds.), Cambridge University Press, 2008, p. 227.

514 参见柏拉图，《蒂迈欧》29c，44d，48d，72d。

是正确的，因为这是由研究对象，即被造物本身的性质所决定的。生成的被造物不是像理性一样永恒不变的东西，它只是理性的摹本（eikona）。所以柏拉图认为，对它的解释只能是近似的解释。[515]但是，这并不妨碍柏拉图努力进行关于宇宙和人的问题的讨论。虽然，柏拉图说自己给出的解释不是最无可争议的解释，但是他也说，这些解释是可以让人满意的，值得给出的解释。[516]

在认识对象上，盖伦没有像柏拉图那样，在理性模式及其摹本之间做出明确的区分。盖伦只区分了可知的事物和不可知的事物。而就人的身体（在一定程度上包括灵魂）而言，盖伦把它视为可知对象。盖伦对身体和灵魂的认识主要通过解剖实践观察而获得。并且他认为，如此获得的知识是确实可靠的。盖伦不认为自己给出的是近似的解释，他认为，自己依据解剖观察和科学论证所得的关于身体和灵魂的认识最为精确。

那么，盖伦所给出的人体解释（灵魂三分的结构和在此结构基础上建构的身体结构）真的像他自己所认为的那样无懈可击吗？盖伦一再强调自己对科学论证和解剖的重视，并认为凭借这两点可以保证自己所获得的结论的正确性。而事实上，是否仅仅依靠这两者就可以必然得出他所坚持的灵魂三分的观点并不是不被质疑的。

即使观察到盖伦所说的灵魂功能和身体特定脏器之间的密切关联，对于灵魂功能的讨论来说还是不够充分的。仍然可以有别的解

515 柏拉图，《蒂迈欧》29c-d。

516 同上。

释方式来说明灵魂的功能，说明灵魂与身体的关系。对脑和神经执行理性功能的解剖证明并不能把其他哲学家甚至医生所认为的情感活动也发生在脑的观点排除在外。[517] 而且，不少学者指出，身体特定部位的功能是否与灵魂功能一致是存在问题的。

根据吉尔的转述，曼斯菲尔德（Mansfeld）认为，盖伦所提到的灵魂不同部分间的彼此影响需要在身体层面上给出三个部分彼此作用的证明，但是盖伦却没有。蒂耶勒曼也认为，盖伦没有在解剖上证明三个部分间的必然联系是他整个灵魂三分讨论中的弱点。[518] 更为致命的是，因为时代的原因，盖伦在进行解剖实践时无法把人的身体作为解剖的对象。所以，解剖观察在认识人的灵魂和身体时所能发挥的重要作用，在盖伦这里其实并不能真正充分地得以实现。这个问题在讨论灵魂中的理智部分时，显现得尤为突出。

罗卡（Julius Rocca）认为，盖伦把灵魂的统治部分，也就是理智部分视为脑的说法是一种建构。罗卡的主要依据就是，盖伦在进行他所推崇的解剖时，他的解剖对象是不恰当的。盖伦用以解剖的对象都是各种动物，而不是人。从动物解剖中所获得的知识并不一定都直接适用于人的身体。在关于灵魂理智部分的证明中，对动物大脑的解剖，特别是对牛的大脑的解剖构成了盖伦认识大脑的基本

517 蒂耶勒曼指出，在希波克拉底的《论圣病》（第 14，17 章）中就有把理性思维与情感视为脑的功能的观点，希罗菲勒斯和埃拉西斯特拉图斯也都持这种观点，它们不像盖伦那样把这两种能力看作来自不同的身体器官。见 Christopher Gill, *Naturalistic Psychology in Galen and Stoicism*, Oxford, 2010, p. 176.

518 Christopher Gill, *Naturalistic Psychology in Galen and Stoicism*, Oxford, 2010, p. 106.

模型。但是，牛并不是理性的动物，那么，对人的理性的认识何以可以借助对非理性的牛的认识而获得呢？关于这一点，盖伦没有做出明确的说明。他没有进一步论述，在什么意义上解剖非理性动物所见的现象同时也会出现在理性动物的身上。[519]

盖伦对灵魂结构、灵魂统治力量所在位置的分析固然都立足于自己的观察，都按照科学论证的要求进行推论。但是，如果从观察和论证的角度还不足以对盖伦的灵魂学说做出令人满意的解释的话，那么，我们必然要考虑他的灵魂学说中存在着的其他来源。虽然盖伦一再强调自己所坚持的灵魂三分的观点是通过解剖实践得出的，但是事实上，从他所从事的解剖实践并不能必然得出灵魂三分的结论。所以，盖伦很可能是在接受某一理论假设的基础上进行他的解剖实践的。

如果说，盖伦从亚里士多德那里继承了论证和解剖的方法，那么，他的灵魂三分观点和把脑确立为灵魂的统治部分的观点主要是来自柏拉图的。[520] 他接受了柏拉图的灵魂三分观点，并认为这一观点无论对于灵魂的认识而言，还是对以此为基础的身体的认识而言都是一个很好的解释。虽然盖伦不认为自己是在接受了柏拉图的灵魂三分假设之后才来进行论证工作的，只是自己通过观察所得出的结论与他所崇敬的柏拉图的解释正巧一致。但是，他对柏拉图的继

519 Julius Rocca, *Galen on the Brain*, Brill, 2003, p. 50, n. 4.

520 因为《论希波克拉底和柏拉图的诸种学说》一书的第一卷已经佚失，我们无法知道盖伦是怎样来介绍他的灵魂三分的柏拉图起源的，但无论如何，盖伦显然接受了柏拉图灵魂三分的理论假设。

承是很明显的，他努力要做的工作也是证明柏拉图的这一解释不仅是一个近似的解释，而且是一个确切的解释。

盖伦对柏拉图的承继非常直接。他不仅在观点上接受了柏拉图灵魂三分的学说，而且在行文中多次提及柏拉图和引用柏拉图对话中的段落。当盖伦讨论灵魂问题的时候，他用《斐德若》中的马车比喻来说明理性对欲望的控制。[521] 他也提到柏拉图在《理想国》第九卷中为灵魂各部分塑像的说法。盖伦认为，《理想国》中关于灵魂形象的说法比《斐德若》中的马车比喻更好地说明灵魂各部分的特性。[522] 他讲到《理想国》第四卷中柏拉图对激情部分、欲望部分与理性部分的区分，并对第四卷中的不少段落进行直接引用。[523]

在灵魂问题上，盖伦对柏拉图的征引主要集中在《理想国》第四卷和《蒂迈欧》。[524] 这两处正是柏拉图在灵魂三分问题上论述得最为集中的地方。在《理想国》第四卷中，柏拉图论证了灵魂的部分不是一个，而是三个。在《蒂迈欧》中，柏拉图不仅继续讲述灵魂三分的学说，还把灵魂的部分和身体的构造结合起来。

不同时期的柏拉图对话有着不同的关于灵魂的论述。盖伦熟悉

---

521 Galen, *PHP* III 3.5-6.

522 Ibid., VI 2.4.

523 Ibid., V 7.1.

524 盖伦直接引用《理想国》第四卷 435c9-d3，437b1-d1，439a9-d8，439e2-440b8，441a7-c2 中的段落来说明灵魂中存在支配我们的三种力量（Galen, *PHP* V 7.12-15，36-40，45-47，53-54，75-77）。他直接引用《蒂迈欧》70a-c 中的段落来讲心脏和肺的功能（*PHP* III 1.31-33，*PHP* VI 8.72），引用 70d7-e5 来讲肝脏对灵魂中欲望部分的统治（*PHP* VI 8.69），引用 77b3-4，90a2-6，69c7-d1 中的段落来讲灵魂的三个部分在身体中的位置（*PHP* VI 2.7-10）。

柏拉图的著作，读过不少柏拉图对话。[525] 在关于灵魂问题的讨论中，盖伦对柏拉图对话的提及和征引显然经过了自己的有意选择。这些被选择的段落都与灵魂三分相关，至少也与灵魂中存在不同部分的论述相关。譬如，他引用《智者篇》中的段落来说明，灵魂疾病的产生原因在于灵魂各部分间的冲突。[526] 他几乎没有提及柏拉图讨论灵魂问题的对话《斐多》。

在《斐多》中，柏拉图还没有提出灵魂三分的观点。在灵魂和身体的关系问题上，《斐多》中的说法也不同于后来《蒂迈欧》中的说法。虽然，盖伦把《斐多》中明确表述的“灵魂不朽”的问题悬搁起来，不予讨论，但是，他在灵魂问题上的基本倾向还是比较清楚的。盖伦不会像《斐多》中所表述的那样，仅从负面的角度来理解身体，把灵魂看作独立于身体之外的不朽存在。在《灵魂的状态依赖于身体的混合》中，盖伦明确批评了柏拉图和柏拉图主义者们所讲的灵魂不朽的观点。[527] 他对柏拉图灵魂学说的继承主要在于其中的灵魂三分说。盖伦以自己的方式论证、发展了柏拉图曾经讨

525 从盖伦著作中对柏拉图对话的征引和提及中，我们可以看到盖伦对柏拉图对话的熟悉程度。这些柏拉图对话至少有 12 篇，分别为《前阿尔西比亚德》《欧绪弗洛》《高尔吉亚》《法篇》《斐德若》《斐莱布》《理想国》《智者篇》《政治家篇》《会饮》《泰阿泰德》《蒂迈欧》。另外，盖伦文中暗指的柏拉图对话有《美涅克塞努》《美诺》《斐多》《申辩》《克拉底鲁》和《巴门尼德》。参见 De Lacy, “Galen’s Platonism”, *The American Journal of Philology*, Vol. 93, No. 1 (Jan., 1972), p. 30, n. 19.

526 盖伦直接引用《智者篇》227d13-228d4 中对疾病和丑陋的讨论，认为疾病是内部的冲突造成的（Galen, *PHP* V 3.24-30）。

527 Galen, *QAM* 775(K IV).

论过的灵魂三分。

盖伦特别重视灵魂三分学说，主要因为两方面的原因：一方面，灵魂三分学说与身体构造理论比较容易结合，就像柏拉图在《蒂迈欧》中所讲述的那样，也像自己在《论身体各部分的功能》中所描写的那样；另一方面，灵魂三分学说在解释人的行为和指导人过幸福生活方面有其优长，而这同样是医生盖伦非常关心的问题。通过灵魂三分理论，身体、灵魂、个人伦理生活和城邦政治生活联结为一个整体。在这个整体中，对身体的讨论不仅服务于灵魂，也服务于伦理政治生活。

在《理想国》中，柏拉图通过对城邦结构的分析，来论证灵魂的三分结构。在《蒂迈欧》中，对灵魂三个不同部分的功能和分别在身体中部位的论述以神造论为基础。柏拉图从来没有从解剖观察可见的事物出发，并把它作为论证的主要根据来讨论灵魂问题。虽然，柏拉图可能借鉴了当时医生们的解剖结果，但在柏拉图的讲述中，通过解剖观察所见的现象始终不是其论证的依据。作为医生，盖伦大大提升了解剖实践所观察到的现象在灵魂问题讨论中的地位。盖伦认为，自己通过解剖观察所得出的灵魂三分的观点与柏拉图讲述的灵魂三分正好吻合，可以为其论证提供有力可靠的依据。盖伦对解剖和论证方法的重视，无疑受到了亚里士多德的影响。这项把论证方法和解剖观察所得与柏拉图所认同的灵魂三分学说结合起来的工作，可以说是盖伦在灵魂问题上的独特贡献。

盖伦认为，自己遵循科学方法所得出的灵魂三分的观点与柏拉图所讲述的灵魂三分正好吻合，而他所给出的不再是柏拉图所说的近似解释，而是确切无疑的解释。不管盖伦所给出的解释是否真的如他所愿那样无可争议，盖伦所宣称和努力的方向，即通过身体解剖来论证灵魂三分的方向，是作为医生哲学家的盖伦所特有的。当哲学家们讨论灵魂问题的时候，几乎没有人像盖伦那样依赖详细的解剖观察结果来进行论证。而当医生们讨论灵魂问题的时候，他们虽然会谈论灵魂功能在身体上的实现，但却不会像盖伦那样思考灵魂和身体间的关系，思考身体与灵魂关系在伦理教化中的意义。

在指出“身体是灵魂的工具”之后，盖伦对身体如何体现为灵魂的工具进行了如下解释：

> 因此，由于灵魂不同，动物的部分间存在很大的差别。有些动物勇敢，有些怯懦，有些顽劣，有些却温顺，有些好像是城邦中的一员，和大家一起为城邦工作，而有些则孤僻、不具有社会性。在每一种情况下，身体都适合灵魂的习性和功能（ēthesi te kai dunamesin）。

在这一段讲述之后，盖伦举了很多具体动物的例子，讲解拥有不同灵魂的动物有着怎样与灵魂相应的身体构造。人作为有理性的动物也在盖伦的讨论之列。

从盖伦所举的例子里，我们看到，不同灵魂表现出的差异体现在动物（包括人）的品性上，也体现在如何于城邦中生活的问题上。盖伦认为，灵魂在习性和能力上的不同带来了这些差异，而身体所要适应的也就是灵魂的习性和能力。灵魂能力（dumamis）不同，造成行为和情感上的差别。[528]而习性（ēthos）讲的则是灵魂的惯常状态。

由灵魂的习性体现出的是人（或动物）的个性，比如有的勇敢、有的怯懦等等。ēthos 除了可以指人的个性之外，还常常用来指地方风俗，从而延伸出伦理含义。ēthos 作为词根构成了 ēthikos（伦理的）。现代西方语文中的"伦理（ethic、ethik）"一词便来源自这一希腊文。当盖伦在这里，把 ēthos 和 dumamis 放在一起来谈论灵魂的时候，他对灵魂的关心实际就是对人的伦理政治生活的关心。既然身体适合的是灵魂的习性和能力，那么对身体的考察也自然同样被置于伦理生活的背景之下。

在《论身体各部分的功能》中，盖伦讨论的重点是身体的构造和能力。至于这些与身体相关的认识如何在伦理生活中发挥作用，盖伦并没有具体展开。不过，他在全书开始部分所讲的这段话对整本书来说却有着重要的意义。它为后面的讨论定下了一个基调：对身体的考察不是孤立的，而是与对灵魂的考察联系在一起，其最终目的服务于"如何才能过幸福生活"的伦理政治问题。

无论盖伦在进行解剖活动的时候，还是进行医疗实践的时候，这一伦理政治关怀始终伴随其左右。当盖伦讲灵魂三分时，他试图通过灵魂三分理论来解释人的行为和习惯，同时讨论如何才能使人行为恰当、性情良好。盖伦认为，通过他人及自我的教化和训练，我们可以获得好的习惯，从而使灵魂中的非理智部分听从于理智部

528 Ibid., 768 (K IV).

分。在治疗灵魂疾病的讨论中，盖伦一方面重视理性在灵魂各部的统治地位，通过教化和训练使得灵魂中的各部能够处于合适、恰当的位置，另一方面，他也重视身体对灵魂的影响，重视对身体的调养在教化和训练中所起的作用。作为一名医生，盖伦隶属于认为情感依赖于身体的医学传统中。[529] 盖伦在这方面的相关论述主要集中在《灵魂的状态依赖于身体的混合》一文中。

盖伦对灵魂三分的解释建立在他对灵魂和身体密不可分的认识基础之上。甚至可以说，他对灵魂的所有认识都有赖于这个基础。身体的各部按照灵魂的三种不同功能而被设计构造的生理解释，是灵魂和身体彼此紧密联系在一起的一种具体体现。对身体的解剖可以帮助人们认识灵魂，同样地，对灵魂的理解可以帮助我们认识身体。在盖伦看来，对灵魂中各个部分的考察都是对这一点的进一步证明。

在对灵魂中的统治部分进行了研究之后，盖伦论证了灵魂中存在不同于理性的另外两种力量。这两种力量分别发源于身体中的不同部位。在对灵魂的激情部分和欲望部分的讨论中，盖伦贯彻了他在讨论灵魂的统治部分时所使用的方法。盖伦从科学论证的前提出发，通过解剖观察来论证灵魂的激情部分和欲望部分是与理智部分不同的另外两种统治我们的力量。而且，就像对理智部分的讨论必然涉及对脑和神经的讨论一样，对激情部分的讨论必然涉及对心脏和动脉的讨论，对欲望部分的讨论必然涉及对肝脏和静脉的讨论。

529 Richard Sorabji, *Emotion and Peace of Mind*, Oxford, 2000, p. 253.

第三节　灵魂的激情部分位于心脏

在灵魂三部分所处身体位置的讨论中，灵魂激情部分在身体中的位置是最没有争议的。亚里士多德认为，三种灵魂功能的起源都是心脏，那么，激情的起源自然也是位于心脏。克吕西普不认为激情是灵魂中不同于理性的另一种力量，他试图从人们观察到的激情发生在心脏部位的现象来推断理智的发源地是心脏，这无疑也是对激情发源于心脏的一种承认。亚里士多德和廊下派的波西东尼都认为灵魂中有三种能力或功能，克吕西普则认为灵魂只具有理性能力。虽然，他们在灵魂拥有几种统治我们的力量问题上存在分歧，但是，他们都认为灵魂力量的起源只有一个，那就是心脏。

盖伦认为，他与希波克拉底和柏拉图的观点一样，都认为灵魂中不仅有三种不同的能力，而且这三种不同的能力分别有不同的起源，位于身体中的不同位置。这其中，灵魂激情部分的起源是心脏。当盖伦讨论统治我们的力量的起源问题时，心脏是被一再提及的。盖伦不仅在论证灵魂激情部分的起源是心脏时，讨论心脏的功能，而且，当他讨论其他两种灵魂能力的时候，他都会特别讲到心脏功能与脑和肝脏功能的差别。盖伦对心脏的特别重视与他所反对的把心脏作为灵魂功能惟一发源地的学说有着很大关系。

当盖伦论证灵魂的统治部分位于脑的时候，他通过解剖实验证明了从脑出发的神经不同于从心脏出发的动脉。而且，动脉不可能变为神经，所以是脑而不是心脏为主管感觉和自主运动的理智部分的真正起源。当盖伦讨论灵魂的欲望部分位于肝脏的时候，他讨论了从心脏出发的动脉不同于从肝脏出发的静脉。他把营养功能独立出来，并把这一功能归于身体中的肝脏。在盖伦的灵魂三分论证中，对心脏的讨论是从始至终的。只有对心脏的功能有了清楚的认识之后，人们才不会把灵魂的诸种能力都归于心脏，才能够从身体的角度清楚地认识到，灵魂中的能力不是一个而是三个。

在灵魂的三种能力中，发生激情时的身体变化是最容易让人觉察到的。克吕西普论证灵魂的统治部分位于心脏的依据之一就是激情发生的部位是心脏。对于激情发生时的心脏和由心脏出发所带来的全身变化，克吕西普做了具体的描述。他说道：

> 对我来说，大多数人似乎通过观察得出这样的观点：依据理性（kata tēn dianoian）的激情发生在胸部，更确切地说是在心脏所处的部位，特别是在发生恐惧、悲伤、发怒和大多数强烈情感（tou thumou）的时候。因为，我们所生成的印象仿佛是强烈的情感从心脏被蒸腾而出，被向外推动，并膨胀至脸和手。[530]

在克吕西普看来，激情也是一种理性活动。发生激情时所观察到的源于心脏的身体变化，在克吕西普看来正好是对理性位于心脏的有利证明。盖伦不赞成把激情看作是理性判断的观点。关于这个问题我们会在下一章再做专门讨论。在盖伦看来，克吕西普所注意到的激情发生时的心脏运动，只能证明激情的部分位于心脏，而不

---

530 Galen, *PHP* III 1.25.

能证明理性的部分也位于心脏。

克吕西普的这段关于激情发生在胸部和心脏部位的论述表明，他赞同前人的观点。

> 发生强烈感情的时候，心脏中的内热处于某种沸腾状态。因为这种沸腾，脸像被冲了气一样，整个身体变红变热，心脏和全身的动脉都强烈地跳动。[531]

克吕西普的这一表述与柏拉图在《蒂迈欧》中关于心脏的描述非常相近。柏拉图借蒂迈欧之口说道：

> 心脏是血管的汇集点，也是血的源泉，涌流周身至各部位。他们把它置放于卫士室，以便当理性告诉它哪个部位出了差错时，不管是外来的还是来自欲望，它就会怒气冲冲，从而使身体的感觉部分通过窄小通道而接受到指令和警告，并完全服从之。[532]

克吕西普和柏拉图都讲到发怒时心脏中的血液会沸腾，并且从心脏出发遍及全身。既然心脏的特别运动发生在激情产生的时候，那么，灵魂中的激情部分也就应该位于心脏。

克吕西普关于激情位于心脏的论述非常多。他不仅在总体上论述激情发生时的心脏活动，而且对具体的激情也多有论述，例如恐惧和悲伤：

> 在恐惧时，心脏的悸动是很明显的，整个灵魂的汇集之处是朝向那里的，这种汇集不仅仅是一种事后作用，好像某物伴

531 Ibid., III 1.30.

532 柏拉图，《蒂迈欧》70a7-b8，谢文郁译。

随某物发生那样。因为，缩成一团的人朝向作为统治部分的地方聚集，位于作为统治部分护卫者的心脏部位。悲伤自然地也产生于那里，没有其他地方同时遭受或分享这种激情。因为，当悲伤所具有的特定痛楚变得强烈的时候，没有其他地方表现出受到了影响，但是心脏区域表现得最为明显。[533]

虽然，克吕西普花费大量笔墨论述激情位于心脏的目的是论证灵魂的统治部分位于心脏，而这个观点是盖伦所无法赞同的，但是，克吕西普在论证时所描述的情感或激情位于心脏的现象在盖伦看来是正确的。不过，盖伦认为，要证明激情位于心脏还需要更进一步的论证。

当人感到恐惧的时候，他的身体会变白、变冷，并且发抖，而当人发怒的时候，他的身体会变红、变烫，并且发紧。这些身体变化，都是人们在看到他人处于激情状态时比较容易观察到的现象。但是，仅从这些现象出发还不能必然推断出灵魂中的激情部分位于心脏。无论是大多数人都认同的观点，还是观察到的这些现象都不是盖伦所认为的合适的论证前提。前者只是大多数人的普遍意见，而后者也只是事物的一般属性。只有从事物的本质属性出发才是盖伦所认可的科学论证的前提。对于心脏来说，它的本质属性是脉搏跳动的起源。

心脏是动物各部分中最先开始运动和最后停止运动的器官，这是一个科学前提。这表明心脏是运动的起源，但不是所

533 Galen, *PHP* III 5.43-44.

有运动的起源，而只是脉搏运动的起源。这种运动在种上不同于自主运动。[534]

从“心脏是脉搏运动的起源”这个前提出发，关于心脏的讨论必然涉及心脏与动脉的关系。相应地，关于激情的讨论自然也不能忽视这种关系。在盖伦看来，关于灵魂中激情部分所在位置的讨论，依赖于解剖观察所得出的关于动脉起源位置的认识。只有证明激情与脉动相关，由动脉传输，才能证明心脏是激情的起源。

在《蒂迈欧》中，柏拉图关于激情位置的论述便是从心脏作为血的起源出发进行的：心脏是血的起源，而人在发怒时血液会沸腾，所以怒气位于心脏。柏拉图的这一论述是比较符合盖伦所期望的科学论证的，因为，柏拉图把心脏看作血管和血液的起点。

克吕西普在讨论激情位于心脏的时候，只讲到发怒时心脏和血液的变化，以及由血液带来的全身变化，而没有把心脏视为血液的起源。在克吕西普看来，心脏中充满的是精神普纽玛，不是血液。[535]克吕西普的这一观点，在盖伦看来显然是错误的。虽然，他对激情所做的描述与柏拉图的描述相吻合，也获得了盖伦的充分肯定，[536]但是，从盖伦所重视的科学方法出发，克吕西普对激情位于心脏的讨论是不科学的。

---

534 Ibid., II 8.23-24.

535 Ibid., I 5.7；I 6.4.

536 “我们应该承认，克吕西普在这一点上都是正确的。我们也迫切要求克吕西普的继承者们在恐惧和悲伤及所有此类情感起源于心脏部位的问题上记住克吕西普所说的就可以了，并不需要我们再提供更多的证明。”（Galen, *PHP* III 5.45）

心脏是脉动起源的观点，在盖伦讨论脑是神经起源的时候就已经提到。事实上，盖伦对脑的讨论是与对心脏的讨论同时进行的。盖伦在讨论灵魂统治部分在身体中所处位置的时候，面对的主要问题就是这个统治部分位于脑还是位于心脏的争论。盖伦通过对科学论证方法的强调，指出解剖观察在这一论证中的重要作用。通过解剖实践，盖伦认识到脑与神经、心脏与动脉之间的结构上的关联，以及它们所分别承担的功能。脑室受损或被挤压会使动物立刻变得麻木；挤压心脏所带来的则只是脉动的停止，而不是运动和感觉的终止。[537] 所以，与脑相连的是神经，而与心脏相连的是动脉。

心脏和脑分别有自己的活动，各自的活动是独立完成的，并不需要借助对方的力量。[538] 在把脑的功能和心脏的功能区分开来的同时，盖伦说明了脑和心脏的功能分别是什么。脑是神经的起源，神经向全身传递感觉和自主运动。对于心脏来说，它是脉搏跳动的起源，主宰从心脏出发的动脉与脉动。[539] 脉动只与动脉和心脏相关。当我们结扎由脑出发的神经和由肝脏出发的静脉时，都不会影响脉动。但是，如果结扎动脉的话，被结扎处以上地方的脉动就会完全消失。[540] 通过挤压心脏和结扎动脉的实验，盖伦证明了脉动与心脏和动脉相关。如果把心脏从动物身体中取出，心脏还能持续跳动一

537 Galen, *PHP* I 6.8；II 6.6-7；III 6.4.

538 Ibid., I 6.7；II 6.9；III 6.5-6. 心脏与脑的功能的独立性，从不同疾病的发生中也可以观察到，比如脑部受损的动物会发狂，或丧失感觉，无法运动，而心脏受损的动物会休克或死亡，但不会发生脑部受损时所出现的状况。

539 Galen, *PHP* III 6.3-4.

540 Ibid., II 6.10.

段时间，甚至跳动地非常剧烈，需要用钳子才能钳住。当心脏被取出后，感觉、自主运动都不会受到影响。只要动物还是存活的，它就仍然可以呼吸和运动四肢，受损的只有动脉的运动。[541]

脑是神经的起源，这一认识不仅可以从脑室受损带来感觉和自主运动的消失的实验中得到印证，而且可以通过从解剖实践中直接观察到的现象来证明。人们可以观察到，分布全身的神经是一套从大脑出发的独立系统。同样地，心脏是动脉的起源，这一认识不仅可以从心脏受损带来脉动受损的现象中得到印证，而且可以在解剖中通过观察而获得。人们可以看到与神经不同，不断跳动着的动脉系统，并且观察到身体中的所有动脉都来源于从左心室出发的动脉。[542]

为了区分神经功能和动脉功能，反驳普拉克萨哥拉斯（Praxagoras）和把神经看作由动脉变化而来的观点，[543] 盖伦在讨论神经分布的时候同时也讨论了动脉的分布。[544] 从左心室出发的动脉是身体中最粗的动脉。这条动脉如同植物的主杆一样，其他的动脉如同分支，都出自这条最粗的动脉。较粗的动脉分支后变为较细的动脉。首先从最粗动脉中分出的一条围绕心脏成为冠状动脉，然后，一条向下与脊椎相连，一条向上直接到达咽喉部。身体中的其他动脉再由这些

541 Ibid., I 6.7-8.

542 Ibid., I 7.51.

543 Ibid., I 6.18. 普拉克萨哥拉斯是与希波克拉底同时代的医生，他是最早区分动脉和静脉的人。他认为，动脉类似神经，但动脉的中心是空的。当动脉中的空洞由于动脉的进一步分割而变窄，直至动脉的膜黏在一起的时候，动脉就变成了神经。

544 Galen, *PHP* I 7.

动脉进一步分出。[545] 通过对动脉分布的考察，盖伦认识到动脉起源于心脏。因为，盖伦对动脉和心脏的考察很大程度上是在区别动脉与神经的背景下进行的，所以，对动脉与心脏关系的考察主要服务于对动脉和心脏功能的认识。

动脉和心脏的关系之所以可以确立，有赖于心脏制造血液和输送血液的功能。心脏是动脉的起源，因为心脏中充满了在动脉中流动的血液，心脏是动脉血的起源。克吕西普所认为的动脉中运行的精神普纽玛，在盖伦看来，应该是在神经中运行的，而不是在动脉中运行的。盖伦的理由是，不管是刺伤心脏，还是切断动脉，立刻流出的都是血液，并不存在克吕西普所说的先有普纽玛，然后才是血液流出，或是干脆没有血液流出的现象。[546]

克吕西普认识到激情与心脏的关系，不过，他对心脏的认识是不正确的。他没有把心脏中的变化和血液联系起来，而是错误地将其与精神普纽玛联系起来。他认为，如果从生理上看的话，把对激情的认识看作对理智的认识是可行的，因为它们都是精神普纽玛的反映。

盖伦强调从心脏的本质属性出发来进行考察，这对于认识激情与心脏的关系而言十分重要。它不仅涉及盖伦一直主张的从科学前提出发的论证方法，而且涉及盖伦所主张的灵魂三分的观点。虽然，几乎所有人都认同激情的发源地位于心脏，但是，如果不能认识到

545 Ibid., I 7.4-7.

546 Ibid., I 5.7.

心脏是动脉血的起源的话，那么，他们就无法将心脏的功能和脑的功能区分开，无法将心脏的功能和肝脏的功能区分开，也就不会持有与盖伦相同的灵魂三分的观点。盖伦在论证不同灵魂的功能和位置时，他都会在灵魂三分的大问题下进行考察，使之服务于对灵魂三分的证明。

第四节 灵魂的欲望部分位于肝脏

与对灵魂的理智部分位于大脑，灵魂的激情部分位于心脏的论证不同，盖伦认为，对灵魂的欲望部分在身体所在位置的论证是一个特别的（idias）论证。在《论希波克拉底和柏拉图的诸种学说》第六卷中盖伦讨论了灵魂中的欲望部分：

> 留下来的欲望部分需要一个我们将在这一卷中进行的特别论证。不过首先，我要讲明对这个论证的陈述不会像前面的陈述那样清楚显明。它的前提也不像前面的那些那样直接来自被考察事物的本性，而是来自事物特有的属性（ek tōn toutō sumbebēkotōn idia）。因为当神经被结扎或切断时，我们可以看到，被结扎处与大脑相连部分的功能仍然保持它们的原初功能，但是结扎处之外的部分则立即失去感觉和运动的能力。类似的情况也发生在动脉那里：我们看到，动脉与心脏相连的部分还能保持自然的脉动，而结扎处之外部分的脉动就完全消失了。而且，发生在发怒或恐惧时的灵魂遭遇（pathēmata）所造

成的心脏的远离自然的运动状况可以很清楚地被观察到。我们也提到过，对大脑或脑室的挤压或损害所带来的整个身体的各种损伤，而这清楚地显示出脑及其脑室是运动和感觉的起源。但是在肝脏这里，我们无法获得任何类似的证明，无论我们是切开、按压或是结扎静脉。因为它不是显而易见的运动的起源，像心脏是脉动的起源，脑是感觉和意愿的起源那样。它也不是马上造成受伤的原因，像另外两者那样。肝脏需要一段时间变得衰弱来造成身体在营养和颜色方面的损伤。同样地，当你结扎或完全取走肝脏的时候，与之相连的部分将会在相当长一段时间后失去营养和颜色，但是在当时没有值得一提的损伤发生。[547]

根据盖伦的论述，肝脏与脑和心脏的情况不同。既不能像之前证明灵魂理智部分和激情部分在身体中的位置那样，从可见的本质属性出发来进行论证，而只能从灵魂欲望部分所特有的属性出发来进行论证；也不能通过观察脏器受损所带来的身体和灵魂功能的损害来进行论证。

盖伦认为，对灵魂欲望部分的考察与之前的考察不尽相同。在我们引用的这段论述之后，在进行关于静脉和灵魂欲望部分的具体考察之前，盖伦提到了植物灵魂所具有的营养功能。营养与繁殖功能是亚里士多德的说法。在柏拉图所讲的灵魂三分图景中，植物所具有的灵魂可以对应于人的灵魂中的欲望部分。在廊下派哲学家那里，他们并

547 Ibid., VI 3.2-6.

不把统治植物的力量称为“灵魂”，而仅仅把它称为“自然”。[548]

当廊下派哲学家把欲望部分从灵魂中去除，把激情部分解释为一种理性判断的时候，他们所讲的灵魂便只剩下了理性部分。对于廊下派的灵魂观，盖伦多有批评。他不仅批评他们所持有的灵魂统治部分位于心脏的观点（我们在本章第二节中已经有所讨论），而且批评他们不承认灵魂中拥有理性之外的其他力量的观点（我们会在下一章再进行专门讨论）。盖伦接受了亚里士多德所讲的植物灵魂具有营养功能的观点，并且认为，借助对植物的考察有助于我们理解灵魂中的欲望部分及其起源。因为在植物那里，营养功能是其灵魂所具有的惟一功能，所以，我们可以比较清楚地观察到营养功能的起源及其运作。[549]

在对植物的生长和结构进行了较为详细的描述之后，盖伦认为，植物营养的起源是与主杆相连的主根（rhizōsis）。就像种子生根发芽那样，植物从主根出发，向下生长根须，向上生长枝干。[550]在植物那里，作为营养起源的部分是整株植物中最为粗壮的部分。对应于身体而言，腔静脉类似植物的主杆，而腔静脉的发源地，肝脏也就类似植物的主根。

从肝脏出发，一条静脉通往胃，其他的则输布全身。因为肝脏与静脉的关系不像神经与脑，动脉与心的关系那样直接可见，所以，盖伦只能从结构上证明肝脏是第三种灵魂力量的起源。盖伦不认为

548 Ibid., VI 3.7.
549 Ibid., VI 3.10.
550 Ibid., VI 3.40.

细小的东西可以作为粗大东西的起源，而是相反，粗大的东西是细小东西的起源。与肝脏相连的腔静脉是最粗的，当它向上延伸过横膈膜时，它就变细了，当它进入心脏时则更细。所以，肝脏是静脉的起源。那些认为静脉起源于其他地方的人，无疑认为细的部分可以作为粗的部分的起源，而这是盖伦所不认同的。虽然盖伦通过与植物结构的类比来说明肝脏的起源位置，但是这种结构并不是灵魂的欲望部分所独有的，毋宁说，这种结构是灵魂三部分的三个起源所共有的。从心脏出发的动脉是身体中最粗的动脉，神经的情况也与之类似。在考察肝脏的时候，盖伦除了把它与植物结构进行类比之外，还把静脉和肝脏的关系，与动脉和心脏的关系，以及神经和脑的关系进行类比。盖伦发现，它们之间有着类似的结构。肝脏与心脏和脑一样都是灵魂力量的发源地，三者间的差别只在于它们所承载的是灵魂中的不同能力。

虽然，由于肝脏属性的特殊性，盖伦不能直接从其本质属性出发来进行考察，但是，盖伦所凭借的主要方法仍然是一贯的，都是用解剖观察的所见所得来为需要论证的观点提供论据。他没有依据普遍意见，或是借由语词辨析来为自己辩护。在解剖中，盖伦注意到肝脏是所有静脉的起点。任何进行解剖研究的人，当他记录关于静脉的结构分布时，他都不可能忽略肝脏。[551] 通过解剖，盖伦观察到静脉与肝脏间的关系，肝脏、静脉与灵魂营养功能间的关系。从胚胎发育的角度来看，肝脏与静脉间的关系也可以进一步得到证实，因为肝脏是静脉生长的起点。[552]

在证明灵魂欲望部分位于肝脏的过程中，盖伦遇到了之前在关于灵魂统治部分所在位置的讨论时所面临的类似问题。盖伦必须面对那些把灵魂欲望部分的起源看作心脏的人们所提出的观点。

有些人认为，心脏提供的是能量（dunamis），肝脏提供的是物质（hulē）。[553] 肝脏只是为心脏服务的器官，它帮助心脏把营养转变为血液，所以，心脏才是生长和营养的力量之源，肝脏所起的只是辅助作用。盖伦认为，这种说法既不与植物的结构相符，也与动物的结构相悖。

在植物那里，主根通过大量的根须从土地中吸取物质，把它变成植物所需要的营养，并将其输送到主杆及整株植物。主根是真正获取营养并输送营养的部分，它为植物提供营养物质，所以它自身就是营养和生长的力量之源。在植物那里，并不存在专供物质的部分和真正起源之间的区别。

在动物那里，虽然存在着提供物质的器官和作为起源的器官之间的区别，但这一区别并不适用于肝脏。因为就结构来说，为另一个器官提供物质的器官仅仅与被提供物质的器官相连，而不与其他别的器官相连。比如，肺只与心脏相连，胃和小肠只与肝脏相连等等。[554] 而肝脏自身却不是仅仅与心脏相连的。盖伦指出，在解剖中

551 Ibid., VI 5.22.

552 盖伦关于胚胎学方面的论证是由对埃拉西斯特拉图斯的反驳引起的，参见 Galen, *PHP* VI 6.

553 Galen, *PHP* VI 4.1，持有这种观点的人很可能是亚里士多德主义者。

554 Ibid., VI 4.7.

我们可以看到，身体中横膈膜以下的部分都从肝脏获得血液，而横膈膜自身、心包膜以及周围的其他薄膜组织，在腔静脉把血液输送到心脏之前就已经从中获取了养分。[555] 所以，肝脏所输送的并不是作为半成品的血液，而是负责为全身提供营养的血液。

从心脏出发向全身输送的也是血液。因此有些人认为，心脏既然是血液的发源地，那么心脏便同时是动脉血和静脉血的起源。[556] 盖伦认为，在动脉和静脉中运行的血液是不同的。身体中存在着两种不同类型的血液：一种血液是潮湿的，红色的，这种血液在肝脏中首先生成，承载它并把它输布全身的管道是静脉。而另一种血液是黄色的，热的，细分的，类似普纽玛的，这种血液在左心室中首先生成，承载它并把它输布全身的管道是动脉。[557]

心脏是像普纽玛那样的、沸腾的血液的起源，它同时也是动脉的起源，灵魂激情部分的位置所在。盖伦认为，那些把心脏看作静脉起源的人，仅仅注意到心脏是血液的起源，而忽视了这是什么血液的起源。盖伦注意到，当柏拉图讲以心脏为起源的血液时，他在血液前加上了这样的限制，即“在向四肢传递的过程中运动猛烈的（tou peripheromenou sphodrōs）”。[558] 虽然，柏拉图没有对动脉和静脉做出明确区分，甚至在讲“动脉（artērias）”的时候，把它称为“静脉（phlebas）”。[559] 但那只是用词和表述上的问题，事实上，

555 Ibid., VI 4.10-11.

556 Ibid., VI 8.38.

557 Ibid., VI 8.36.

558 柏拉图，《蒂迈欧》70b1-2；Galen, *PHP* VI 8.39-40.

当柏拉图讲心脏是血液起源的时候，他讲的血液就是动脉血。“运动猛烈”就是动脉血和静脉血间的主要差别。来自肝脏的血液不像普纽玛，它的运动并不猛烈，所以也就不存在搏动（脉搏）。而来自左心室的血液是更热，更像普纽玛的，运送它的管道总在不断地搏动。[560]

对于灵魂的激情部分来说，一定的热度是必须的，而对于灵魂的欲望部分来说，一定的热度就不是必须的了。在盖伦看来，就温度而言，灵魂的欲望部分比起激情部分来说要低一些。因为，如果静脉血的起源是“沸腾着的热”的话，静脉就不可能没有脉动了。[561]

当盖伦讲肝脏的时候，他一会儿讲肝脏是静脉的起源，一会儿讲肝脏是血液的起源，一会儿讲肝脏是欲望灵魂的起源。我们注意到，当盖伦进行论证的时候，很多情况下，他是把这几种说法混在一起的。盖伦认为，这些表述之间其实并没有很大的差别，它们只是同一事物的不同方面。在论证的时候，它们之间可以借用彼此的论据。

讲肝脏是血液的起源和肝脏是静脉的起源时，盖伦考察的主要对象是身体的构造和功能。讲肝脏是欲望灵魂的起源时，盖伦思考的主要对象是灵魂的功能。前者主要是医生们的工作，后者主要是

559 柏拉图，《蒂迈欧》70b1；关于静脉和动脉两个词的使用历史，盖伦做过一些论述。他说，在最早的哲学家和医生们那里，“血管（phleps，和静脉是同一个词）”这个词被用来指运输两种血液的管道，并不做进一步的区分。后来才把有脉动的管道称为动脉，把没有脉动的管道称为静脉。（Galen, *PHP* VI 8.42）

560 Galen, *PHP* VI 8.41.

561 Ibid., VI 8.54-55

哲学家们的工作。医生们多考虑身体的器官，而哲学家们多考虑灵魂的能力。[562] 盖伦很自然地把对肝脏是静脉起源的论证，用在对灵魂欲望部分在身体中位置的讨论中。盖伦的这种使用，可能会在论证肝脏是灵魂的一种能力的起源时，给我们带来理解上的困难。这种困难不仅是因为盖伦自己认识到的肝脏本身的特殊性所带来的，而且因为盖伦对制造营养的功能与感官欲望之间的关联讨论得不够充分。[563]

盖伦对柏拉图所讲的灵魂三分有着强烈信念。他对肝脏和灵魂欲望部分的讨论似乎有把肝脏的身体功能强行置入灵魂三分图景的嫌疑。不过，盖伦的这一做法并不是随意的，他有自己的特殊考虑。这一考虑关涉的重点在于灵魂和身体间的关系。盖伦对身体和灵魂的讨论都以灵魂中存在三个部分的观点为支撑，以此展开他对灵魂和身体的结构与功能的具体论述，并通过灵魂与身体间的对应关系论证身体是灵魂的器官。

只有在知晓盖伦所理解的灵魂与身体的关系，注意盖伦所具有的医生哲学家的双重身份的前提下，盖伦对灵魂能力的讨论和对灵魂三分的证明才可能被理解。不管盖伦对灵魂能力与身体中的脏器和组织的关系的讨论是不是成功，他论证的出发点和旨归都体现了从哲学和医学两种视角来看问题的基本立场，哲学和医学在盖伦看

562 Ibid., VI 8.57-58

563 当代一些学者，如曼斯菲尔德（Mansfeld）、蒂耶勒曼（Tieleman）和德•兰西（De Lacy）等，指出这是盖伦在解释灵魂欲望部分时存在的问题。参见 Christopher Gill, *Naturalistic Psychology in Galen and Stoicism*, Oxford, 2010, pp. 109-113.

来是彼此相容的。

盖伦所推崇的希波克拉底和柏拉图，分别从医学和哲学两方面展开关于灵魂能力的讨论。盖伦试图将这两方面的论证更为紧密的结合起来。虽然在希波克拉底和柏拉图那里，对身体器官的考察和对灵魂能力的考察，并不是截然分开的。但是，有意把这两者放在一起，并通过对其中一方的论证来推论另一方的做法，在盖伦这里体现得最为突出。

这种同时考察灵魂能力和身体结构的认识方式，建立在我们上一章讨论过的灵魂和身体不可分的认识基础之上。在《灵魂的状态依赖于身体的混合》中，盖伦论述了灵魂的能力依赖于身体中冷、热、干、湿的混合。因为盖伦所考察的都是与身体结合在一起的灵魂，所以灵魂能力的实现必然受着身体状况的影响。身体影响灵魂只是灵魂与身体关系的一个方面的体现。另一方面，灵魂为身体的活动负责。灵魂的活动可以通过四元素的混合来解释，但是，从盖伦认识的灵魂与身体的关系来看，灵魂并不能完全还原为构成身体的元素。灵魂处于高于身体的主宰位置。灵魂对身体的主宰作用体现在盖伦对灵魂三分的证明中：灵魂的三种能力通过身体中的三个主要器官来执行，身体中相关器官和组织的构成与活动都适合并服务于灵魂的功能。

在《论希波克拉底和柏拉图的诸种学说》中，盖伦对灵魂三种能力与身体中不同脏器间的关系做了充分的论证。在《论身体各部分的功能》中，身体不仅作为灵魂的器官被讨论，而且，关于灵魂和身体构造的分析服务于人们对自然全能的认识。在盖伦这里，动物的解剖结论被运用于灵魂三分和自然目的论的哲学思考中。医生们所从事的解剖活动与哲学家所从事的哲学思考在关于身体与灵魂的认识中紧密结合起来。

灵魂作为身体的主宰，决定着身体的结构和功能。身体各部分的功能和灵魂在身体中的位置安排，都是自然的完美作品。对于人而言，认识自然可以借由认识自然的作品来实现。在灵魂问题上，盖伦不认为人们可以直接认识灵魂。对灵魂的认识，要通过对身体的认识才可能获得。

盖伦把逻辑论证与解剖实践结合起来的方法，使得通过认识身体来认识灵魂的方式，对于理解灵魂来说，不仅合理而且重要。在这种意义上，盖伦的医生身份不是可有可无的，而是认识灵魂的先决条件。与此同时，既然盖伦认为，最好的医生同时也是一位哲学家，[564] 那么，哲学家身份对于认识灵魂来说也是必要的。

这位哲学家不仅有着理论上的求知兴趣，而且有着伦理生活上的现实关怀。盖伦不会满足于仅仅拥有关于身体和灵魂的知识，以

564 盖伦早年曾写过一篇题为《最好的医生同时也是一位哲学家》的小文，明确指出，要成为一名好医生要有哲学上的兴趣，要像哲学家那样精研逻辑学、物理学和伦理学。只有这样才能像希波克拉底那样拥有高超的医术和高尚的人格。拥有美德是盖伦非常关心的问题，认为这是成为好医生的必要条件。对美德的拥有和医术的高低只有在实践中才能体现出来，所以盖伦强调说，要成为希波克拉底的真正后裔必须把哲学运用到医学实践的每一步中。参见 *Galen: Selected Works*, "The best doctor is also a philosopher", trans. P. N. Singer, Oxford University Press, 1997, pp. 30-34.

及熟悉这些知识在治疗身体中的运用，他还同时关心这些知识如何帮助我们在实践中治疗灵魂的疾病，如何使人成为拥有美德的好人。

从身体来认识灵魂，既可以认识身体的结构和灵魂的功能，又可以为保持灵魂健康提供有益的帮助。使人拥有健康的灵魂，是盖伦在论证灵魂三分的时候同时关心的话题。在《论希波克拉底和柏拉图的诸种学说》一书中，关于激情的讨论集中在第四卷和第五卷。这一部分插在前面关于脑和心脏的讨论与第六卷关于肝脏的讨论之间，在全书中占有很大比重。在以论证灵魂三分为主要任务的第一至第六卷中，盖伦使用三分之一的篇幅来专门讨论灵魂中的激情。这一方面因为，关于激情的讨论是论证心脏是灵魂中的激情部分起源的重要部分；另一方面因为，在盖伦所关心的如何保持灵魂健康的问题上，关于灵魂中激情部分的讨论必不可少。

在盖伦生活的希腊化时代，大多数哲学家认为，要拥有健康的灵魂就要去除激情。盖伦对此提出了自己的批评。他在灵魂和身体紧密相关的基本认识基础上，在灵魂三分学说的结构框架里，认识灵魂中的激情。盖伦从身体和灵魂两方面出发，提出了自己的，治疗不当激情的方案。

第四章　激情和对激情的治疗

在前面的讨论中我们反复强调，盖伦所理解的灵魂和身体是紧密联系在一起的。无论是灵魂，还是身体，都不能被孤立地看待。对其中任何一方的考察，都必须以另一方的存在为背景。当盖伦讲灵魂的时候，这个灵魂是与身体同在，和身体密切相关的灵魂；当盖伦讲身体的时候，这个身体是会受灵魂影响，服务于灵魂最高目标的身体。和柏拉图一样，盖伦把身体和灵魂的和谐健美看作是完美个人所应该具有的德性。那么，要成为这样的人，或者说要接近成为这样的人，就需要我们在关注灵魂的同时也关注身体，在关注身体的同时也关注灵魂，而且这种对身体和灵魂的双重关注应该是终其一生的。

盖伦对身体和灵魂的双重重视，不仅体现在他对灵魂与身体关系的讨论中，体现在对灵魂结构和身体构造的认识中，而且体现在他的求学经历和主要实践活动上。从少年时代开始，盖伦就在身体和灵魂两方面学习和训练自己。他不仅要求自己具有与身体和灵魂相关的知识，还要在实践上使两者都能远离疾病，趋向健康。当他成长为一名医生和哲学家之后，他既像医生那样给人们治疗身体疾患，也像哲学家那样帮助人们减轻灵魂的病状。

对于盖伦来说，就像身体和灵魂不可分一样，医生和哲学家也不可分；就像灵魂依赖于身体，但身体服务于灵魂一样，虽然哲学家应该具有相关的医学知识，但医学的最终目标是属于哲学的，即追求人的完善和幸福。从最后旨归来看，身体从属于灵魂，医学从属于哲学。在这个意义上，对灵魂的关照显得比对身体的关照更为重要。

在应友人要求而写的文章《对每个灵魂各自激情的诊断和治疗》（*peri diagnōseōs kai therapeias tōn en tē ekastou phychē idiōn pathōn*）中，[565] 盖伦劝诫那些灵魂上有缺点的朋友要像关注身体一样关注灵魂：

> 成为一个完美的人是一个目标。这个目标要求我们每一个人终其一生不断地训练自己。如果一个人知道自己灵魂中的一些缺点，而这些缺点又不是不能改变，不能纠正的话，即使到了五十岁他也不能放弃提升自己的可能。如果在那样的年纪他的身体处于不好的状态，他不会任凭其不好，而是会想尽一切办法来改善它。[566]

人们对灵魂的照看应该像他们对身体的照看一样用心。因为盖伦相信，就像对身体的照顾，可以为我们带来强健的体魄一样，对

565 盖伦的这篇文章与另一篇讨论灵魂中错误的文章（《对每个灵魂中错误的诊断和治疗》）总是被放在一起来考察。Singer 和 Harkins 都把它们放在一个题目下，译为《论灵魂中的激情和错误》（“The affections and errors of the soul”,“On the passions and errors of the soul”）。我在这里根据 Kühn 编辑的《盖伦全集》中这篇文章的希腊文题目，将其译作“对每个灵魂各自激情的诊断和治疗”，拉丁文题目为 De Propriorum Animi Cuiuslibet Affectuum Dignotione et Curatione（缩写为 *PAC*）。因为题目较长，为了简便起见，后文中统一将其中译书名简称为“论激情”。

566 Galen, *PAC*, 14(K.V).

灵魂的不懈照看，可以使我们最大可能地接近那些不受情绪和错误控制的，有智慧的人。对于年轻人来说，这项工作尤为重要。虽然对灵魂的照看是每个人一生的工作，但较之于老年人而言，青年人更容易犯错，即使是那些有着最好禀赋，受过最好教育的青年人也不例外。[567] 所以，每个人从年轻时候开始，就应该不断审视自己，使自己远离情绪的控制，譬如强迫自己控制发怒。只要认识到自己的问题，并愿意改正，那么，经过努力，人们是可以使自己的灵魂趋向美善的。

在《论激情》中，盖伦举了好几个控制怒火的成功例子，来证明对灵魂的修正和提高是可能的。[568] 他说，只要坚持这种自我控制，人就会慢慢改变脾气，成为一个适度中庸的人。较之能够具有什么技艺而言，成为什么样的人是每个人首先应该考虑的，更为重要的事。在年轻人学习日后得以谋生的技艺之前，他应该首先受到成为好人的教育。

如果一个人年复一年地努力成为一位好的医生，一位好的

567 Ibid., 14 (K. V).

568 例如盖伦常讲到他亲历的一件事。他有一位朋友，这位朋友正直、友善、得体、慷慨，但是脾气非常糟糕，常常会殴打他的仆人。在一次从罗马回家的途中，他发现他的仆人弄丢了一件行李，于是震怒，随手抓起一把带有刀鞘的大刀打倒了两个仆人，利刃切破刀鞘，这两个仆人的头部都受了很重的伤。他一看到流了很多血就惊慌地独自朝雅典方向逃跑了，盖伦留下来救了这两位仆人，并把他们带回了雅典。当这位朋友恢复平静之后，他认识到自己的错误，希望盖伦鞭打他以惩罚自己怒火影响下的所作所为，但是盖伦认为对怒火的自律应该用言辞而不是靠鞭打。这位朋友听了盖伦的话，小心地自我控制，在一年中有了很大的提高。参见 Galen, *PAC* 18-20 (K. V).

演说家，一位好的学者或者几何学家，而从不思考要花时间来成为一个好的人，那是一件令人羞耻的事。[569]

要成为好人就要努力改正灵魂中的缺点，治疗灵魂中的疾病。这种对灵魂疾病的治疗是哲学家的工作。在治疗的意义上理解哲学的功用，是希腊化时期哲学的一个显著特点。判断哲学是否有用的标准与判断医生好坏的标准一样：能够去除身体病痛的医生是好的医生，同样地，能够治疗灵魂疾患的哲学才是有用的哲学。[570]

医生治疗人的身体，哲学家治疗人的灵魂。哲学与医学间的这种类比关系，在希腊化和罗马帝国时期非常盛行，以至于对自身的关心和对灵魂的治疗泛化为那个时代的普遍文化现象。[571]因为希腊化时期的哲学家们不仅认识到灵魂和身体间的相互影响，而且甚至把灵魂理解为一种身体，所以在他们那里，对灵魂的关心与对身体的关心不是毫不相干的两件事。对身体的关心被整合到对灵魂的关心中来。对人的关心是对身体和灵魂的双重关心，对人的治疗自然也包括这两方面。

当通常在医学领域中被使用的“治疗”一词被用来说明哲学的功用时，[572]哲学与医学间的界线在实践层面变得模糊起来。在治疗的意义上，医生和哲学家的工作是相似的。当哲学家们认为自己是

569 Galen, *PAC* 21(K.V).

570 伊壁鸠鲁认为，“那些不能为人的苦难提供治疗的哲学家所说的都是空话。因为就好像不能为身体的疾病提供治疗在医学实践中是无用一样，如果不能去除灵魂中的苦难，哲学也是无用的。”（L. S. 25C）

571 福柯，《主体解释学》，佘碧平译，上海人民出版社，2005，第 35 页。

治疗师的时候，医生们也认为真正的医生同时必然是哲学家。[573]生活在那个时代的医生哲学家盖伦是这方面的典型代表，他同时承担了医生和哲学家两方面的工作：他既接受别人有关养生方面的咨询，帮助人们增进照料身体的技艺，同时，他也直接参与到帮助人们控制不好情绪的工作中去，开给人们安顿灵魂的哲学良方。

盖伦的实践活动体现了他在思考灵魂问题时的一个显著特点，即从人的实际生活出发，从伦理的、政治的角度出发来思考灵魂问题。在前面关于灵魂本质的讨论中，我们已经看到，盖伦对灵魂本质是否不朽，和灵魂是否是一种身体的问题避而不谈。这其中的一个主要原因就在于，这些问题与治疗疾病和提高伦理德性无关。既然盖伦如此关心医术与伦理政治生活，那么，关于如何治疗灵魂疾病的讨论便必然是灵魂问题讨论中的一项重要内容。盖伦对如何保持灵魂健康的认识，体现了他对灵魂与身体关系的理解在医学实践和伦理生活中的具体运用。

关于灵魂中的帕托斯（pathos）的讨论，是这方面讨论的核心问题。如何理解帕托斯，帕托斯与灵魂疾病的关系，对帕托斯的控制与保持灵魂健康的关系都是我们在改正灵魂缺点，治疗灵魂疾病时要考虑的问题。在这些问题上，盖伦继承了柏拉图、亚里士多德和希波克拉底的相关论述。和关于灵魂三分的证明一样，盖伦的很

---

572 “治疗”这一概念甚至可以说是西方医学的核心概念。从词源和构词法来看，医学和治疗间的关系非常明显：用来翻译希腊语 iatros（医生）的拉丁语 medicus 来源于动词 medeor（治疗、治愈），而且，关于医药的词汇族都是围绕“治疗”这一概念构成的，如医学 medicina，药物 medicamentum。

573 *Galen: Selected Works*, trans. P. N. Singer, Oxford University Press, 1997, pp. 30-34.

多相关讨论是在对廊下派，特别是克吕西普的批评中展开的。

对盖伦所讲的帕托斯（或激情）的考察既要放在哲学史的背景下，也要放在盖伦自己对灵魂的全面认识中来进行才可能较为全面。这样的考察，不仅可以帮助我们认识盖伦在帕托斯问题上的理解，还可以帮助我们进一步了解盖伦对灵魂与身体关系的理解，帮助我们对希腊化时期流行的医学与哲学间的类比话语有一个更为具体的认识。

第一节　帕托斯（pathos）与灵魂的疾病

从上面提到的盖伦那篇文章的题目中，我们看到，"灵魂中的激情（pathos）"被表述为诊断和治疗的对象。[574] 这一表述方式使

574 希腊文 pathos 是一个不易翻译的词。在一般意义上，这个词用来指遭遇的事件，对人而言指经历的或好或坏的经验，如果这种遭遇发生在灵魂中则指灵魂状态。当它指灵魂状态的时候也因所指对象的不同而有复杂的含义，所以历来对这个词的翻译就莫衷一是。拉丁文中，西塞罗的相应表述是 perturbatio，塞涅卡则用 adfectio 一词表达灵魂中的 pathos，其他的表述方式还是 passio 和 motio (animae) 等。在英语中对 pathos 的翻译一般有 passion、affection、emotion、feeling、sentiment 等，有时也会用诸如 what happens to the soul 这样的短语；在中文中，有"激情"、"情绪"、"情感"等多种翻译。要在中文中找到一个内涵与外延都与希腊文 pathos 对应的词几乎是不可能的，即使找一个与之相近的中文词也比较困难。在这里，我只能根据 pathos 在不同地方的不同含义将其分别译作"情感"（当它在一般的意义上使用，指人的普通情感时）或"激情"（当它指过于强烈的感情，或是在强调这是一种该被控制甚至根除的非自然冲动时）。当这个词同时指这两种含义，泛指灵魂状态的时候，因为很难找到相应的中文词所以只能暂时音译为帕托斯。

得我们很自然地把灵魂中的激情与灵魂的疾病联系起来。只有疾病，才需要诊断和治疗。可是，帕托斯是一种疾病吗？盖伦是怎样理解帕托斯的？要回答这些问题，既要知道盖伦所讲的灵魂中的帕托斯指的是什么，也要明白他所理解帕托斯和疾病是怎样的一种关系。

一、什么是帕托斯

在希腊语里，帕托斯（pathos）一词的基本含义指遭受的事情，由此引申出遭遇、经验、事件、境况，情感等诸义。灵魂所遭受到的就是灵魂的帕托斯。在柏拉图那里，也常用 pathēma 来表示类似含义。这两个词都可以用来指我们在这里要讨论的灵魂状态。[575]

希腊人所讲的灵魂中的帕托斯有很多具体的表现。这些具体表现就是我们平时所说的人的各种情感，常常被提及和讨论的情感有愤怒（orgē）、恐惧（phobos）、憎恶（misos）、高兴（chara）、羞愧（aidōs）、同情（eleos）、爱恋（erōs）等等。如果某种情感表现地异常强烈，我们便称其为激情，比如狂怒（mēnis），嫉妒（phthonos）等等。当帕托斯用来指人的灵魂状态时，它既可以指一般的情感也可以指强烈的激情。常用来表示激情的词除了 pathos 之外，还有 thumos。[576]

在探讨帕托斯词义的时候，列举这些与帕托斯相关的词，不仅

575 参见 Liddell & Scott, *Greek-English Lexicon*, ninth edition, Oxford, 1951, p. 1285.

576 thumos 也是一个意义丰富的词，它有勇气的含义，也指各种强烈的情感，特别是愤怒。柏拉图所讲的灵魂中的激情部分（thumoeidēs）一词就是以 thumos 为词根的。

因为我们在考察希腊人对帕托斯的讨论时常会看到这些词（当然还有其他在这里没有提及的与帕托斯含义相近或有关的词），这些词可以帮助我们理解什么是帕托斯，而且因为对这些希腊词的列举本身就向我们展现了帕托斯一词的多义性和复杂性。不同时代，不同的人，对帕托斯的理解和使用虽然有一定的共同性，但又都不尽相同。这似乎是每一个名词或者概念都有的相似命运。

当我们试图考察盖伦如何理解帕托斯的时候，我们应该注意他所讲的帕托斯与他的前人和同时代人所讲的帕托斯有哪些相同之处，有哪些不同之处。而要做到这一点，就需要我们在熟悉盖伦对帕托斯的论述的同时，了解其他希腊先哲们的相关讨论，特别要对柏拉图、亚里士多德和希波克拉底的相关论述有相应的了解。他们是盖伦特别推崇的哲学家和医生，对盖伦思想的形成有着很深的影响。在我们具体考察盖伦对帕托斯的讨论之前，先对这些人的思想有一个简要的概述是必要的，这不仅可以帮助我们对概念的历史有一个概览，而且可以帮助我们了解盖伦在这一问题上对前人的继承和发展。

对帕托斯一词所指的灵魂状态的关注从荷马时期就已经开始了。《伊利亚特》以阿基琉斯的愤怒开篇。mēnin（狂怒）成为整部史诗的第一个词。柏拉图在讲情感的时候常常引用荷马的诗句。例如在《斐莱布》中，苏格拉底向普罗塔库论证存在着一种痛苦和快乐的混合状态的时候，就引用了荷马的诗句“愤怒使聪明的人陷入暴戾，他进入人们的心胸比蜂蜜还甘甜”。[577] 愤怒、恐惧、期盼等等情感，给灵魂带来痛苦，同时也充满快乐。快乐和痛苦总是伴随着情感或激情左右。关于帕托斯的讨论自然也就同时包含了关于快乐和痛苦的讨论。

史诗诗人和悲剧诗人们都非常重视给人带来痛苦和快乐的情感，因为这是讨论人事时无法避免的话题。在柏拉图和亚里士多德那里，我们也能看到这种对情感的重视，对伴随情感的快乐和痛苦的重视。当柏拉图考察帕托斯和理性关系的时候，当亚里士多德讨论帕托斯和德性关系的时候，他们也同样谈到智慧和德性与快乐或痛苦的关系。柏拉图认为，只有拥有最高的理性才能体会真正的快乐，而亚里士多德所讲的伦理德性直接就是产生关于快乐和痛苦的最好行为的品质。[578]

在《斐勒布》中，柏拉图论述了理性较之快乐更接近善。但是，快乐和理性是不可分的。因为，没有真正的意见，没有对经验的认识，没有片刻的记忆，快乐是无法得到的。同样，没有快乐伴随的理智无法让人感到满足。理智（phronēsis）和快乐混合的生活才是人们所追求的。[579]因此，对人而言的善只能在这种混合的生活中寻找。当然，这种值得追求的混合生活应该是混合得好的生活，而不是混合得糟糕的生活。在这种有着良好混合的生活中，快乐不是第一位的，即使是依附于知识的灵魂的快乐也只能排在第五的位置上。

---

577 柏拉图，《斐莱布》47e，所引荷马诗句出自《伊利亚特》第 18 卷，第 109 行，罗念生、王焕生译，人民文学出版社，1994 年。

578 参见柏拉图《理想国》586，亚里士多德《尼各马可伦理学》1104b。

579 柏拉图，《斐勒布》60d-61d。

它低于恰当的尺度，低于完美的比例、美善和自足，低于理性和理智，低于属于灵魂的知识和技艺。[580] 但它不是没有位置的，当它服从于理智以最好比例参与我们生活的时候，这种混有快乐的生活让我们更接近善。

在《理想国》第九卷对三种不同的人体验的三种不同快乐的讨论中，我们看到，无论什么人都可以体会到一定程度的快乐。虽然不同快乐之间的差别很大，甚至有着真假之别。但是，无论如何，快乐和痛苦与人们的生活紧密联系在一起。即使是看似冷静的理性也不能与快乐分开。而且，恰恰只有拥有理性才能享有最大的快乐。理性，也就是灵魂中用以学习部分的快乐是最真实的。所以，这部分灵魂占统治地位的人的生活也就是最快乐的。[581]

一般而言，与快乐和痛苦联系最密切的，是我们称之为情感的东西。当柏拉图讲快乐和痛苦的时候，他会列举愤怒、嫉妒等感情来加以说明。[582] 亚里士多德认为，快乐和痛苦是情感的必然伴随物。[583] 而在廊下派那里，快乐和痛苦直接属于最基本的四种情感。[584] 如果，我们把快乐看作人的情感的一个重要表现的话，那么，我们似乎可以

580 同上，66a-c。

581 柏拉图，《理想国》583a。灵魂中理性部分占统治地位，意味着理性统领的灵魂其他部分都能各司其职，各安其位，这样的灵魂也就是正义的灵魂，这样的生活也就是正义的生活。《法篇》662d-663d 中柏拉图也讨论了最正义的生活同时是最快乐的生活。认为把快乐和正义、美善分开的理论至少不利于说服人们过一种正义虔敬的生活。

582 如柏拉图，《法篇》644c-d。

583 亚里士多德，《尼各马克伦理学》1104b15。

说，情感是人的美好生活中不可或缺的部分。对于美好生活而言，如同快乐依附和听从于理性一样，情感也要服从理性的安排，听从理性的号令。

在柏拉图的灵魂三分图景中，情感不属于灵魂中的理性部分（logistikon）。那些用以感受物欲的灵魂能力，在柏拉图看来属于非理性的欲望部分（epithumētikon）。与荣誉相关的情感，例如发怒，则属于灵魂中的激情部分（thumoeidēs）。这些情感虽然也是非理性的，但是只要受到良好的教育，它就能成为理性的盟友，帮助理性统治灵魂中的欲望。[585]

激情部分对理性部分的帮助并不是无关紧要的。因为，仅有理性的判断和决定，还不足以保证它对灵魂整体的有效统治。它还需要有执行它和捍卫它的力量，也就是说，理性部分必然需要灵魂中的激情部分。只有当这两个部分联合起来，协同作用的时候，我们的灵魂才能处于健康有序的状态。[586] 考虑到情感主要归属于灵魂中的激情部分，而这一部分又是理性灵魂的天然帮手，那么，情感在

584 根据斯托拜乌斯（Stobaeus）的记载，四种基本情感分别为欲望（epithumia），恐惧（phobos），痛苦（lupē），快乐（hēdonē）。属于欲望的情感有发怒，性的欲望，渴望，向往，对快乐、财富荣誉的热爱，等等；属于快乐的情感有对别人的不幸感到高兴，自我满足，欺骗等等；属于恐惧的情感有踌躇，苦恼，吃惊，害羞，精神混乱，迷信，惧怕，恐怖；属于痛苦的情感有怨恨，嫉妒，同情，悲伤，担忧，悲痛，烦恼，精神上的痛苦，恼怒。（L. S. 65E）

585 参见柏拉图，《理想国》439d-411a。

586 参见同上，442b。在讨论灵魂的时候，柏拉图主要强调的是灵魂中各部分的各司其职。如果，灵魂中的各部不能有序工作，而是彼此之间存在严重冲突的话，灵魂的疾病就会产生，灵魂的健康就会受到损害，参见《智者篇》228b。

人们获取正义幸福生活的努力中所起的作用就不能被忽视了。

对情感的正面作用的重视，特别体现在人们关于教育问题的思考中。当柏拉图讨论教育问题的时候，他从来没有忽略对情感的培养。对于理性还不健全的儿童来说，教育作用的对象只能是灵魂中的非理性部分。在教育的最初阶段，教育几乎就等同于对情感的培养。这种培养主要通过音乐教育和体育教育来完成。在柏拉图那里，音乐和体育教育担负了协调激情和理性的职责。它们使得灵魂中的爱智部分(to philosophon)和血气部分(to thumoeidēs)能够配合得当，彼此和谐。[587]人对善恶的好恶，最初都是通过情感获得的。人不可能没有情感。坏的激情会产生邪恶，给人带来不幸。但是如果一个人被培养出好的情感，那么这种情感不仅不会影响人的正义生活，还会帮助人持续追求至善，从而获得幸福。

快乐和痛苦，以及总是伴随快乐和痛苦的情感，在人们的伦理和政治生活中所起的作用，在亚里士多德那里被阐释得更为详尽。他赞同柏拉图的教育观点，认为正确的教育就是从小培养对应做之事的快乐和痛苦的情感。[588]这种对情感的培养之所以重要，是因为我们总是通过快乐和痛苦来调节我们的行为。亚里士多德认为，一

587 参见柏拉图《理想国》411e-412a，442a，522a。

588 亚里士多德，《尼各马可伦理学》1104b11-13。柏拉图在《法篇》653a-c 中借雅典老人之口讲了婴儿最先获得的就是关于快乐和痛苦的意识，所以灵魂也就应该先在这里获得善恶。因此，教育就是对快乐和痛苦状态的正确约束，使人从一开始就厌恶应该厌恶的东西，喜爱应该喜爱的东西，从而在早年就能获得与理智一致的感觉。

切事都必然围绕它进行，无论是德性还是政治，都要处理快乐和痛苦。处理得好就是善的，处理得不好就是恶的。[589]

在亚里士多德看来，伦理德性与快乐和痛苦相关，是关于快乐和痛苦的德性。[590] 在讨论什么是德性的时候，亚里士多德从灵魂中的三种状态开始讲起。情感（pathē）、能力（dynameis），品质（hekseis）是灵魂的三种状态。[591] 这三种状态都与情感相关：情感本身自不必说，能力指基于此我们能够感受情感的东西，品质指基于此我们与情感处于一种或好或坏的关系之中。情感和能力本身都不能被称为善或恶，可以被称赞和责备的只能是品质，所以，能被称为德性的是品质。[592] 由此可知，德性所指的是与情感的关系状态，或者说是对情感的态度。伦理德性所要求的不是一般的关系和态度，而是好的、持续的关系和态度，也就是说是好的品质。亚里士多德认为，所谓好的品质就是能够在恰当的时间，恰当的场合，对于恰当的人，出于恰当的原因，以恰当的方式感受情感。这种恰当既不是过度，也不是不及，而是适中（mesos），只有这种适中才是最好的。[593] 比如发怒，我们既不应该过于易怒，也不应该在该生气的场合无动于衷。而是应该处于这两者之间，根据具体的情况把握中间的尺度。拥有好品质的伦理德性就是在与情感的关系中趋向中道（mesos）。[594]

589 同上，1105a5-15。
590 同上，1104b5。
591 亚里士多德，《尼各马可伦理学》1105b18-1106a10；《大伦理学》1186a10-20。
592 亚里士多德，《尼各马可伦理学》1105b30-1106a10。
593 同上，1106b20。

在亚里士多德所做的对德性的讨论中，我们看到，与德性相关的快乐和痛苦，以及情感自身并没有绝对的善恶可言。[595]关键在于，人们对它们的态度是不是适中。如果是的话，就是有德性的，就是善的，是最好的；如果不是的话，就是恶的，是应该被谴责的。亚里士多德认为，情感在伦理生活和政治生活中占有重要位置。与此相应，亚里士多德对帕托斯的讨论也主要集中在他的伦理学著作和与公共政治生活密切相关的《修辞学》中。

在伦理学著作中，亚里士多德强调的是处于中道状态的情感。因为他认为，这样一种与情感的关系状态才是好的，处于这种状态中的生活才是有德性的生活。在《修辞学》中，对情感的讨论出于演说者希望说服听众的目的。修辞术在政治活动中的作用，主要通过影响听众的情绪进而影响听众的判断来实现。这种作用在法庭辩论和政治演说中，体现得尤为明显。

在《修辞学》第 2 卷中，亚里士多德详细定义和讨论了各种人们常常提及的具体情感，如发怒、恐惧、羞耻等等。[596]人们只有首先对这些情感有所认识，然后才能知道如何去影响听众的情绪，从而使处于某种情绪控制下的听众做出对自己有利的判断。在这里，

594 亚里士多德，《大伦理学》1186a。

595 虽然亚里士多德也提到有些情感，比如幸灾乐祸（epichairekakia）、无耻（anaischyntia）、嫉恨（phthonos）直接就是与恶联系在一起的，没有中道，但是对于绝大多数情感来说，适中的就是好的。

596 亚里士多德在《修辞学》第 2 卷中讨论了 10 种具体的情感，这是希腊哲学史中第一次对具体单独的情感做如此详细的研究。

情感是否能在政治活动中产生有利的作用，完全基于情感的激发者，也就是演说者，关心的是否是城邦的正义。如果演说者通过自己的修辞技艺，成功地影响了民众的情感。而这种情感的发生是有利于正义的城邦生活的，那么这样的情感就是好的，是应该被激发的；反之就是不好的，是应该避免的。

从以上对柏拉图和亚里士多德关于帕托斯的论述的简单概述中，我们看到，无论是在柏拉图那里，还是在亚里士多德那里，帕托斯都主要是一个中性概念。它的好坏取决于人们怎样来使用它。使用得恰当，就是好的。使用得不当，就是恶的。

在很多情况下，帕托斯只是指一般意义上的普通情感。亚里士多德比较多地在这个意义上使用这个词。他认为，拥有恰当的、适中的情感是一种伦理德性。在柏拉图那里，帕托斯，或者 thumos（血气），有的时候指一般的情感，有的时候指过度的激情。但无论是哪种情况，都要把它放在与理性的关系中来考察，放在灵魂三分的结构中去理解。[597] 如果激情摆脱理性的控制，它的确会使人趋向邪恶。但只要它听从理性的指导，它就可以帮助理性使人获得幸福。对于真正善好的人类生活而言，情感甚至激情是不可或缺的。

在柏拉图和亚里士多德那里，我们很少看到把帕托斯与疾病相等同的观点。[598] 他们不认为灵魂中的帕托斯就像身体中的疾病那样，应该被去除，应该被避免。在当时的哲学家那里，帕托斯与灵魂疾病间的关联并不密切。到了希腊化时期，把灵魂中帕托斯看作灵魂疾病的观点渐渐普遍起来。人们对帕托斯的理解越来越偏向否定的方面。

帕托斯似乎变得专指那些过度的激情，从而应从有智慧的人的生活中去除。这种应该被避免和根除的情感如同身体中的疾病一样。

在西塞罗看来，希腊人所讲的帕托斯可以被解释为疾病。虽然并不是所有的帕托斯都被看作是疾病，比如人们一般不认为同情和发怒是一种疾病。但总的说来，激情是一种坏的、非自然的东西。它不是某种自然的冲动，而是一种表面的肤浅意见。对这样一种冲

597 在柏拉图那里，关于灵魂的学说在不同时期有不同的表述。在他的早期对话中，如《斐多》中，柏拉图没有提及灵魂区分的问题。灵魂是一个与身体相对的理性统一体。激情和欲望似乎都与灵魂无关，而是来自灵魂所寄居的身体。如果希望灵魂保持健康纯净就必须彻底离开会带来欲望和激情的身体。（《斐多》65e，66b-c）到了中后期，柏拉图开始讨论灵魂的区分。《理想国》和《蒂迈欧》对灵魂三分的阐述最为明确具体。在灵魂三分的结构中，激情作为理性帮手的作用得到了强调。（《理想国》436a-442d，《蒂迈欧》69d-72d）在《法篇》中，柏拉图不再强调灵魂三分的说法，而是倾向于把灵魂做计算反思部分和情感部分的两重区分。虽然前者被认为是理性的，后者被认为属于非理性，但是这两部分之间的关系非常密切。当我们考虑教育问题的时候，对灵魂的培养是包含学习知识和习惯养成两方面的。这里所讲的对情感的培养虽然不是从灵魂三分的图景出发来理解，却依然保持了对灵魂中的情感在美德形成中的作用的重视。关于柏拉图前后期对话中对灵魂和情感的不同表述之间所存在的一致和差异，我们在这里不做具体讨论。在这里，我们以柏拉图中后期的相关对话为主来理解柏拉图的情感学说。一方面，因为在那些对话中对情感的讨论更多、更集中；另一方面，因为我们所讨论的主角盖伦对柏拉图情感学说的理解以柏拉图所做的灵魂三分为基础。盖伦在论证自己的情感学说时最常引用和最为重视的是柏拉图的《理想国》和《蒂迈欧》。对柏拉图情感理论的概述可参见 Simo Knuuttila and Juha Sihvola, “How the philosophical analysis of emotion was introduced”, *The Emotions in Hellenistic Philosophy*, Kluwer Academic Publishers, 1998, pp. 5-8.

598 柏拉图在《理想国》第四卷论证灵魂中有三个部分的时候曾把情绪和疾病并列（pathēmatōn te kai nosēmatōn），认为它们是与理智相对的力量，参见《理想国》439d。

动和意见，人们应该尽量避免。有智慧的人都明白这一点，所以他们永远不会被激情所控制。[599] 从西塞罗用以翻译希腊文 pathos 的 perturbatio 一词中，我们可以看出，他所理解的帕托斯指的是灵魂的混乱状态。既然，灵魂中的任何异常活动都是一种疾病，那么，这种混乱的灵魂状态自然也就是一种疾病了。[600]

廊下派的哲学家们尤其把帕托斯视为应该被根治的疾病。他们反驳当时逍遥派哲学家们所持的帕托斯有用论。在他们看来，所有的帕托斯都根源于理性的错误。人们应该把帕托斯彻底拔除，而不应该仅仅对它们进行修修剪剪。[601] 关于廊下派的情感学说，我们会在下一节专门讨论。在盖伦生活的时代，廊下派学说作为罗马帝国的官方学说处于主导地位。无论赞同也好、反对也罢，盖伦都必然会把廊下派的相关论述作为其讨论的重点。

一方面，盖伦对情感的讨论自然会在当时深受廊下派思想影响的大语境中进行；另一方面，因为盖伦所属意继承的柏拉图和希波克拉底，以及事实上继承的亚里士多德的相关思想与廊下派的观点之间存在差异，所以，廊下派，特别是克吕西普的情感理论成为盖伦论证批驳的主要对象。虽然，盖伦对克吕西普多有批评，但他似乎分享了以克吕西普为代表的廊下派所爱用的“帕托斯是灵魂疾病”

599 Cicero, *De Finibus Bonorum et Malorum* III 35, trans. H. Rackham, Harvard University Press, 1951, p. 254.

600 Cicero, *Tusculan Disputations* III. X. 23, trans. J. E. King, Harvard University Press, 1950, p. 252.

601 参见 Cicero, *Tusculan Disputations* IV. 47-57.

这一表达。盖伦认为，灵魂中的帕托斯是应该被诊断和治疗的。他对待帕托斯的态度与他对待疾病的态度非常相像。

不过，盖伦对帕托斯的态度并不是全然否定的。当他考察愤怒（thumos）和欲望（epithumia）的时候，他引入了 energeia（活动）和 pathos（遭受）这两个概念。[602] 他认为，这两个词可以同时用来指发怒这一行为。它们是从不同的角度来解释发怒的。当我们说发怒是一种 energeia（活动）的时候，我们在发怒是灵魂激情部分的运动的意义上来说；当我们说发怒是一种 pathēma（遭受）的时候，我们在灵魂的其他部分和身体因为发怒而被迫活动的意义上来说。[603] 在这里，对帕托斯的理解出于这个词最原初的遭受的含义。而在这个意义上，活动和遭受总是相伴而生的。它们只是在相同情景下分指事物的不同方面而已。

盖伦认为，柏拉图在讲情感和欲望的时候，有时候用 energeia（主动活动），有时候用 pathos（被动遭受）。主动还是被动在这里并没有实质上的差别。[604] 不管是主动还是被动，我们对待情感的态度都是一样的。用来指发怒等情感的帕托斯一词，在这里并不含有好坏善恶的意义。所以，无需对其进行褒奖或是贬斥。如果仅仅从主动和被动的角度来理解 energeia 和 pathos 的话，我们在理解盖伦所

602 在这里，盖伦对灵魂中的激情部分和欲望部分没有做非常明确的区分，他所说的 pathos 是就灵魂中的非理性部分而言的。但是，当盖伦讨论对 pathos 的诊断和治疗时，他所针对的是灵魂的激情部分。通过对激情部分的规训，使之成为理智的盟友共同统治灵魂中的欲望部分。参见 Galen, *PAC* 27 (K. V).

603 Galen, *PHP* VI 1.5-7.

讲的对“帕托斯”的诊断和治疗时就会遇到困难。

在盖伦看来，这种从主动和被动角度理解 energeia 和 pathos 的方式，只是对这两个词的一种认识和解释，却不是这两个词的惟一含义。他认为，这两个词还有另外一层含义：当我们想到 energeia 和 pathos 的时候，energeia 可以指依照自然（kata physin）的运动，而 pathos 指违背自然（para physin）的运动。[605] 对于同一种行为的解释可以在 energeia 和 pathos 的两层含义上进行，比如盖伦对激情的解释：

> 相同的表述也适用于愤怒和其他激情：在第一种意义上，它们是灵魂的激情部分（pathētikon）的活动（energeiai），但是就它们是一种不符合自然（ou kata physin）的、失控和无节制的运动而言，在第二种意义上，它们不能被称为 energeiai，而是 pathē。[606]

在第二种意义上所讲的与自然相符和相背的两种运动，盖伦用心脏的跳动为例来加以说明。如果心脏合乎其本性地跳动就是搏动（sphygmos），如果心脏违背本性地跳动就是悸动（palmos）。[607] 前者是 energeia，后者是 pathos。悸动因为是心脏违背其本性的运动，

---

604 Ibid., VI 1.24-25. 盖伦引用柏拉图在《理想国》第四卷中的段落来证明，在柏拉图那里，说情感是 energeia 和 pathos 是没有差别的（《理想国》437b4-c10）。但是，在盖伦所引的段落中，柏拉图并没有直接使用这两个词，只是在表述上表达了主动索取和被动遭受的含义，并认为，主动还是被动对于彼此相反的事物而言没有影响。

605 Galen, *PHP* VI 1.8.

606 Ibid., VI 1.14.

所以悸动是非自然的，不健康的。发怒和怯懦在盖伦看来也是如此。这些灵魂激情部分的活动的问题，不在于它们是灵魂激情部分的活动本身，而在于它们是这一部分的违背本性的活动。因为灵魂的激情部分位于人体的心脏部位，所以盖伦用心脏和动脉的运动来进一步解释这两种行为。

> 发怒在灵魂激情部分的运动好比动脉的剧烈跳动，而怯懦在灵魂激情部分的运动好比动脉的微弱跳动。怯懦是激情部分运动的不足，而发怒是一种极端的行为，是超出恰当值的。[608]

无论是过度，还是不足，都是违别自然的运动，都是帕托斯。这个意义上的帕托斯是非自然的，所以是该避免。当盖伦讲帕托斯是违背自然的运动的时候，他强调的是这种活动的失控和无节制。盖伦的这种强调还可以从他对违背自然的运动的表述上直接看到：当盖伦讲违背自然的运动的时候，他直接把这种活动与失控的（ekphoroi）和无节制的（ametroi）的行为并称。[609]

盖伦所要诊断和治疗的就是这种违背自然的活动，他试图避免的是无节制的爱恨，是第二种含义的帕托斯。

> 灵魂中的情感普遍被公认为：勇敢（thumos）、发怒、害怕、嫉妒、过度的欲望；我把对任一东西的过快的爱和恨看作是另一种情感。“适度是最好的（to metron ariston）”对我来

607 Ibid., VI 1.10-11.

608 Ibid., VI 1.15.

609 Ibid., VI 1.14.

说是很好的一句谚语：没有一件好的事物不是中庸适度的。[610]

盖伦认为，存在着自然的情感力量，它们的活动通过作用于灵魂其他部分和身体来形成各种情感，这是从第一层含义来理解帕托斯。而情感力量的过度运动所引起的激情，则可以从这种力量的功能违反自己本性的意义上来理解，也就是从第二层含义来理解。在第二种意义上，情感部分的适中运动并不是帕托斯。和亚里士多德一样，盖伦信奉“适度是最好的”原则，认为一切好的东西必然是适度中庸的。盖伦反对的是不恰当的感情。这种情感因为是违反本性的，是不适度的，所以不利于灵魂的健康，应该将其视为灵魂的疾病，对其进行治疗。当我们讲 pathos 是灵魂疾病的时候，“激情”比“情感”更适合用来翻译 pathos 这个词，特别是当我们理解盖伦所讲的违反自然本性的灵魂活动的时候。

盖伦接受柏拉图的灵魂三分理论，认为激情是出于灵魂中非理性部分的冲动。在《论希波克拉底和柏拉图的诸种学说》的第五卷第七节中，也就在是以关于帕托斯的讨论为核心内容的第四卷至第五卷的最后一节中，盖伦详细论述了柏拉图在《理想国》第四卷中对灵魂三分的讨论。盖伦花了几乎整整一节的篇幅来引用、复述和分析柏拉图对灵魂中三种不同能力的论述。[611] 盖伦在这里的讨论有着他的特殊用意。关于灵魂的三种能力分属三个不同部分的讨论，

610 Galen, *PAC* 7-8 (K. V).

611 盖伦逐段引用了柏拉图《理想国》中的段落 435c9-d3，436b8-9，439a9-d8，439e2-440a7，440a8-b8，440c1-d3，440e10-441a3，441a7-c2。

并没有在这里进行。盖伦强调的只是灵魂中存在着三种不同的能力，特别是灵魂中的激情与理性是两种不同的能力。这与亚里士多德和波西东尼的观点都是一致的。

盖伦特别指出，克吕西普站在这种观点的对立面。在《论灵魂》和《论激情》中，克吕西普都没有讨论柏拉图的相关说法，既没有提到柏拉图的论述，也没有试图给出自己的回应。[612] 在克吕西普看来，灵魂中只有一种理性能力。因为对灵魂中能力的认识不同，盖伦对激情的认识也不同于以克吕西普为代表的廊下派。盖伦认识的激情本身，不像廊下派所认为的那样，仅仅是理智上出错的结果。理智上的错误固然是产生激情的一个原因，除此之外，还有别的原因也可能造成激情的产生。

在关于帕托斯的讨论中，盖伦对灵魂中的理性部分和非理性部分做了明确区分。他在柏拉图所讲的灵魂三分理论基础之上展开自己的相关论述，并依据亚里士多德所说的中庸适度原则来言说自己关于帕托斯的理想。虽然盖伦和廊下派学者在关于帕托斯的问题上有着类似的表述，都把帕托斯看作应该被诊断和治疗的对象，但他们表达的具体含义是不同的。廊下派要根除的是属于灵魂激情部分的情感本身。因为他们根本否认灵魂的激情部分的存在。而盖伦所要治疗的，只是远离“适度中庸”的，不恰当的情感。

站在柏拉图和亚里士多德的立场上，盖伦反对廊下派关于激情的理解。盖伦之所以会和廊下派学者一样，把帕托斯视为一种疾病，

612 Galen, *PHP* V 7.51-2.

时代风气对他的影响是其中的一个方面的原因。他个人的医生身份是我们不能忽略的另一方面的原因。医生这一身份使得我们不得不考虑，盖伦把帕托斯和疾病联系起来的思想，很可能有着某种医学认识上的理由。

二、帕托斯和疾病的关系

希腊医生眼中的帕托斯和疾病的关系非常密切。[613]在希波克拉底派的医学著作中，pathos 和 pathēma 很多时候直接就可以用来指疾病或者症状，几乎可以被当作疾病的同义词。[614]《希波克拉底文集》中有一篇题为 peri pathōn 的文章。这里的 pathos 便是在疾病的意义上来使用的。如果只看这个题目，从灵魂学的背景出发，我们很可能会认为这是一篇讨论各种激情对身体的影响的文章。但是，如果看了文章的内容，我们就会发现，这篇文章讨论的不是人们一般所说的事件或灵魂中的各种情感，而是不同类型的疾病和针对疾病所应该使用的养生法。看起来，把这篇文章命名为“论疾病（peri nousōn）”似乎显得更为合适。如果按照帕托斯的这一用法，帕托斯几乎可以和疾病划等号。[615]那么，讲灵魂中的帕托斯就等于在讲灵魂中的疾病。

---

613 如果从遭受的意义上来理解 pathos 的话，pathos 和疾病的关系是比较直接的。疾病是一种被动遭受的经历，所以西文中的病理学（pathology, Pathologie）一词直接来自希腊文的 pathos。

614 比如《流行病学》第二卷中，pathēmata 就用来指各种身体的症状。参见 Hippocrates, *Epidemics* 2.2.24.

615 在医学文献中，pathos 常常被译作“感染”，所以可以理解为是一种疾病。

然而，无论是廊下派哲学家们把灵魂中的帕托斯看作疾病的时候，还是熟悉这一用法的医生盖伦谈论对帕托斯的诊断和治疗的时候，他们都不是在身体疾病的意义上来讲帕托斯的。他们所讲的都是与理性相对的灵魂状态。虽然，把帕托斯直接等同于疾病的用法，并不完全适用于我们这里讨论的把灵魂中的情感或激情视为需要治疗的疾病的认识，但是，注意到医学中这种用法，至少可以提醒我们，当一位医生考虑帕托斯的时候，将其与疾病进行类比是件很自然的事。

那么，对于盖伦来说，产生于灵魂中非理性部分的帕托斯和疾病仅仅是一种类比上的关系吗？要理解盖伦所讲的帕托斯和疾病的关系，除了要知道什么是盖伦所讲的帕托斯之外，还需要知道什么是他理解的疾病。盖伦是这样来定义疾病的：

> 疾病是身体的一种非自然状态，由此各种生理活动受到损害。[616]

从这个对疾病的定义中，我们可以看到，疾病指的是一种反自然的状态，它影响正常的生理功能，而且这种反自然的状态是仅就身体而言的。单从这个定义来看，疾病专指身体的一种特殊状态，因此并不存在灵魂疾病这一说法。不过，如果把灵魂理解为身体的一部分，那么根据这一定义，身体可以患病，灵魂自然也会患病。

616 Galen, *De symptomatum differentiis*, 1, VII 47K. 根据 Luis 的说法，盖伦对疾病最为全面的定义就在他的《论各种症状》（*De symptomatum differentiis*）中，这本著作写于 169 至 176 年之间，在此之后盖伦对疾病的讨论都依据这里的定义。参见 Luis García-Ballester, *Galen and Galenism*, “Soul and Body, Disease of the Soul and Disease of the Body in Galen’s Medical Thought”, III, p. 121.

可是，关于灵魂是否是身体的问题，盖伦从来没有给出明确的答复。就像我们在第二章中讨论过的那样，盖伦拒绝断言灵魂是身体的还是非身体的，他只是根据自己的观察实践强调了灵魂对身体的依赖。

我们之前已经讨论过，盖伦认为，灵魂的状态依赖于身体中冷、热、干、湿的混合。通过关于身体的认识来认识灵魂，这是盖伦在身体和灵魂问题上所持有的基本态度。既然关于灵魂三分的证明基于对身体的解剖实践，既然身体中的四体液也可以用来解释灵魂的各种状态，那么，把灵魂的病状还原为身体上的异常状态便是可以理解的。所以，严格说来，没有灵魂的疾病，只有身体的疾病，灵魂的疾病只是一种比喻的说法。

根据盖伦所继承的希波克拉底的体液说，体液的异常造成灵魂的病态。例如，精神过度兴奋（parephrosynen）是因为过多的黄胆汁流入大脑，精神抑郁（melancholian）是由于黑胆汁分泌过多，嗜睡（lethargois）健忘则是粘液过多的结果。[617]

这种把灵魂疾病解释为身体疾病的观点并不是盖伦所特有的，我们在柏拉图那里就已经看到了类似表述。在盖伦经常引用的《蒂迈欧》中，柏拉图关于灵魂疾病的讨论位于关于身体疾病的讨论之后，并且远没有关于身体疾病的讨论来得详尽。在那里，柏拉图借蒂迈欧之口讲到一些灵魂的疾病，如性欲过度等等。关于这些灵魂疾病的产生原因，柏拉图给出了身体方面的解释。他认为，性欲过度不是由于人的有意为之，而是由于身体中的某种物质量

---

617 Galen, *QAM* 777 (K. IV).

大，因而从骨头的微孔中渗出遍布全身而造成的。[618] 在这部分关于疾病的讨论中，柏拉图对灵魂疾病的讨论一定程度上从属于他对身体疾病的讨论。他明确指出，他在这里讨论的是灵魂因身体原因而生病的情况。[619] 他认为，身体的疾病是人们容易忽视的灵魂疾病的原因之一。

柏拉图对灵魂疾病的这种身体化的解释，有些类似我们在前面看到的盖伦对灵魂异常状态的解释。不同的是，柏拉图明确用了“灵魂的疾病”（nosos phychēs）的说法，他认为存在灵魂的疾病。就身体而言，健康指身体中的部分以自然的方式统治和被统治着，而疾病则指各部分以违背自然的方式统治和被统治着。[620] 相应地，在灵魂那里也有健康和疾病之分。美德可以看作是灵魂中的一种健康状态，而邪恶则是灵魂的一种疾病。[621]《蒂迈欧》中，柏拉图借蒂迈欧之口把愚蠢（anoia）表述为一种灵魂疾病。在蒂迈欧的讲述里，愚蠢分为两类：疯癫（mania）和无知（amathia）。作乐过剩和悲痛不已都是最严重的灵魂疾病，因为这是一种狂乱状态，在这种状态下，灵魂中的理性处于最底的位置。[622] 当理性不能在灵魂中处于统治地位的时候，灵魂便处于一种非自然的状态。这样的灵魂就是病态的。

---

618 柏拉图，《蒂迈欧》86d。

619 同上。

620 柏拉图，《理想国》444d。

621 同上，444e。

622 柏拉图，《蒂迈欧》86b。

理性无法在灵魂中处于主导，而是让非理性的力量在灵魂中占有上风的情况同样也是盖伦极力反对的。虽然盖伦没有明确讲这种灵魂的异常事实上就是一种灵魂疾病，但他承认这是灵魂的非自然状态，并且在类比的意义上把它视为应该被治疗的疾病。灵魂中的情感因为产生于灵魂中的非理性部分，所以尤其需要被小心看护，不能让其不恰当地占有灵魂的统治地位从而影响灵魂的健康。

值得注意的是，情感本身并不是疾病。且不说在盖伦那里，灵魂疾病只是个类比的概念，即使在这个类比的意义上，灵魂疾病也不能与普通情感划等号，只有过度的情感才可被称为疾病。在承认存在灵魂疾病的柏拉图那里，情感本身同样没有被视为灵魂疾病。他所举例的灵魂疾病是理智方面的愚蠢，而不是发怒、恐惧、羞愧之类的情感。衡量灵魂是否健康的标准是理智是否占有统治地位，而不是是否存在帕托斯。

在盖伦那里，虽然灵魂的疾病主要是在类比的意义上来说的，而且，情感不是灵魂的疾病。但是，源于灵魂中非理性部分的情感会对灵魂产生影响，这种影响可能成为灵魂处于异常状态的原因。所以，要保证灵魂的健康，就要同时关注灵魂中的理性部分和非理性部分，关注情感是否处于理性的控制之下。由此，灵魂的健康就与帕托斯密切相关了。

鉴于灵魂和身体在盖伦那里有着不可分割的关系：一方面，灵魂的状态依赖于身体的混合，另一方面，灵魂的状态也会影响身体的状况；那么，帕托斯自然也就通过灵魂与身体产生了某种关联。

盖伦非常重视这种关联。虽然在古代，人们还没有现代意义上的心理疾病概念，[623] 但是古代医生并没有忽视灵魂状态对健康的影响。灵魂中的帕托斯与身体疾病的关系对于医生来说并不是无关紧要的。

在希波克拉底那里，精神活动对身体的影响就已经被提及了。《流行病学》第六卷中，希波克拉底讨论了与身体健康相关的六个因素。它们分别是，饮食（diaitēsi）、居住（skepēsi）、劳作（ponoisin）、睡眠（hupnoisin）、性活动（aphrodisioisi）和精神活动（gnōmē）。[624] 盖伦在对这一段进行评注的时候，逐一解释了这六种因素的具体所指，其中关于精神活动的说明最为详尽。

依据希腊文义来看，gnōmē 包含两方面的内容：一是与理性相关的认知判断活动，二是意愿、倾向。[625] 具体到这里所讲的作为影响身体健康因素的 gnōmē，盖伦认为，这种精神活动的具体内容是希波克拉底在之前的讨论中已经表述过的。在盖伦对《流行病学》第六卷所做的评注中，他写道：希波克拉底指出，行动、食物、饮料、

623 现代意义上的心理疾病概念以及心理治疗方法始于 19 世纪中叶的英国医学，到那时才形成对我们今天所讲的心理治疗的系统表述。它以无意识的身体活动与神经系统间的机械反射为基础，与我们这里讨论的古代医生对灵魂活动的考察有很大差别。

624 Hippocrates, *Epidemics* VI, 352, 8, 9L 《流行病学》第六卷不像第一卷和第三卷那样被公认为希波克拉底本人的著作，不过盖伦对第六卷以及第二卷都非常重视，专门对它们进行评注。第二卷和第六卷主要讨论的是身体是如何构成的，身体中的各部分如何相互作用。把 epidēmiai 译作流行病学其实并不十分确切，只是一种方便的说法，实际上它指的是医生在行医途中对不同地方的事物的观察，盖伦认为主要是对不同地方的疾病的观察。参见 *Hippocrates* Vol.VII, eds. and trans.by Wesley D. Smith, Harvard University Press, 1994, Introduction, pp. 1-10.

625 参见 *Greek-English Lexicon*, Liddell and Scott (eds.), Oxford, 1951, p. 354.

睡眠和性活动都应该适度。[626]对精神活动的要求也就是要有把握中庸适度的能力，既能知道什么是适度的，又愿意朝向这种被认为是最好的适度。如果，一个人能够保持适度中庸，那么他就会是健康的。在影响健康的六因素中，精神活动与其他五者并不在同一个层级上。精神活动是更基础的，或者也可以说是在先的。只有精神活动正常，才可以把握中道，其他的活动才能是适度的。因此，要治疗疾病，首先要考察病者的精神状态和他的认知能力。

> 对于一个首先患有精神疾病的人的治疗，只能通过改变固有的观念，而不是着力于饮食、生活环境，沐浴，行走等诸如此类的东西。[627]

在《卡尔米德》中，柏拉图也表述了类似的观点。在对疾病的治疗中，对灵魂的治疗是首要的。如果灵魂的疾病得不到治疗，身体的疾病是不能被根治的。[628]除了通过保持行动、食物、饮料、睡眠和性活动的恰当适度，从而在保持健康中发挥作用之外，精神或灵魂状态直接就是健康和疾病的原因。现实中，很多人不是死于恶疾，而是死于灵魂和理性的糟糕状态。[629]

在论证这种灵魂的糟糕状态可以引起疾病，甚至造成死亡的时候，盖伦用了自己亲历的几个病例来加以说明。在这些例子中，

---

626 Galens, *Kommentare zur dem VI. Buche der Epidemien des Hippocrates' Buch VI 6, 5-VIII*, übertragen von Franz Pfaff, CMG V10, 2, 2, S. 484.

627 Ibid., CMG V10, 2, 2, 487.20-3.

628 Plato, *Charmides*, 157a-b.

629 Galen, *In Hipp. Epid*. VI comm. I-VIII CMG v 10, 2, 2, 485.17-19, 22-25.

灵魂的糟糕状态有对死亡的极度恐惧，整日地担忧，为丢钱或为被毁的著作而感到过度悲痛，对故事中所讲的世界毁灭的过分焦虑等等。[630] 在这些具体例子中，我们看到很多通常被认为属于情感的词，如发怒（der Zorn），恐惧（der Furcht），焦虑（die Angst），担忧（der Kummer），悲伤（der Gram），羞愧（die Scham）等等。这些情感在所举的例子中都处于过激的状态，都直接造成病人的身体异样，如发烧，最后导致病人死亡。

解释希波克拉底所讲的 gnōmē（精神活动）的时候，盖伦所举的例子都是各种具体情感的不节制的表现。根据柏拉图对灵魂的区分，作为认知判断的 gnōmē 属于灵魂中的理性部分，而作为情感的 pathos 则属于灵魂中的非理性部分。虽然这两者都属于灵魂，但是用后者来说明解释前者似乎显得不够严谨。为什么盖伦会这样来说明希波克拉底所讲的影响身体的精神活动？如何来理解盖伦的这种解释呢？

首先，我们应该注意前面提到过的 gnōmē 一词在词义上所具有的双重含义。考虑到 gnōmē 除了认识判断的意思之外，还有意愿的意思，gnōmē 就不单纯是一种属于理性部分的认知能力。它同时具有帮助理性判断实现自身的能力，这个能力来自属于灵魂中非理性部分的激情部分（thumoeidēs）。同样来自 thumoeidēs 的情感虽然是非理性的，但它与理性有着某种天然的联系，依赖于理性的领

---

630 Galens, *Kommentare zur dem VI. Buche der Epidemien des Hippocrates' Buch VI 6, 5-VIII*, übertragen von Franz Pfaff, CMG V10, 2, 2, S. 486-7.

导。gnōmē 和 pathos 的关系本身就是互相缠绕的。

除去这种关联，就具体内容而言，精神活动的具体所指在于判断是否节制、是否适度。而对好情感的要求，也在于节制和适度。对于理解盖伦的解释来说，metria（适度的）是最关键的。盖伦对希波克拉底所讲的 gnōmē 的理解与他自己对 pathos 的重视都围绕着“适度”进行。当讲灵魂中的理性功能时，盖伦强调的是理性具有懂得节制的能力。当讲来自非理性的情感时，盖伦强调的是情感作为需要被节制的对象。两者的侧重点不同，但表达的根本意思是一致的，都是强调节制、适度的重要作用。

在进行解释的时候，盖伦偏爱用灵魂中的情感来加以说明。这既是受希腊化时期对情感普遍重视的氛围的影响，也是因为实际观察中常看到的灵魂状态对身体的影响主要与各种情感相关。节制与合中道是情感的德性。过激的情感则是对其本性的违背，则会造成身体的不适。在盖伦的医学实践中，他特别注意激情对身体的影响。在他所记录的成功案例中，有好几个是通过观察到引起疾病的原因是灵魂中的激情从而将其治愈的。[631]

当盖伦自己归纳影响健康的诸因素时，他没有像希波克拉底那样，使用 gnōmē 这个词，而是直接使用了 pathos。在《论医术》（*Ars*

631 参见 Galen, *On Prognosis*, 6, 2-10; 7, 2-6。

632 盖伦在这里作了必然因素和非必然因素的区分。必然因素指身体必然遭受的，不可能不与之打交道的事物，非必然因素指除此之外的其他事物，如被剑或被野兽所伤。参见 Galen, “The Art of Medicine ”（*Ars medica*), 23: 367 (K I), *Galen: Selected Works*, trans. P. N. Singer, Oxford New York, 1997, p. 374.

medica）中，盖伦列举了六种影响健康的必然因素：[632] 周围的空气、身体中部分或全体的运动和静止、睡眠和行走、摄入的东西、排泄物和保留物、灵魂中的激情（ek ton psychikon pathon）。[633] 关于这些因素对身体和健康的影响，盖伦这样讲述：

> 通过周围空气的作用，身体会变热、变冷、变干、变湿，或受这些要素的某些混合的影响，或甚至身体本质被完全改变。同样地，通过运动或静止的作用，如果运动或静止中的任何一种超出正常值时，身体会变热、变冷、变干、变湿，或受这些要素的某些混合的影响。身体也会以某种方式被睡眠和行走所影响。摄入的东西、排泄物和保留物的作用也与之类似。所有这些原因都会造成身体的改变（有些是直接的，有些通过别的中介发生作用），健康的丢失。[634]

在盖伦所讲的影响健康的六个必然因素中，前面五种因素都通过影响身体中的冷、热、干、湿及其这些要素的混合来发挥作用，以此来改变身体的状态，影响身体的健康。这五个因素和四要素一样，本身并不必然是健康或疾病的原因，只有在身体需要某种要素而不能获得，或身体不需要某种要素而这种要素又偏偏过多的时候疾病才会产生。所以，要获得健康就要求依据身体的状况使四元素在这五个方面都能协调平衡，否则的话，其中任何一种要素的过多或者缺乏都会引起疾病。除去这五个因素之外，盖伦认为，灵魂中

633 Ibid.

634 Ibid., 368 (K I), pp. 374-5.

的激情也是影响身体的必然因素。

> 人们也应该避免灵魂中所有情感的过度：发怒、悲伤、骄傲、恐惧、嫉妒、担忧，因为它们会对身体的自然构成产生影响。[635]

灵魂中的激情对身体的影响，与其他五种因素一样，是通过改变身体中的四元素及其混合来实现的。[636] 盖伦在《论医术》中所持有的六种必然因素通过四元素来影响身体健康的观点，对于我们来说并不陌生。它与盖伦关于身体的认识是一致的。

在第二章中，我们讨论的核心问题是盖伦对灵魂与身体关系的理解。通过分析，我们看到，盖伦对灵魂的研究没有离开对身体的考察，而他对灵魂状态的认识某种程度上依赖于对身体中四元素混合的认识。盖伦用四元素的混合来解释身体以及身体与灵魂间的关系。在关于健康与疾病的讨论中，盖伦的解释仍然没有把身体与灵魂分开，而且最终诉诸的仍然是四元素。

用四元素来解释身体的关键在于对和谐的诉求。和谐使得身体处于自然状态，也就是健康状态。相应地，对影响身体健康的六个必然因素的要求，也是平衡、和谐。在这六个必然因素中，作为灵魂状态的情感和空气、食物、运动、睡眠一样对于身体来说不可避免。它们可以引起疾病，同时也可以通过改善它们来治疗疾病。

医生在临床实践中，不能忽视情感对健康的影响，必须对其进行观察和诊断。如果发现情感异常，就要对其进行治疗。只有这样，

635 Ibid., 371 (K I), p. 376.

636 Ibid., 373 (K I), p. 377.

才能保障身体的健康。而只有身体健康了，才能维持灵魂的功能。无论对于身体的健康来说，还是对于灵魂的健康来说，情感都是至关重要的。既是医生又是哲学家的盖伦自然会对情感特别重视。

在盖伦那里，情感与健康和疾病有关，而且这种关系是直接而密切的。但是情感自身，并不是任何意义上的疾病。我们看到，从医学角度来说，与情感并列的是维持我们身体功能的一些必要条件。和空气、食物一样，情感也是自然存在的，不可能也不应该像疾病那样被清除。应该被当作疾病进行诊断和治疗的激情，是那些不适当的，违背自然的情感。就像应该被避免的是对身体有害的空气和食物一样，那些不恰当的激情也应该极力避免。

在类比的意义上，这种灵魂状态类似于身体的疾病。盖伦也曾说“发怒难道不是灵魂的一种疾病吗？”[637] 看起来，这种把激情看作灵魂疾病的态度类似于廊下派对待帕托斯的态度。但是，盖伦所讲的情感并不总是不恰当的。就像柏拉图所说的那样，灵魂中的血气部分（thumoeidēs）如果被驯服，就可以帮助理性控制那些趋向身体快乐的欲望部分。盖伦继承了柏拉图的这一说法。[638] 同时，他还结合了亚里士多德的中道学说。盖伦认为，情感应该听从理性的指导，而这种情感最终所达到的理想状态是中庸适度。盖伦对情感的这一要求这与希波克拉底所追求的平衡、和谐是一致的。

通过上面的讨论，我们注意到，盖伦所讲的帕托斯拥有两重含

---

637 Galen, *PAC*, 24 (K. V).

638 Ibid., 27 (K. V).

义。无论是在与 energeia（活动）对举的讨论中，还是在与疾病相关的讨论中，我们都可以看到这种双重含义。在第一种意义上，帕托斯指的是出自灵魂中非理性部分的情感，对人而言它是不可避免的。如果适度的话，这种来自非理性部分的力量不会僭越理性，而是顺从理性，帮助理性来控制更低的欲望。如果理性不能控制它却反过来被它所影响的话，这就是一种违背自然的运动。它会打乱灵魂的正常秩序，进而影响身体的健康，而这就是另一种意义上的帕托斯。这种不恰当的情感是灵魂健康和身体健康的大敌，应该避免和根除。这两种意义上的帕托斯虽然包含的具体内容不同，却是紧密相关的：后者是前者的一种特别表现。之所以把后者专门提出来，因为它直接影响人的生活，容易引起无论是哲学家还是医生的注意。

在廊下派哲学家那里，似乎只存在后一种意义上的帕托斯。因为在它们的理解中，帕托斯都应该被彻底根除。不过，廊下派哲学家，特别是克吕西普，认为激情应该被根除的理由与盖伦的理由不同。盖伦认为激情应该被根除，因为它是中道的反面；而克吕西普认为激情应该被根除，因为它是理性的错误判断。他们对激情的不同态度根源于对灵魂的不同认识：前者认为灵魂中存在三个部分；而后者否认灵魂中存在不同的部分，他所理解的灵魂是一个理性的统一体。盖伦对克吕西普的这种灵魂学说，和由此而来的关于激情的认识，非常不认同。他关于帕托斯的讨论，充分展开在对克吕西普的反驳中。

第二节　对克吕西普激情学说的批评

克吕西普是早期廊下派的重要代表人物。作为芝诺和克莱安特斯之后的第三代掌门人，克吕西普大大发展和完善了廊下派学说。可惜的是，和其他早期廊下派学者的著作一样，绝大多数克吕西普的论著都已佚失，我们只能通过他人的转述和引述来了解他的学说。[639] 盖伦是其中主要的转述者之一。在盖伦的著作中保留了很多克吕西普的观点和表述，其中涉及灵魂和激情学说的内容尤为丰富。[640] 这些对克吕西普的转引和转述主要集中在盖伦的《论柏拉图和希波克拉底的诸种学说》一书中。

639 克吕西普曾写下大量著作，涉及逻辑学、语言哲学、形而上学、灵魂学、伦理学和政治学等多个方面，可惜没有任何一部著作完整地保留下来。通过西塞罗、第欧根尼·拉奥修、普罗塔克和其他作者的总结，我们得以了解克吕西普的思想。在伊壁鸠鲁和塞尼卡那里，我们可以看到与之相应的佐证。另外，还有一些被引用的片段流传下来，比如，盖伦在他的著作中大量直接引用克吕西普著书中的段落。

640 既然是转述，就存在是否完全按照作者原意，还是根据自己的需要有意进行裁剪和曲解的问题。虽然大家一般都把盖伦著作视为克吕西普学说的一个重要来源，但是有不少人注意到盖伦对克吕西普的转述存在断章取义和有意曲解的问题。盖伦的论述带有太多个人色彩，参见 Tieleman, *Galen and Chrysippus on the Soul*, Brill, 1996；过分夸大克吕西普和柏拉图在情感学说上的差异，参见 Christopher Gill, “Did Galen Understand Platonic and Stoic Thinking on Emotions?”, *The Emotions in Hellenistic Philosophy*, Kluwer Academic Publishers, 1998, pp. 113-148; Cooper, “Plato’s Theory of Human Motivation,” *History of Philosophy Quarterly* 1, pp. 3-21. 关于盖伦所转述的克吕西普学说的有效性，以及盖伦对克吕西普的理解是否正确的问题虽然非常重要，但不是我们这里讨论的重点。出于篇幅上的考虑，以及我们考察的主要对象是盖伦而不是克吕西普的考虑，我们暂且仅在盖伦自身的语境中讨论他和克吕西普的对话。

我们在上一章中已经讨论过，盖伦写作此书的目的如同书名所表达的那样，是考察柏拉图和希波克拉底学说中的一致之处。就具体内容而言，他试图论证和主要讨论的是灵魂中到底只有一个部分，这个部分位于心脏；还是存在三个部分，三个部分分别位于大脑、心脏和肝脏。盖伦认为，古代先贤们对灵魂是否有部分和灵魂所在位置的认识上存在着不同看法，主要可分成两个阵营。这两个阵营中的哲人分别持有以上两种观点。在这两种观点中，后者是盖伦自己所赞同的，而且他认为，他所持有的是与柏拉图和希波克拉底都一致的观点。克吕西普的观点与之不同，他不承认灵魂中存在其他部分。在盖伦看来，克吕西普属于与自己不同的另一个阵营，应该被作为对立面来进行考察。因此，盖伦决定在论证自己观点之前先检验克吕西普的观点。[641]

根据盖伦的论述，在《论灵魂》（peri phychēs）的第一卷中，克吕西普并没有否认灵魂中存在欲望的力量和激情的力量，而且还讨论了它们在身体中的位置。但是，在《论激情》（peri tōn pathōn）中他似乎不再持有这样的观点。他有的时候好像同时持有两种观点，即既有对灵魂中非理性力量的肯定，又有对这一力量的否定；而有的时候，他又好像单纯地否定灵魂中有欲望和激情力量的存在。在盖伦看来，克吕西普对情感的论述有彼此矛盾的地方，但是最终，克吕西普放弃了自己在《论灵魂》中的观点，认为爱欲（erōs）和愤怒（cholos）既不是判断的伴随物，也不是欲望或激

641 Galen, *PHP*, *Testimonies and fragments of the beginning of Book* I, II.

情力量的过度运动，而是判断（krisis）本身。[642]

一、克吕西普对情感（pathos）的定义

克吕西普对灵魂中激情和欲望力量的摒弃在他对普通情感的定义中表现地较为明确。依据盖伦的转述，克吕西普对基本情感的定义是这样的：

> 悲伤是对眼前的恶的一种新鲜信念（doxan prosphaton），恐惧是对恶的预期（prosdokian），快乐是对眼前的善的新鲜信念。[643]

在对这三种情感的定义中，克吕西普使用了 doxa（意见，信念），prosdokia（预期）这些词。盖伦认为，从这些定义来看，被提及的仅仅是灵魂中的理性功能，欲望和激情似乎并没有在里面扮演任何角色。因为，克吕西普所讲的信念、预期都只能出自灵魂中的理性部分。虽然，当他定义另一种情感，欲望（epithumia）的时候，把欲望说成是非理性的欲求（orexis）。看起来，克吕西普在这里以某种方式在言辞上涉及了灵魂中的非理性力量。但是盖伦认为，事实上，对欲求的解释并没有朝这个方向发展。克吕西普把欲求定义为“对某物的理性的意动（hormē），这个某物在必要的意义上带来快乐。”[644] 在他的定义中，欲求仍然属于理性的功能。按照盖伦的记载，这四种廊下派所讨论的基本情感在克吕西普的定义中都被

642 Ibid., IV 1.17.

643 Ibid., IV 2. 2.

归结为意动、意见和判断等理性活动。

克吕西普在给四种基本情感下定义的时候，特别强调了情感是一种与理性相关的活动。从活动的角度出发，克吕西普对一般意义上的情感下了另一种定义：

> 情感是灵魂的一种非理性（alogon），违背自然（para physin）的活动和过度的意动。[645]

克吕西普对情感的这一定义对于廊下派学者来说并不陌生。根据斯托拜乌斯（Stobaeus）的记载，在早期廊下派哲学家看来，情感的两个基本特征就是“非理性与违背自然的灵魂运动”和“过度的意动”。[646] 西塞罗明确指出，芝诺认为情感是“远离正确理性与自然相反的灵魂运动或过度意动。”[647] 克吕西普对情感的这一定义与西塞罗和斯托拜乌斯所记载的情感定义基本相同。很显然，克吕西普继承了芝诺的情感观点。

克吕西普与芝诺的一致性不仅体现在对情感的一般定义上，同

---

644 Ibid., IV 2.4, IV 4.2. Long 和 Sedley 将“hormē”译为“impulse”，De Lacy 将“hormē”译为“conation”。“hormē”这个词的主要含义是冲动，这个冲动中包含意愿的成分，是一种有意识的行为倾向。De Lacy 将它译为“conation”意在突出其中的意愿含义，突出它与理性之间的关联。当盖伦在讲 hormē 的时候，他把 hormē 与感觉列在一起，认为它们的起源就是灵魂中的统治部分。在克吕西普那里，他所讲的 hormē 也是包含理性判断成份的。如果我们把 hormē 译为“冲动”的话，只能说明这是一种推动的力量，而不能表达出其中含有的理性判断或意愿的含义，所以，我在这里将其译为“意动”。

645 Galen, *PHP* IV 2.8.

646 依据斯托拜乌斯的报道，廊下派学者认为“情感是违背理性指导的过度意动（hromēn pleonazousan），或是非理性的，违背自然的一种灵魂运动。”（L. S. 65A）

647 Cicero *Tusculan Disputations* IV11.

时也体现在对具体基本情感的定义上。比如克吕西普也曾和芝诺一样，从生理反应的角度定义“悲伤（lupē）”和“快乐（hēdonē）”：悲伤是面对应该避免的事的一种收缩，而快乐是面对应该追求的事物的一种膨胀。[648] 与此类似的表述我们也可以在安德鲁尼库斯（Andronicus）的记载中看到。[649]

从克吕西普关于情感的这些表述里，我们看到，他是沿着廊下派创始人芝诺所开辟的道路前进的。但是，克吕西普对待情感的态度与以芝诺为代表的其他早期廊下派哲学家并不完全相同。他们虽然分享了关于情感的定义，但他们对情感的理解，特别是对情感与理性判断之间关系的理解存在着差异。

克吕西普把情感归结为意动、意见和判断，并直接认为情感就是一种判断。这种对待情感的态度在芝诺那里是没有的，芝诺仅仅把情感看作判断的伴随物或结果。[650] 芝诺和不少早期廊下派学者都

---

648 Galen, *PHP* IV 2.5.

649 “痛苦是一种非理性的收缩（sustolē），或是关于某些现存的坏的东西的一个新鲜信念，人们认为在那个时候收缩是恰当的。恐惧是一种非理性的逃离（ekklisis），或是对预期危险的避免。欲望是一种非理性的伸张（stretching，orexis），或是追求预期的好。快乐是一种非理性的膨胀（swelling，eparsis），或是一种关于现存的好事物的新鲜信念，人们认为那个时候膨胀是恰当的。”（L. S. 65B）

650 芝诺在把判断看作产生这些运动的原因的同时，把四种基本情感看作收缩、膨胀、伸向和远离。芝诺承认理性判断参与了情感的产生，因为情感定义中的“意动（hormē）”就含有理性判断的因素。廊下派认为所有的意动都是认同（sugkatathesis）（Stobaeus L. S. 33 I），而认同是灵魂中统治部分 (hēgemonikon)，也就是理性部分参与的结果。（L. S. 53H）但是，芝诺对情感的定义还是主要集中在运动的不同类型这一方面。因为灵魂由生理灵气（physical pneuma）构成，所以这种运动也就是生理运动，由此情感是一种灵魂的运动。

认为，情感可以在判断的时候发生，但情感不等于判断，事实上情感是收缩和膨胀之类的灵魂运动。克吕西普特别突出了情感中所包含的判断要素。他把判断视为情感的唯一原因，并把它与情感等同起来。克吕西普试图向人们显示，情感不是某种伴随判断的东西，而是判断本身。[651] 虽然这种判断可以引起收缩、膨胀等生理反应，但是可以被称为情感的不是这些生理反应，而是它们的原因：判断。

克吕西普认为，四种基本情感和其他情感一样，都包含两种不同的价值判断（value judgements）：一种是对眼前事物的好坏（有益或有害）的判断，一种是对做出合适、恰当反应的判断。[652] 所以，如果情感是一种疾病的话，不仅因为他们把无关紧要的东西判定为好的，比如金钱，也因为他们超出自然尺度地欲求这些东西。[653] 也就是说，他们在两种判断上都犯了错误。

但是，仅仅以判断上的失误，即使包含以上提到的两种类型的判断，也不能解释所有实际生活中所表现出的情感。也就是说，理性上的错误判断可能会造成某种不恰当的情感，但是，有些情感的产生却不是因为理性上犯了错误，而是因为其他非理性的原因造成的。

盖伦在讨论克吕西普的情感学说的时候，举了美狄亚的例子来说明灵魂中存在着超出理性判断的力量。我们在前面讨论盖伦对灵魂中存有三种力量的证明时曾经提到过这个例子。美狄亚杀死自己的孩子不是理性说服的结果。事实上，她非常清楚地知道自己将要

651 Galen, *PHP* IV 1.16.

652 Richard Sorabji, *Emotion and Peace of Mind*, Oxford, 2000, p. 29.

653 Galen, *PHP* IV 5.21, 25.

做的事是什么，知道这样做是多么地罪孽深重。但是，极度的愤怒战胜了她的理性判断。她没有听从理性的指示，而是听任了激情的摆布。为了报复丈夫，她杀死了自己的孩子。在这个例子中，我们看到某种不同于理性的力量存在，而且这种力量非常强大。盖伦反问道，如果不是有理性之外的力量去影响，理性怎么可能不是听从自身而是违背自身呢？[654]

按照克吕西普自己关于情感的另一种解释，情感是一种非理性的运动和过度意动。在这一表述中，克吕西普提到了不同于判断的活动："非理性的运动和过度意动"。那么这两种活动与理性是什么关系呢？是出自理性内部还是出自理性之外？克吕西普是不是也承认情感是非理性力量运动的结果呢？我们来看看克吕西普自己是怎样来解释他的这一定义的。他关于情感的定义被表述为包含两方面的内容。就什么是"非理性运动"而言，他说：

> 首先应该牢记，从本性上来说，理性的动物是跟随理性，依照理性的指导来行事的。但是，当他被推动地过多的时候，他就违背理性以另一种方式朝向或者远离某物。对情感定义的两方面都涉及这种运动，非理性的非自然的运动以这种方式产生，过度的意动也以这种方式产生。这种非理性应该被理解为违背和拒绝理性。而就这种运动而言，我们是在日常用法中来说的，如某人因为没有理性和判断，所以以非理性方式被推动和运动。当我们用这些表达式时，似乎并不是指某人因为错误

654 Ibid., IV 2.27.

或理智上的误解而造成的行为失控。我们用这些表述大多指他所描绘的运动，因为从本性上，理性动物并不会以这种方式进行灵魂的运动，而是依照理性来运动的。[655]

关于“过度的意动”，克吕西普做了如下的说明：

> 在这个语境中，我也同样讲了过度意动，因为他们的意动超出了依照自己和依照自然的尺度。如果用下面的例子来说明的话，我的意思会更加清楚。当一个人依照意动来走路的时候，他的腿的运动是不会过度的，而是以某种方式与意动相当，所以可以根据他的意愿停止或者变换步伐。但是，当一个人依照意动来跑步的时候，这种事就不会发生了。腿的运动超出了意动，以至于他会失控而不能（像前面那样）根据要求变换步伐。我想，这些发生在腿的运动中的事与发生在意动中的事相似。由于超出了理性的尺度，当一个人行使意动的时候，他没有服从理性。由于跑步时的过度被称为违背意动（para tēn hormēn），意动的过度也被称为违背理性（para ton logon）。因为，自然意动的正确尺度是符合理性的，只往理性认为正确的地方去。所以，当这方面，在这些情况下的过度产生的时候，它就被称为过度的意动，非自然的非理性的灵魂运动。[656]

在克吕西普的解释里，非理性的运动和过度的意动都是对理性

655 Ibid., IV 2.10-12.

656 Ibid., IV 2.14-18.

的背弃：是在没有理性指导，超出理性尺度的情况下进行的活动。值得注意的是，克吕西普所讲的背弃理性的前提是理性的存在。对于没有理性的动物和无生命物体（如石头）而言，不存在对自身所不具有的理性的背弃。在这个意义上，也就没有与理性相反的非理性的灵魂运动，因此也就没有帕托斯。只有作为理性动物的人才有激情。从本性上来说，人是依照理性行动的。但有的时候，人的行为会偏离理性。这种违背理性的灵魂活动被称为激情。激情违背了人的自然本性，所以处于激情状态的人是不健康的，激情可以被视为灵魂的疾病。

在克吕西普的这个表述中，激情指的就是不服从理性的活动。这与他把激情理解为判断的表述似乎有所不同。在那里，激情是因为判断上的失误而造成的，所以要治疗激情就要有正确的判断。但是，对理性的不服从是什么造成的呢？有时候克吕西普认为激情的产生是随意的，几乎等同于没有原因（anaitiōs）。[657]但是，把“远离理性”认为是一种偶然，似乎并不是一个令人满意的解释。因为没有什么事的发生是没有原因的。

盖伦引用希波克拉底的话来说明自己对克吕西普的疑问。希波克拉底说，“对我们而言，自发（automaton）是有原因的，没有（纯粹的）自发运动。”[658]盖伦一直追问克吕西普的就是这个原因。如果存在一种与理性不同的推动力量，那么这种力量到底是什么？它

657 Ibid., IV 5.5.

658 Ibid., IV 5.10.

来自何方？因为对于这种灵魂疾病的治疗而言，找到病因是第一步，也是至关重要的一步。

盖伦认为，克吕西普对激情的解释自相矛盾。他有的时候把激情等同于一种理性判断，有的时候又说激情是不服从理性的活动。克吕西普把激情等同于理性判断的观点，混淆了灵魂中的“错误”和灵魂中的“激情”。这与希腊先哲的观点，甚至是廊下派创始人芝诺的观点都不相符。与之相对，把激情理解为对理性的不服从是更接近其他廊下派学者的，也更接近柏拉图。但是克吕西普对“不服从（apeithes）”并没有给出进一步详细的解释。

在解释过度意动时，克吕西普举了跑步时腿不受理智控制的例子来说明。在这个例子中，克吕西普只是描绘了速度过快时腿不能及时依照意愿停止或变化的现象。他没有明确指出这种现象产生的原因是什么，他只说这是因为超出了理性的尺度。那么，这种超出是如何发生的呢？盖伦对此作了自己的解释，他说，这种现象常在下坡的时候发生。上坡的时候人们往往可以很好地控制自己的步伐，但是下坡的时候，我们就很难控制自己了。我们的体重在这里成了造成这种现象的原因。[659]

相应地，情感的发生过程中，一定有某种类似下坡时人的体重一样，对人的行为产生影响的因素，而且，这个因素必然是理性之外的。克吕西普不承认灵魂中有理性之外的力量。有时候，他把这种对理性的背离解释为灵魂无力（atonian）和软弱（astheneian）的

659 Ibid., IV 2.43.

结果。[660]这种无力和软弱是理性灵魂内部的现象。在克吕西普那里，灵魂是一个理性统一体，灵魂中发生的事都是理性作用的结果。灵魂中没有不属于理性的其他部分，所以，作为一种灵魂活动的情感，也就只能与理性相关。克吕西普比他的前人及其他廊下派学者更重视情感中的理性要素。

盖伦认为，克吕西普在很多时候其实也承认灵魂中存在不同于理性的力量，而且这种力量是产生激情的原因；并由此指出，克吕西普的这些表述与他自己所重视的“激情是一种来自理性灵魂的判断”的说法相矛盾。盖伦一再强调克吕西普的这一内在矛盾：一方面，他把情感定义为判断本身，并认为这是由理性灵魂引起的；另一方面，他也认为情感是非理性的灵魂运动。如果情感真的只是理性的判断，情感如何可能被称为非理性的？这个非理性不仅指判断上的失误，也必然包含其他的因素：不服从（apeithes）理性和反对（apostrephesthai）理性。

盖伦多次提到克吕西普情感定义中存在的问题，并常以此出发，展开自己的相关论述。他批评克吕西普把情感等同于判断自身，并进而批评他把灵魂看作没有部分的理性统一体。盖伦是否过分夸大了克吕西普表述中存在的差异？这是另一个可以专门讨论的问题。在这里，我们要注意的是，盖伦这样做的目的是什么。他如此批评克吕西普，主要是为了突出自己所持有的灵魂观，并把自己放在与柏拉图等先贤一起的阵营之中。

660 Ibid., IV 6.1.

盖伦通过批评克吕西普观点的错误来反衬自己观点的正确。他指出克吕西普的自我矛盾，这一矛盾也显示出“情感就是判断”这个定义本身存在的问题。发现克吕西普定义中的问题的，不只盖伦一人。和盖伦一样反对克吕西普灵魂和情感学说的哲学家中，包括克吕西普之后的中期廊下派代表人物波西东尼（Posidonius，约西元前135－前51年）。[661] 盖伦对克吕西普的批评常常是借由波西东尼之口进行的。

波西东尼认为，用判断来解释情感是不充分的，因为有些情感似乎并不需要判断，或者，有的时候仅有判断并不能引起情感。盖伦认为，波西东尼回到了柏拉图的立场，认识到情感既不是判断也不是判断的伴随物，而是灵魂中的激情和欲望部分作用的结果。[662] 下面我们就来看看盖伦所记载的波西东尼是怎样对克吕西普展开批评的，藉此我们对盖伦的立场也会有更清楚具体的理解。

二、波西东尼对克吕西普的批评

虽然重视情感是廊下派哲人的普遍特点，[663] 但波西东尼无疑是其中最为突出的一位。在波西东尼看来，情感与伦理和教育的关系很大。就一般意义的伦理学说而言，对情感的正确理解是进

661 和克吕西普一样，波西东尼的主要著作也没有被完整保存下来，我们现在能看到的也只能是一些残篇。盖伦的著作中对波西东尼的著述多有引述，是波西东尼残篇的来源之一。波西东尼的残篇由 L. Edelstein 和 I.G. Kidd 整理编辑成 *Posidonius: The Fragments*（Cambridge, 1972）一书。

662 Galen, *PHP* V 1.5.

入相关伦理学讨论的必要条件："我认为对事物好坏的考察，对目的（telē）的考察，以及对诸种德性的考察都离不开对诸种情感的正确考察。"[664] 就教育实践而言，确立关于情感的正确认识同样极为重要，因为它是教育的起点：只有了解了情感的起因，我们才能知道什么应该欲求（orekta），什么应该避免（pheukta），才能知道应该对小孩子进行怎样的训练（askēsis）。[665] 波西东尼把关于情感的正确认识视为进入伦理学大门的一把钥匙。在关于情感的认识中，对情感起因的认识尤为重要，因为它构成了波西东尼伦理学的基础。

波西东尼不满于克吕西普把情感等同于判断的说法，他认为，对于情感来说，仅有判断是不够的。在波西东尼看来，克吕西普的情感理论忽视了灵魂中非理性的部分，也就是激情和欲望的部分。这一忽视，使得克吕西普的情感理论无法解释过度的意动；无法解释不同的人所做的情感上的反应是不同的这一现象；无法解释随着时间的推移情感会减退，而判断却仍然完整无损；无法解释音乐对情感的控制；等等。

索拉布吉对波西东尼的克吕西普批评做了很好的总结。他把波

663 在古代哲人那里，没有哪个学派像廊下派那样，在关于 pathos 的讨论上付出如此多的努力。虽然历来思考情感和与之相关问题的哲学家不少，在柏拉图和亚里士多德那里，我们已经看到了对情感的重视。但是，像廊下派哲人那样，把"情感"作为专门的主题进行讨论，并在不同时期，经由不同的廊下派学者持续这一讨论，将其不断深化和推进的现象在古代世界里是不多见的。

664 Galen, *PHP* V 6.2.

665 Ibid., V 6.14.

西东尼对克吕西普的批评归结为五个方面。[666] 这五个方面都是用来说明，对于情感而言，仅有判断是不够的。波西东尼认为，在这五个问题上，克吕西普不能给出令人满意的答案，或是根本无法回答。我们将按照索拉布吉所讲的五点来对波西东尼的反驳逐一进行考察。

波西东尼对克吕西普的第一点质疑是："情感是判断"的定义，如何可能解释，随着时间的推移，情感会减弱而判断并没有改变的现象。实际上，克吕西普自己已经注意到这个问题。他在《论激情》第二卷中讨论了，即使"某种坏事已经降临到我们身上"的判断依然存在，但随着时间的推移，我们因判断而发生的情感会变弱的现象。[667] 克吕西普认为，当对恶的判断变旧的时候，灵魂中的收缩就不会发生，而意动与收缩紧密相关，所以意动也就不会发生，相应的情感也自然随之改变。在克吕西普对自己的辩解中，判断在时间上是否新近成了非常重要的因素。有时候，克吕西普会把快乐和悲伤定义为对现有好坏的新鲜的（prosphatos，recens）判断。[668] 之所以要提到判断是新鲜的，从某种角度讲就是为了维护情感是判断的观点。因为，当判断不再新鲜的时候，虽然判断仍然存在，但是无法由此产生情感。情感与判断的分离和情感的消退在这里似乎变得可以理解了。在对情感的定义中使用"新鲜的判断"这样的表述方式，并不是克吕西普的独创。在芝诺那里就已经有了类似的表述，

666 Richard Sorabji, *Emotion and Peace of Mind*, Oxford, 2000, pp. 109-132.

667 Galen, *PHP* IV 7.12-13.

668 Ibid., IV 7.3.

早期廊下派学者们普遍接受了这一表述。[669]

虽然对判断新鲜度的强调似乎能够回应波西东尼提出的第一点质疑，但波西东尼对这样的解释并不满意。他指出，克吕西普对"新鲜的"使用是不恰当的。按照克吕西普对情感的理解，增加这个词几乎没有为他的定义添加什么有意义的含义。在波西东尼看来，就与克吕西普观点的一致性而言，把"悲痛"定义为"对现有的巨大的不可忍受的恶的观念"比"对现有的恶的新鲜的观念"更为恰当。[670]

波西东尼就这一现象给出了自己的解释。[671] 他的解释诉诸柏拉图所讲的灵魂中存在两种非理性力量的观点。理性就像驾驶由两匹马拉的马车的御者。在精疲力竭的情况下，情感的减退不是因为判断变弱了，而是因为灵魂中欲望和血气部分因为自身的运动而精疲力竭。[672] 当你因为筋疲力尽而耗尽情感的时候，你的判断并没有终止，只是因为你厌倦了，所以不愿留意它。

669 关于廊下派对"prosphatos"的论述有两处相关记载：一是在 Andronicus 的《论情感》里，prosphatos 只用来形容快乐和悲伤时所拥有的对眼前事物好坏的判断或者信念。（L. S. 65B=SVF 3.391），另外是斯托拜乌斯（Stobaeus）的报道，当廊下派称"新鲜（prosphaton）"的时候是用来替代"非理性的收缩（sustolēs）和膨胀（eparseōs）的刺激（tou kinētikou）"。（L. S. 65C）Cicero 在 Tusc. III 75 中讨论了廊下派所使用的 recens 这个词，他对克吕西普所讲的"新鲜的"是指时间上的新近的观点做了修正。他指出，一个信念是"新鲜的"并不只是指设想的不幸是新近发生的事，而是只要它保有某种力量，某种活力，或者保有原有的鲜活（viriditas）就可以说信念是"新鲜的"。在西塞罗这里，"新鲜"不是一个时间上概念而是对于行为者自身而言的一个价值判断。

670 Galen, *PHP* IV 7.5.

671 Ibid., IV 7.7; IV 7.19; IV 7.34-5; IV 7.41; V 6.29-32.

672 Ibid., V 5.34-5.

如果说，对于上面的质疑，克吕西普还曾经尝试给出解释的话，那么，对于后面的这个质疑，克吕西普则完全没有给出回应。波西东尼的第二个质疑是：缺乏想象的判断不易引发情感。波西东尼指出，一个不可见的危险，虽然可以通过理性在认识上说服我们，却仍然不能引起恐惧的情感。如果我们不能描画或想象这个危险，那么即使我们的理性判定这是一个真正的危险，我们应该采取行动，我们也可能对此无动于衷。[673] 波西东尼注意到想象在情感中的重要作用，而想象（phantasia）并不是一种理性判断。

在这里，波西东尼诉诸的原则是原因和结果相似的原则，也就是说，只有相似的东西才能彼此影响。只有非理性的图景可以激起灵魂中的非理性的力量，非理性的部分（to alogon）是不可能被理性（logos）所推动的。索拉布吉虽然认为波西东尼所诉诸的原因和结构相类似的原则不甚令人满意，但也承认它在这里无损于波西东尼所做出的结论。因为，这确实可以解释一种现象：人们即使在论证上（逻辑上）被说服将要面临一场大灾难，但并不会因此真正感到恐惧，只有当他们拥有一种类似感觉的活生生的精神图景的时候，或者也许只是一个生动的描述就可以使人感到害怕。

出于对想象的重视，波西东尼提出另一个质疑：不出于自身意愿的流泪不需要判断。流泪这一情感的表达并不必然伴随着判断。人们往往不是按照意愿想哭的时候流泪，在不想哭的时候停止流泪。因为想象而产生的“情感运动（pathētikē kinēsis）”过于强烈，

673 Ibid., V 6.24-5.

使得我们不再受到理智意愿的控制。[674]很多时候，我们发生情感只是因为我们感觉到（feeling-as-if）眼前的事物是好的或坏的，感觉到这个反应是正确的反应。但是这个感觉在廊下派学者看来只是phantasia（想象），不是krisis（判断）或doxa（意见）。比如索拉布吉所举的飞行恐惧症的例子。我们的理智虽然很清楚地知道飞行是很安全的，那种认为危险将会来临所以不坐飞机的想法是错误的；但是我们仍会感到恐惧，而且这种感觉可能会一直持续。

在波西东尼对克吕西普的“情感是判断”的批评中，我们看到，在波西东尼那里，与情感更紧密相关的是想象，而不是判断。由想象所引起的“情感运动”可以说是与判断无关的。波西东尼的“情感运动”可以视为是塞涅卡所讲的“第一运动”的前驱，因为它们涉及的都是印象。但它们之间仍是有区别的：波西东尼的“情感运动”会带来情感，而塞涅卡的“第一运动”还不是情感，它只是先于情感的发端。而且，这个发端的后面并不必然跟随情感。

塞涅卡认为，仅仅受接收到的印象的触动还不是情感。情感要求我们使自己屈从于对印象的判断。所以，当你感到印象时，你还没有屈从于它们，你有时间评价生成它们的表象是好是坏。即使你有了对这个向你显现的东西的判断，在塞涅卡看来，你仍然没有处于情感的状态下，只有违背理性的不节制才是情感的表现。[675]塞涅卡用以解释情感开始、发展、消逝过程的“三种运动”理论为克吕

674 Ibid., IV 7.37.

675 Seneca, *On Anger* II 2-4.

西普的情感学说做了说明和补充。根据塞涅卡的第一运动和第二、第三运动的区分，不含有判断的活动被置于情感之外。那么，剩下的含有判断的活动自然获得了被称为情感的资格。从这个意义上来讲，塞涅卡和克吕西普一样都认为情感是判断。在情感与判断的关系问题上，波西东尼与塞涅卡的态度是不同的，波西东尼讲“情感运动”的目的是为了指出引起情感的因素有理性之外的非理性力量。

因为灵魂中存在着非理性的力量，所以波西东尼认为儿童和动物都是有情感的，而这是克吕西普所不赞同的。这构成了波西东尼对克吕西普的第四点质疑：动物没有理性，儿童的理性还非常孱弱。如果把情感仅仅看作理性灵魂的判断结果的话，动物和儿童都没有情感。但这显然与人们的日常认识相违背，我们常常可以观察到儿童甚至动物那里有各种各样的情绪反应。克吕西普对动物和儿童拥有情感的否认，在波西东尼看来是令人羞愧的行为。

波西东尼认为，动物和儿童都是有情感的，尤其是对快乐的欲望（epithumia）和发怒（thumos）。[676] 在儿童和动物那里，情感是不要求判断的。根据廊下派对情感的定义，意动（hormē）是构成情感的因素。在动物那里，意动往往发生在灵魂中的情感要素运动的时候，而不是理性要素做出判断的时候。在动物和儿童那里，就情感而言，情感的运动就足够了。这种情感运动是灵魂中非理性力量的表现。

根据波西东尼所常讲的原因和结果必然类似的原则，可以影响灵

---

676 Galen, *PHP* IV 7.33; IV 7.35; V 1.10; V 1.10; V 5.2-4; V 5.21; V 6.37-8.

魂中非理性力量的不能是知识(epistēmē),而是非理性的习惯(ethismos alogos)，比如节奏、音阶等等。[677] 儿童很容易受音乐影响，所以，在儿童教育中音乐扮演着非常重要的角色。通过指出节奏、音阶这些非逻各斯因素影响人的情感的现象，波西东尼试图证明，人的灵魂中存在着能接受它们的非理性能力。原因和结果必然类似的原则不仅是波西东尼在论证灵魂中存在非理性力量时常用的法则，也是盖伦自己所认同的原则。索拉布吉认为这一原则存在问题，并不一定正确。他指出，能产生理性的事物本身不一定是理性的。比如“一只热水瓶”，在这一陈述中并不包含判断，[678] 但它却可以引起一个理性判断：这世界毕竟不是一个如此糟糕的地方。[679] 由此看来，非理性所作用的并非必然是非理性的。所以，音乐影响人的情感这一事实并不必然能证明波西东尼所要强调，同时也是盖伦所赞同的灵魂中存在不同于理性的非理性部分。虽然通过音乐来论证的方式值得商榷，但是音乐可以对人的情感产生影响这一点是毋庸置疑的。[680]

677 Ibid., V 5.35; V 6.22.

678 这里所说的判断主要是在价值意义上讲的判断。如果从非价值的意义上讲，“一只热水瓶”的表述至少包含了存在意义上的判断，也就是“存在一只热水瓶”。

679 Richard Sorabji, *Emotion and Peace of Mind*, Oxford, 2000, pp. 86-7.

680 音乐和情感的关系在古代世界多有讨论，存在多种观点。达蒙（Damon）、柏拉图和巴比伦的第欧根尼（Diogenes of Babylon）都认为音乐和情感之间有某种相似性。柏拉图特别重视音乐在灵魂教育中的重要作用，因为音乐可以影响灵魂中的激情。芝诺承认音乐对情感的作用，但是他认为音乐终究是理性的。伊壁鸠鲁哲学家费罗戴蒙（Philodemus）则否认音乐对情感的影响，他认为情感是理性的，而旋律是非理性的，所以，音乐不可能改变情感。按照塞涅卡的说法，音乐所引起的还不是情感而是“第一运动”。相关讨论可参见 Sorabji, *Emotion and Peace of Mind*, Oxford, 2000, pp. 76-92.

无词的纯音乐可以引起情感是波西东尼对克吕西普的“情感就是判断”定义的又一反驳。这种音乐中不含有歌词，也就没有逻各斯（logos），但却能使人激动或者平静。佛吉里亚式笛乐使饮酒过度的年轻人处于行为失常的状态，而多利亚式的笛乐却可以使这些年轻人立即停止疯狂的举动。[681] 音乐可以影响的不仅是理智还未成熟的儿童，还可以是那些拥有成熟理性的成年人。波西东尼认为，在这种情况下，音乐不是通过改变理性观念而起作用的，而是通过激起和平复灵魂中的非理性运动而起作用的。[682] 波西东尼对克吕西普的质问是：灵魂中如果没有非理性的力量，它如何可能受到外界非理性物的伤害或者接受它们的帮助呢？

波西东尼对克吕西普的这五点批评，归结起来是对克吕西普否认灵魂中存在非理性力量的批评。如果承认灵魂中除了理性的力量之外，还有非理性力量的话，上面的五点批评就很容易回应，或者说，这五点质疑和批评就不存在了。根据盖伦的记载，波西东尼自己把情感看作非理性能力的产物。

> 他既不认为情感是判断，也不认为情感是判断的伴随物，而认为情感是激情和欲望的产物，因此，在各个方面他都追随前人的观点。[683]

681 Galen, *PHP* 4.6.21.

682 Ibid., IV 6.22

683 Ibid., IV 3.3. 如此看来，波西东尼所讲的情感似乎不涉及判断。但是根据普罗塔克（Plutarch）的说法，波西东尼认为欲望、恐惧、发怒都基于判断和理解。索拉布吉认为，波西东尼认为情感在规范意义上涉及判断但并不总是涉及判断，而且也不与判断相等同。

波西东尼特别强调非理性力量在情感中所起的作用。这一方面是出于理解“何为情感”的认识需要，另一方面则是出于“教育和训练”的实践需要。如果灵魂中真的存在不同功能的话，那么，不同功能所要求的教育和训练方式也是不同的。灵魂中非理性的部分，或者说情感的部分只能受非理性的运动的影响，比如音乐，节奏，习惯等等。而理性的部分只能受理性活动的影响：知识帮助理性，无知和愚蠢损害理性。[684]

盖伦赞成波西东尼的观点，认为他继承了柏拉图的灵魂三分学说：承认灵魂中除了理性的部分之外还有两个非理性的部分，而这两个部分才是情感的原因。盖伦认为，克吕西普否认非理性的力量，把情感看作理性的判断，这必然造成他在表述上的自相矛盾。[685] 出自理性的，如何能变为非理性的？这似乎需要进一步的解释。库普和努提拉（Simo Knuuttila）以及不少其他学者都认为，这里其实并不存在盖伦所讲的不相容和矛盾。盖伦之所以这样说，是因为他没有理解克吕西普，没有理解他所讲的理性。当克吕西普讲情感是理性的时候，他是在认知命题的意义上说的，而当他讲情感是非理性的时候是在理性的规范（normative）意义上说的。[686] 在这个意义上，

684 Ibid., V 6.22.

685 克吕西普把情感认为是判断，认为出自灵魂中唯一的理性部分。这与他所认同的廊下派对情感的一般定义不同，也与他自己讲的“被怒气推动”（thumō pheresthai），“脱离理智”（exestēkenai）等表述相矛盾（Galen, *PHP* IV 6.26）。克吕西普常常引用欧里庇得斯的诗句，而这些诗句也往往与自己的观点相左。在欧里庇得斯的诗句中情感往往是由灵魂中不同于理性的部分引起的。

686 Simo Knuuttila, *Emotions in Ancient and Medieval Philosophy*, Oxford, 2004, p. 59.

有理性意味着做所有相同的事时都可以正确行事，永远与自己和世界的正确理性相符。

这种规范意义上的理性似乎只有廊下派所说的圣人才能具有。但凡成年人（14 岁以上）都具有认知意义上的理性。所以对于普通人来说，他的情感在认知意义上是理性的，而在规范意义上是非理性的。布伦南（Tad Brennan）对此做了很好的解释。他认为，这是由名词"理性"和形容词"理性的"的含混性所决定。[687] 在一种意义上，"理性的"这个词指人们只有潜在的理性，我们中没有任何一个人是真正理性的。也就是说像圣人那样，拥有大量的知识，包括完美的道德行为所需要的知识，没有错误的信念和欲望，信念和欲望之间也从不相互矛盾。[688] 在另一种意义上，所有的成年人又必然都是"理性的"。因为当我们达到成年之后，我们的思想、感知、信念、偏好、记忆、梦等精神活动本质上是命题的（propositional）。

687 Tad Brennan, "The old stoic theory of emotions", *The Emotions in Hellenistic Philosophy*, Kluwer Academic Publishers, 1998, pp. 22-3.

688 圣人所有的情感称为eupatheia，它是完全出自理性也与理性相符的，具体有三种，分别为愿望，喜悦和谨慎。西塞罗的相关论述如下：四种情感类型，出自好的事物的为欲求（libido）和高兴（laetitia），而出自恶的是恐惧（mentus）和悲伤（aegritudio）。这四种类型都是灵魂中非理性部分的运动，而与之相对的理性部分的类似运动分为三类，与 libido 相对的是愿望（boulēsis, voluntatio），与高兴相对的是喜悦（chara, gaudium），与恐惧想对的是谨慎（eulabeia, caution）。在符合理性的运动中没有悲伤的对应物，这些有理性的情感是排除在廊下派讨论的情感之外的，被称为 eupatheiai。它们有着和情感相似的心理上的描述，比如说上升、下降、缩小、肿胀等。西塞罗做了 eupatheiai 和 pathē 的区别：前者是圣人的充满理性的灵魂所遭受的，后者是普通成年人的不完满的理性灵魂所遭受的。（Cicero *Tusculan Disputations* IV 11）

看，必然是看到什么东西是怎样；想要，必然是想要什么东西成为怎样，都有一个“that”的从句结构。在成年人那里，精神的内容必然以命题为起点。在这个意义上，把情感看作包含命题的判断就可以理解了。

如果说，从理性的两种不同含义出发来理解克吕西普的情感理论便可以化解盖伦所批评的那种自相矛盾的话，那么，强调情感中的非理性力量是不是就变得没有意义了呢？波西东尼和盖伦在情感问题上对非理性力量的特别重视难道仅仅是出于对柏拉图的敬重吗？

当我们面对这些问题的时候，盖伦的医生形象再次引起了我们的注意。他的哲学家和医生的双重身份提醒我们，在考虑理论问题的时候，不应该忘记对实际生活的指导，具体而言，对情感理论的关注不应该离开对教化实践的关注。盖伦和波西东尼特别强调区别关于情感及其起因的不同理解，正是因为这些理解直接关系到如何教育儿童，如何节制情感。

克吕西普认为，只要改变判断就可以改变情感；而波西东尼则认为，产生情感的非理性部分需要特别训练。波西东尼意识到外在的非理性力量对塑造个性的重要作用。除了音乐、习俗之外，他还注意到自然和气候因素也可以影响人的体型和个性，而这些都是盖伦所赞同的。

与教育问题相关的另一个问题，是恶从哪里来的问题。盖伦认为，廊下派学者“相信所有的人生来是适合接受美德的，只是受了周遭的影响才变得远离美德。”[689] 盖伦对此提出了疑问。他要向没有祖先的第一人提出这样的问题：

> 他们的堕落是怎样发生的，以谁之手？[690]

盖伦认为，通过对现实的仔细观察我们可以从中找到答案。对儿童天性差异的观察特别可以帮助我们思考这一问题。盖伦多次讲到不同的儿童生来具有不同的禀赋：有的天生热爱美善的东西，有的则对这些东西无动于衷，有的生来胆怯，有的则天性勇敢。那些拥有相同父母和老师，同时成长，以同样方式受教育的孩子有着不同的特征。[691] 这种差异与生俱来，并不是外界作用的结果。波西东尼和盖伦都否认“恶来自于外部”的观点。第二章考察灵魂依赖于身体的时候，我们就指出过，和波西东尼一样，盖伦看到我们灵魂中存在恶的种子。因此，我们特别需要净化自己的灵魂，防止恶在我们的灵魂中生长。

在第二章第四节的讨论中，我们曾经引用过《灵魂的状态依赖于身体的混合》一文中的这段话：

> 廊下派认为，恶来自我们的外部的观点是错误的：恶人绝大部分的恶来自其自身，外部的影响是其中很小的一部分。比如，称为坏习惯的部分来自灵魂中的非理性部分，错误的观点则是理智部分产生的。如果我们接受一个好的正直的人的教育的话，我们可以获得正确的判断和良好的习惯。[692]

---

689 Galen, *QAM* 816 (K. IV).

690 Ibid., 816 (K. IV).

691 Ibid., 768, 816-7 (K. IV)；Galen *PAC* 38-9 (K. V).

692 Galen, *QAM* 820-1 (K. IV).

在关于激情问题的讨论中我们再次引用这段话，因为无论思考灵魂中的激情，还是思考身体与灵魂的关系，我们最终关心的都是人的美好生活，这种生活是抑恶扬善的。既然恶的主要来源存在于人的灵魂内部，那么对灵魂的教化工作就显得特别重要。在灵魂三分的背景下，来源于灵魂内部的恶不仅与灵魂中的理性部分相关，而且与其中的非理性部分相关。因此，对于灵魂中非理性部分的培养和训练与对灵魂中理性部分的教化一样，对人而言都是非常重要的。这些教化和训练虽然从儿童时期就已经开始，但是在此之后的整个人生中，对灵魂的教化工作都不应该有丝毫的懈怠。

> 在对幸福人生的追求过程中，天性只在儿童时期起主要作用，随着年龄的增长，教化和实践的主导作用得到了越来越突出的体现。[693]

在关于情感的讨论中，盖伦借由波西东尼来批评克吕西普。一方面，这是因为以一位廊下派学者来指出另一位廊下派学者的错误似乎显得更有说服力；另一方面，因为波西东尼的情感学说与盖伦自己的情感学说确实非常相近。盖伦和波西东尼都是柏拉图情感学说的继承者。他们都重视灵魂的理性功能，同时又考虑灵魂中的非理性力量和身体及外部环境的影响。

我们在开始讨论波西东尼对克吕西普的反驳时曾经提到，对情感的认识在波西东尼的伦理思想中占有着中心位置，我们的伦理教化活动与之密切相关。对情感的认识直接关涉到治疗激情的方法，

693 Galen, *PAC* 37 (K. V).

而对激情的治疗是波西东尼、盖伦和所有希腊化时期的哲学家都非常重视的话题。

在盖伦通过转述波西东尼的观点来批评克吕西普的过程中，不管他的转述是不是因为自己过于显明的倾向，而存在某种意义上的误导。[694] 至少，盖伦通过关于波西东尼情感学说的讨论，向我们展现了他自己在情感问题上的观点和立场，并在论述过程中，把我们引向作为医生，同时也是当时大多数人关注的实践层面。盖伦对情感的认识，充分体现在他对灵魂疾病的治疗当中，或者说，盖伦对激情的治疗实践了他对情感和灵魂能力的理解。

第三节　治疗激情

治疗激情是一项典型的希腊化时期哲人的工作。把哲人比作灵魂的医师，把追求灵魂的平静看作达至幸福的必由之路，这是希腊化时期的伊壁鸠鲁派、廊下派和怀疑论派哲学家们的普遍共识。哲学首先被看作是一种生活技艺（technē biou）。它帮助我们保持灵魂健康，使我们每个人获得应得的幸福。[695] 只有这种对我们灵魂有益的哲学才是有用的哲学，就像只有能够医治身体疾病的医术才是

694 关于盖伦对波西东尼的误读，蒂耶勒曼和吉尔都有较为详细的讨论，参见 Tieleman, T, *Chrysippus' On Affections: Reconstruction and Interpretation*, Leiden:Brill, 2003, pp. 220-42; Gill, C, *The Structured Self in Hellenistic and Roman Thought*, Oxford, 2006, pp. 281-90.

695 参见 Nussbaum M, *The Therapy of Desire*, Princeton, 1994, pp. 13-15.

好的医术一样。

哲学和医学间的类比在希腊化罗马时期非常盛行。哲人就像医生一样，不仅可以指导人们的日常生活，而且还可以治疗人们的疾病。哲学于实践上的功用在希腊化时代得到了前所未有的凸显。在那个时代，哲学似乎变成了所有人的需要。因为当时各派的哲学家们都重视灵魂与身体间的相互影响，在希腊化时期，对哲学的重视同时伴随这对医学的重视。因此，医学方面的治疗手段常常被运用到对激情的治疗中来。盖伦无疑是这方面的杰出代表，他把保持身体健康的养生术与保持灵魂健康的方法结合起来。盖伦对治疗激情的讨论主要集中在《论激情》一文中。[696] 在这篇文章里，他对灵魂健康的讨论从哲学家们所关心的“认识你自己”开始。

在哲学的生活技艺中，自我教化是其中很重要的内容。希腊化时期的各派哲学家们对此都非常重视。[697] 进行自我教化的前提是认识自己。生活在西元 1 － 2 世纪的盖伦与他的廊下派、伊壁鸠鲁派前辈一样非常重视对自我的认识和自我教化。[698] 盖伦曾讲到自己年轻时对德尔菲神谕“认识你自己”所作的思考。他认为，这句话非

696 在盖伦对自己著作所列的书目中，伦理学方面的著作有二十三部，除了已经提到的这篇文章，和与这篇文章在一起的《对灵魂中错误的诊断和治疗》之外，阿拉伯文献中保留有对《论性格》（peri ēthōn）的摘要，而其他的著作都已经佚失。参见 Richard Walzer, “New Light on Galen’s Moral Philosophy”, *The Classical Quarterly*, Vol. 43, No.1/2, 1949, p. 82; Christopher Gill, *Naturalistic Psychology in Galen and Stoicism*, Oxford, 2010. pp. 251-2.

697 参见 Nussbaum, M, *The Therapy of Desire*, Princeton, 1994; Pierre Hadot, *Philosophy as a Way of Life*, trans.by Michael Chase, Blackwell Publishers, 1995; 福柯，《主体解释学》，佘碧平译，上海人民出版社，2005。

常正确但是要做到却非常困难。[699]

> 像伊索（Aesop）说过的那样，在我们的脖子上绑着两个袋子——前面的装满了他人的错误行径，而后面的那个则装满了我们自己的。所以，我们总是能看到他人的错误，却总是不能看到我们自己的。[700]

我们因为太爱自己，所以我们看不到自己的错误。盖伦引用柏拉图在《法篇》731e 中所说的“爱使人看不到所爱对象的缺点”来证明自己的观点。[701]

既然每个人对待自己都是盲目的，那么对自我的认识和自我教化就不能仅靠自己，而是必须依靠他人的帮助。我们应该请求与我们没有利害关系的正直、肯讲实话的人帮助我们，请他说出他所观察到的我们灵魂中的错误和在激情支配下的行为。[702] 我们应该不断地要求他人对我们进行批评、监督，同时我们还必须学会正确对待错误的批评，不要为此发怒和争吵。“容忍不公正的批评是哲学的第一步”。[703] 盖伦认为，每个人都应该最大程度地追求灵魂的善。

---

698 我们在前面介绍盖伦早年所受教育的时候讲过他曾跟随廊下派和伊壁鸠鲁派哲学家学习，所以他对这两派的思想非常熟悉，也学习继承了很多他们的思想。盖伦对自我关心的重视与这两个学派的观点非常一致，这也可以看作是当时时代风尚的一种体现。盖伦所生活的西元1－2世纪是漫长希腊化演变的一个高峰，在希腊化－罗马时期很具有代表性。

699 Galen, *PAC* 4 (K. V).

700 Ibid., 6 (K. V).

701 Ibid.

702 Ibid., 8 (K. V).

703 Ibid., 12 (K. V).

如果一个人不断地要求别人指出自己的缺点和错误，真正决心做一个好人，一个正直的人，那么，他就会成为这样的人。[704] 和伊壁鸠鲁一样，盖伦认为，进行这种有益灵魂的哲学活动是不分年龄的。任何人、在任何时候，都可以而且应该从事这种哲学活动。这种活动应该是持续一生的。[705]

要保持灵魂的健康，就应该诊断和治疗灵魂中的所有疾病，比如对权利的贪欲、嫉妒和过度悲痛等等。[706] 对于灵魂中任一疾病的治疗都应该彻底，要将其根除，否则，它会很容易受到灵魂中其他疾病的坏影响而重新萌芽。[707] 当疾病还处于萌芽阶段的时候，将其根除是相对容易的，如果等其发展壮大再进行治疗就会变得非常困难。[708] 因此，对灵魂疾病的诊断是治疗灵魂疾病的第一步，而这一诊断的实现是需要他人帮助的。我们需要正直的老人指出我们的错误和不足，也需要观察周围人身上的错误，并且以之为镜来反观自身。在盖伦看来，灵魂中理性部分所犯的错误和非理性部分的激情都会对灵魂的健康造成损害。所以，我们既要纠正灵魂中的错误，又要摆脱灵魂中的激情。

我们在前面讨论盖伦对克吕西普的灵魂和激情学说的批评时曾

---

704 Ibid.

705 伊壁鸠鲁认为，对于灵魂的照看无论谁，无论在什么年纪都不应懈怠。年轻人和年长者都应该从事哲学实践，因为只有这样才能保持灵魂的健康。见 L. S. 25A。

706 Galen, *PAC* 35 (K. V).

707 Ibid., 36 (K. V).

708 《黄帝内经·素问·四气调神大论》中讲“圣人不治已病治未病，不治已乱治未乱”也是类似的意思。

注意到，盖伦和克吕西普对激情态度的差异，根源于他们对灵魂构成的不同认识。盖伦认为，灵魂不是理性的统一体，而是由不同部分构成的，激情不是灵魂中的理性判断，而是非理性部分的过度活动。盖伦在讨论如何治疗激情的时候，首先对激情和错误做了明确区分，这一区分在很大程度上是针对克吕西普的。[709] 错误起源于错误的观念，激情起源于非理性的因素。[710] 这两者都是灵魂中的疾病，但相比之下，摆脱激情是第一位的。因为，激情本身可能成为错误的另一个来源。[711]

709 事实上，盖伦就激情和错误的诊断与治疗分别写了两篇文章，对激情的讨论在前，对错误的讨论在后。我们这里讨论的是他对激情的诊断与治疗。在《论激情》的开篇，盖伦就讲了激情和错误的区分。在《论错误》的开篇，盖伦对“错误（hamartēma）”做了清楚的定义。他认为，“错误”这个词在广义和狭义两个意义上被使用。狭义上，错误专指灵魂中理性部分在做判断时所犯的错误；广义上，错误也包含灵魂中非理性部分所做的错误认同（sugkatathesis）。（Galen, *PAC* 59 (K. V)）判断和认同都是廊下派学者在对情感进行定义时所使用的词语。克吕西普把情感视为一种判断，廊下派学者（包括克吕西普）也普遍接受“情感是违背理性指导的过度意动（hormēn pleonazousan）”这一观点。而意动中就包含了认同：“他们说所有的意动都是认同（sugkatathesis）”（Stobaeus, L.S. 33 I）。与盖伦把认同视为灵魂中的非理性活动不同，廊下派学者认为，认同是理性活动，是由灵魂中的最高统治部分，即理性部分引起的。廊下派所讲的灵魂中的最高部分是统治部分。它引起印象（phantasia）、认同（sugkatathesis）、感知（aisthēsis）、意动（hormē），这个统治的部分被称为理性的部分。（L. S. 53H） 盖伦把判断和认同上所犯的错误都归为灵魂中的错误，而把它们与灵魂中的激情区别开来，这似乎可以理解为盖伦是在把自己的情感学说和廊下派，特别是克吕西普的情感学说区别开来。这两者间的根本分歧在于我们一再提到的对灵魂是否可分的认识。

710 Galen, *PAC* 2 (K. V).

711 Ibid., 7 (K. V)“因为错误是由于错误的观念，激情是出于非理智的冲动，所以我认为，一个人应该首先从他的激情中摆脱出来：这些激情不是不可能构成错误观念的另一个来源。”

在把激情和错误区别开来之后，盖伦开始讨论如何摆脱激情。首先，人们要知道自己处于什么激情之下。一个不知道自己有什么激情的人是无法摆脱激情的。因此，盖伦专门讨论了找什么样的人来帮助自己，如何帮助自己认识自己的问题。

我们要找的人应该是这样的：这个人不专注于钱财、权势、地位和声望，不和有钱有势的人打招呼，不服侍他们，也不和他们一起吃饭，也就是说，不奉承和迎合权贵。这个人遵照规则生活，并且总是讲实话。[712] 这个人不属于任何团体或学派，最好是一位以优良、正直的品性而闻名的老人。[713] 当我们找到这样的人，并借由他的帮助，认识到自己的问题之后，我们就应该严格要求自己不受悲痛、狂暴、发怒、欲望和害怕这五种"灵魂中的激情"的控制，用灵魂中的理性来主宰一切。

我们要时刻牢记，我们的愿望是使自己成为正直的好人。正是因为有这样的目标，我们要总是对指出我们问题的人表示由衷的感谢。在《论激情》中，盖伦对激情治疗的讨论多以发怒为例，这不仅因为发怒是盖伦最常遇到，需要他治疗的灵魂疾病，而且，因为其母亲的暴躁脾气，使得盖伦在童年时就知道要尽其可能地避免使自己处于发怒的情绪之下。要远离发怒不仅依靠单纯的愿望，而且要有具体的行动。盖伦这样来讲述控制发怒的方法：

> 人应该不断地审视自己的发怒，并把它隐藏起来。远离发

712 Ibid., 8-9 (K. V).

713 Ibid., 30 (K. V).

> 怒不是一个仅仅靠愿望就能实现的目标，人们要做的是控制激情的那些丑陋的表现。如果一个人经常这样做的话，人们就确实会发现他的发怒较之以前要少了，不再为一些小事或者稍大的事而生气，而仅仅因为那些重要的事，而且对重要的事也只是轻微的发怒。[714]

这种控制发怒的方法是盖伦自己一生所坚持的。从年轻的时候开始，盖伦就强迫自己控制发怒。对激情的控制是不容易的，但对激情表现的控制却相对容易，比如，“只要你还在动怒，就永远不要用你自己的手来打仆人，也不要命令任何其他人这样做，而是将对他们的惩罚推迟。”[715] 处于激情状态下的人尽量不要做任何判断和决定，等到一个人不再处于激动状态的时候，他的理智就可以正常地发挥作用，人就能够以一种理性的方式找到正确的处事方法。[716] 这种对激情表现的控制实际上起到了减弱激情的作用。接下来，盖伦进一步讲述如何能够做到控制激情，使之听命于理性。

> 就我而言，下面的行为方式对一个想要尽可能摆脱上述激情的人来说是最好的方式。首先，早上一起床，在开始一天的工作之前，人们就应该提出这样的问题：是臣服于激情好些呢，还是由理性来主宰一切好些？其次，一个希望自己变得正直和好的人，必须要求一个人可以告诉他每一件他所做错的事。而且，每天、每时，他都要在心里牢记，要把自己看成是好的正

714 Ibid., 16 (K. V).

715 Ibid., 21 (K. V). 盖伦曾经听说，这是柏拉图的方法。

716 Ibid., 22 (K. V).

直的人的愿望。一个人不能认清自己的错误就不可能达到这个目标，事实上，一个人应该把告诉他错误的人视为恩人，视为最好的朋友。有一点很重要，那就是，即使有的时候你觉得他的批评是不公正的，你仍然要保持平静。因为首先，他比你对每一个你的错误有更敏锐的观察力（同样地，你也比他更能观察他自己），而且即使是一个错误的批评也可以促使你更好地考察自己的行为。

这一方法中的最重要因素是，要坚持不懈地使用这种方式来处理事情，也就是说，要保持对自己的重视。要做到这一点就必须在心中谨记，较之不发怒人的美丽灵魂而言，发怒之人的灵魂是丑陋的。如果一个人在很长一段时间习惯于犯错，那么，他就会发现他的激情的瑕疵很难被修正。同样地，如果一个人想要按照那些规则变成好的、正直的人，他就应该在很长一段时间内实践这些规则。一旦这样的规则在我们心中消失，我们常常就会变得看不清事实，因为很快地，我们的灵魂就会被激情所充满。所以，我们必须告诫那些想要治疗自己的激情疾病的人，一时一刻也不能放松；我们必须说服所有的人，各式各样的人来批评我们。我们要平静地倾听，感激那些批评我们的人，而不是那些奉承我们的人。[717]

如果你按照这种方法来做的话，你可以驯化、平和你灵魂中激情部分的非理性力量，你要驯服一头野兽也是同样的方法。[718]

717 Ibid., 24-6 (K. V).

718 Ibid., 26 (K. V).

盖伦把对激情的治疗比作对野兽的驯服。他注意到，这两者之间有着明显的相似之处：首先，野兽通过训练可以变得服从，就像通过特定的方式激情可以被控制一样；其次，驯服野兽和控制激情一样都要经历很长一段时间，人们总是慢慢驯化、平和灵魂中激情部分的非理性力量的。较之驯服野兽而言，驯服灵魂中的非理性部分是更可行的。因为，灵魂中的非理性部分总是与理性部分同在，而理性部分自身具有统治非理性部分的能力。因此，经过一段时间的努力，人们可以做到摆脱激情的控制。对激情控制的摆脱也就是使灵魂中的非理性部分听命于灵魂中的理性部分。

从盖伦用驯服野兽的比喻来讨论如何摆脱激情来看，盖伦所讲的摆脱激情与廊下派根除激情的态度是不同的。驯服野兽，特别是驯服像马、狗这样的动物，其最终目的是为人所用。[719] 同样地，控制激情，使之成为不再过激的情感，其最终目的在于帮助理性发挥作用，与理性一起来管理欲望。这正符合柏拉图对灵魂各部，各司其职的要求。这样一种对激情的摆脱不仅与柏拉图的思想相符，也与亚里士多德所讲的中道相关："当你不再是激情的奴隶，而是在做每件事的时候都控制自己的判断不受激情影响的时候，你就可以说，做到适度中庸了。"[720] 哲学的目的便在于使得人的情感不再与理性发生冲突，而是能够符合本性地遵从理性。[721]

---

719 Ibid., 27 (K. V).

720 Ibid., 23 (K. V).

721 "在很多情况下，灵魂中的理性部分比激情部分强大，所以它们间的冲突不会发生，一个统治，另一个被统治。处于这种状况下的人已经达到了哲学上的目的。"（Galen, *PHP* III 3.19）

从盖伦讲述的这套治疗灵魂中的激情的方案里，我们看到，不管是一开始所讲的对激情认识的获得，对待批评者的态度，还是后来强调的持之以恒地实践对激情的控制，都是建立在拥有理性认识和信念的基础上的。这种治疗激情的方法和廊下派的方法非常接近。[722] 虽然在讲控制情感的时候，盖伦提到了中道，但对于激情，盖伦的态度是明确的，那就是要像廊下派和伊壁鸠鲁派那样将其根除。不过，盖伦在强调灵魂中理性部分力量的同时，也重视灵魂中非理性力量的存在和作用，而这是廊下派所不认同的。盖伦在柏拉图所描绘的灵魂三分的图景下，而不是在廊下派所持的灵魂一元论的立场上，考察对出自灵魂中非理性部分的激情的治疗。因为在灵魂结构中，对激情的统治有赖于理性，所以在对激情的治疗中，发挥理性的作用是必须的、首要的，这本身也是理性自然能力的体现。

盖伦认为，依靠我们的理性，通过他人及自我的教化和训练，我们可以获得好的习惯，从而使灵魂中的非理性部分听从于理性部分。在治疗灵魂疾病的讨论中，盖伦一方面重视理性在灵魂各部的统治地位，希望通过教化和训练使得灵魂中的各部能够各适其性；另一方面，他也重视身体对灵魂的影响，重视对身体的调养在教化

---

722 克吕西普的治疗方法是这样的：他为人们提供一个分析框架，使得人们能够认识自然和自身的激情状态的根基，从而修正这一状态。在这一过程中，人们所关注的只是灵魂中的理性功能，所做的工作是修正自己的认识和信念。见 Christopher Gill, *Naturalistic Psychology in Galen and Stoicism*, Oxford, 2010. pp. 260-1; 304.

和训练中所起的作用。

在盖伦对灵魂三分的证明中，在他对灵魂和身体关系的讨论中，我们都已经看到盖伦所讲的灵魂和身体是不可分的。作为一名医生，盖伦隶属于认为情感依赖于身体的医学传统中。[723] 盖伦在这方面的相关论述主要集中在《灵魂的状态依赖于身体的混合》一文中。我们在第二章中讨论了灵魂的状态依赖于身体中冷、热、干、湿的混合，相应地，灵魂的情感状态自然也与身体中的混合相关。在《灵魂的状态依赖于身体的混合》中，盖伦提到，身体的不同混合可以引起灵魂产生悲伤、胆怯和沮丧等情感。[724] 因此，通过改变身体中混合的比例也就可以改变灵魂中的情感状态。例如，饮酒可以帮助我们缓解悲伤和低落的情绪。[725]

身体的混合与情感状态之间的影响不是单向的，而是相互的。如果冷、热、干、湿的混合没有一个好的比例的话，那么，身体状态和灵魂状态之间就会存在一种恶的循环：比如，强烈情感的形成是因为身体混合中的热，而这种激情又会接着燃烧这种天生的热。燃烧地更旺的热会进一步推进情感的激烈化。这种恶的循环是应该尽力避免的。同时，盖伦也提到了好的循环：有着良好混合的灵魂会产生比例良好的运动，而这又可以帮助我们获得好的情感。[726]

根据盖伦对身体与灵魂关系的理解，灵魂虽然不是身体，但灵

723 Richard Sorabji, *Emotion and Peace of Mind*, Oxford, 2000, p. 253.

724 Galen, *QAM* 776-7 (K. IV).

725 Ibid., 778 (K. IV).

726 Ibid., 821 (K. IV).

魂依赖于身体。通过对身体状态的改变，通过对体液养生术的运用，人们可以影响灵魂中的情感，进而控制灵魂中的激情。在对激情的治疗中，养生术是其中很重要的一项内容。饮食、运动、生活方式，乃至气候、水土都可以对我们体内冷、热、干、湿的混合产生影响，进而对灵魂的状态产生影响。在盖伦看来，养生术对灵魂的影响包括对理性和非理性两个部分的影响。对于伦理生活而言，灵魂中各个部分所起的作用都是很重要的。养生术既可以帮助我们提高理智能力，也可以帮助我们培养合适的性情。对于那些希望拥有德性的人来说，跟随盖伦学习有关饮食和气候的知识是非常必要的。

> 所以我的对手们——他们不喜欢这一观点，即认为营养能让人多一点或者少一点温和，多一点或者少一点节制，变得勇敢或者胆怯，温柔文雅或者粗暴爱争吵——即使是现在到我这里来，接受我关于养生的指导仍然是很明智的。在他们讲伦理学的时候，他们可以从这里得到很大的裨益。当他们获得了更高的理解力和更好记忆的时候，理智能力的提高也会对他们的德性产生影响。除了饮食之外，我还要教他们关于风和周围空气的混合的知识，教他们关于地方的知识，指导他们该选择哪个、该回避哪个。[727]

纯粹医学方面的养生术在对身体产生作用的同时也会影响灵魂的状态。在盖伦所进行的激情治疗中，养生术发挥了重要作用。好的养生术能让我们身体中的混合处于一种恰当良好的状态。在这种

727 Ibid., 807-8 (K. IV).

情况下，我们的灵魂也会相应地处于良好状态，即灵魂中的各部分各安其位、各司其职：理性部分处于灵魂中的统治地位，而激情部分则称职地扮演理性帮手的角色。

盖伦在《灵魂的状态依赖于身体的混合》中对身体的重视引来了索拉布吉的疑问。他认为，盖伦把灵魂状态看作身体混合的说法存在缺陷，那就是，如果灵魂状态归于身体的混合，那么我们如何可能表扬或责备一个人呢？[728]索拉布吉如此质疑盖伦的前提是，把盖伦所讲的灵魂状态看作可以在本质上理解为，或还原为身体上的混合。如果灵魂的状态就是身体的混合的话，那么对于身体混合的好坏，人们不能从道德上进行褒奖或谴责，于是，对人的褒奖或谴责也就变得不可能了。

但是，这是不是盖伦的灵魂观呢？我们在前面关于灵魂本质问题的讨论中已经指出，把灵魂等同于身体的观点是盖伦所反对的，盖伦反复强调的只是灵魂与身体的同在。所以，索拉布吉提出质疑的那个前提其实是有问题的。在身体与灵魂的关系问题上，索拉布吉只考虑了盖伦所讲的身体的混合可以解释灵魂状态这一个方面，而没有考虑盖伦同样重视的身体是灵魂工具这另一个方面。

仅就身体自身而言，在盖伦看来，它的混合好坏不是不能褒奖和谴责的。就像自然中的事物，即使仅仅出自自然，我们对它仍然会有好恶。[729]而且，因为身体是人的身体，所以人自身要为此负责。

728 Sorabji, Richard, *Emotion and Peace of Mind*, Oxford, 2000, p. 260.

729 Galen, *QAM* 815 (K. IV).

人作为灵魂和身体的结合体，既要为灵魂负责，也要为身体负责，更何况这两方面是彼此相关的。

亚里士多德曾经讨论过，除了灵魂的恶之外，同样应受谴责的出于意愿的身体的恶。在《尼各马可伦理学》中，亚里士多德对身体之恶做了区分。[730]一种是天生的，或由于疾病或因为意外而造成的身体的丑陋或缺陷。这种情况下，身体的恶不是我们自身原因造成的，所以不应该受到谴责而应获得同情和怜悯。另一种情况，是因为不当心、缺乏锻炼、放纵等等原因造成的身体问题。这种身体的恶是由于我们自身的原因造成的，所以应该对其进行谴责。如果索拉布吉所讲的人们无法在道德上褒奖和谴责身体的好坏，仅仅是就第一种情况而言的话，那么，盖伦应该也会赞同。但在第二种情况下（这是更为常见的情况），我们完全应该像亚里士多德那样，谴责我们能力范围之内，本应该防止的恶。盖伦正是在这是意义上讲人之恶的。

盖伦在讲灵魂的状态依赖于身体的同时，强调了人自身对恶行所要负的责任。这个责任主体就是灵魂。如果人的灵魂出现问题，不仅会有恶行，身体也会遭殃。正因为人的内部有恶的根源，所以，“我们特别需要寻找那些能净化我们的灵魂，防止这种恶的生长，从而使我们避免成为坏人的人。”[731]这样的人既可以是哲学家，也可以是医生。

---

730 亚里士多德，《尼各马可伦理学》1114a22-30。

731 Galen, *QAM* 820 (K. IV).

哲学家对灵魂的照看和医生对身体的照看，无论对于保持身体的健康来说，还是对于保持灵魂的健康来说都是必不可少的。柏拉图就这两者在保持全身健康和过上最好生活中的作用做过讨论：在《蒂迈欧》和《卡尔米德》中，对身体疾病的治疗与对灵魂疾病的治疗是放在一起被论述的。[732] 廊下派哲学家们在讨论治疗的时候，也把身体因素在激情治疗中的作用考虑进来。[733] 而医生所具有的养生术知识，和哲学家所具有的灵魂教化职责，在盖伦对激情的治疗中结合得尤为紧密。

盖伦所继承的希波克拉底养生术追求的是和谐平衡，盖伦所主张的灵魂教化追求的是亚里士多德要求的中庸适度。这两者的追求在根本上是一致的，都是追求符合自然的善好，而这正是医生和哲学家们的共同追求。激情作为一种不恰当的情感不仅会影响灵魂的健康，也会影响身体的健康。既是医生又是哲学家的盖伦对激情的治疗特别重视。对于真正健康的好人而言，激情是必须被根除的，期求达至的是灵魂的安宁平和。

在关于激情的讨论中，盖伦把他的医学思想带到哲学家们对激情或情感问题的讨论中来，同时也把柏拉图的灵魂三分思想和亚里

732 参见柏拉图，《蒂迈欧》81e-89e；《卡尔米德》156d-157c。

733 蒂耶勒曼修正了那种认为克吕西普纯粹只从灵魂出发来考虑问题的观点，他认为，克吕西普对激情的认识是有身体方面的基础的，他提醒我们注意廊下派对属于古代医学实践的养生术的重视。吉尔认为，蒂耶勒曼对克吕西普治疗学的重构，是很具有说服力的，吉尔自己的相关讨论建立在蒂耶勒曼的论述的基础之上。参见 Christopher Gill, *Naturalistic Psychology in Galen and Stoicism*, Oxford, 2010, pp. 305-6.

士多德的中道思想引入医生们对激情的认识和治疗中去。另外，虽然对克吕西普关于情感的论述多有批评，但他接受了廊下派和其他希腊化时期的哲学家们对激情的重视，并在哲学和医学的双重含义上实践了他们所说的“治疗”功用。哲学和医学的结合，不仅仅体现在前面所讨论的对灵魂和身体的认识上，更体现在这里讨论的对灵魂疾病的治疗上。盖伦在这方面所做的工作对于哲学思考和医学实践来说，或者对于哲学实践和医学思考来说都是非常重要的引入、参照和借鉴。

结语

在《关于我自己的学说》和《论希波克拉底和柏拉图的诸种学说》中，盖伦区分了理论（或思辨）哲学和实用（或实践）哲学（philosophiam scientie et philosophiam pratice；tēs theōrtikēs philosophias, tēs praktikēs philosophias）。[734] 对于这两种哲学，盖伦没有给出明确的定义。纳通认为，盖伦所讲的第二种哲学相对来说比较容易让人理解，主要指那些对于日常生活实践有益的知识，比如对于医学而言有用的知识。[735] 纳通的这种说法有一定道理，因为在盖伦自己的表述里，实用哲学与医学常常并列在一起，并且与理论哲学相区别。比如，在讨论灵魂是否不朽的时候，盖伦说，“这个问题属于理论哲学而不属于实践哲学。”[736]“因为，这对于医学或伦理、政治哲学而言完全无用，医生们和很多哲学家有很好的理由忽视这个问题。”[737] 在这里，盖伦对实践哲学的重视明显高于理论哲学，因为，即使某个问题属于理论哲学的范畴，只要它对于实践哲学无用，那么我们就有理由对其不予讨论。把医学与伦理、政治哲学并称，从有用的角度来思考医学和哲学问题，这是盖伦进行

734 Galen, *On My Own Opinions*, 8, 4; PHP IX 9.10-11.

735 Galen, *On My Own Opinions*, (ed.,trans. and comm.) Vivian Nutton, Berlin: Akademie Verlag, 1999, p. 169.

736 Galen, *PHP* IX 9.10.

737 Ibid., IX 9.9.

理论和实用哲学区分时所要强调的内容。盖伦的这种对待实用哲学的态度显然受到了希腊化时期哲学的伦理学转向，和当时盛行的把医学与哲学进行类比的观点的影响。

在柏拉图那里，医学与伦理哲学和政治哲学间的类比关系已经受到了重视。柏拉图所说的这种类比关系主要建立在医学和伦理哲学有着相似方法的基础之上。亚里士多德则从身体现象较之灵魂现象容易观察的角度出发，讨论如何在伦理领域进行哲学工作。到了希腊化时代，人们所谈论的哲学与医学间的类比主要是从实用的角度出发来考虑的，也就是说，从能否给予有效治疗的角度出发来考虑的。哲学和医学间的关系不仅仅是方法论和认识论意义上的，更是实用和治疗意义上的。在哲学史的发展进程中，医学史的发展以依赖和影响的方式伴随其左右。

在西方古代世界，哲学与医学间的界线一直是模糊的，在不同的时期也会有不同的变化。对于认识西方哲学，特别是古希腊罗马哲学而言，考察与之相关的医学无疑会为我们提供很大的帮助。医学关注人的身体，哲学关注人的灵魂，那么，对灵魂和身体的考察自然分别是哲学和医学的主要工作。但是，这两项工作之间并不是没有重叠的：哲学家们也会思考身体，而医生们也会考察灵魂。医学与哲学间既彼此不同，又相互影响的关系很大程度上是灵魂与身体本身的复杂关系造成的。如何理解灵魂与身体的关系是我们理解哲学与医学的关系时面临的一个核心问题。

在西方哲学和医学的历史上，盖伦是一位有着特殊地位的人物。

作为希波克拉底之后最杰出的西方古代医生，盖伦的哲学家身份常常为人们所忽视。这种忽视并不仅仅因为盖伦在医学上的成就和影响远远大于在哲学上的，而且也因为，人们在考察哲学或医学的一方时，往往会忽视另一方所带来的影响。在盖伦那里，哲学与医学总是结合在一起。这不仅可以从他所受的哲学与医学的完备教育，从他在哲学与医学方面的著书和实践中体现出来，而且也直接体现在他对灵魂与身体关系的思考中。对盖伦所讨论的灵魂与身体关系的考察，不仅可以帮助我们认识盖伦自己对这个问题的理解，不仅是一项从哲学史角度考察盖伦思想的工作，而且，因为盖伦的特殊身份和他所处的特殊时代，盖伦的思想可以作为我们理解哲学与医学的关系，特别是希腊化时期哲学与医学的关系的一个典型个案而被考察。

在盖伦讨论灵魂与身体关系的时候，从观察到的现象出发，同时也出于医学和实用哲学的考虑，他总是把灵魂和身体放在一起来考察。因为同样的理由，他拒绝就灵魂是否不朽，和灵魂在本质上是否是身体的做出论断。他否认灵魂是普纽玛也是对自己在灵魂是否是物质的、有形的、不朽的问题上的不可知态度的贯彻。盖伦认为，既然灵魂被置于身体中，那么，对灵魂的认识可以借助对身体的认识来实现。他用构成身体的四元素的混合来解释灵魂的各种状态，所以，对于身体的照看，在盖伦看来，同样也是对灵魂的照看。

值得注意的是，盖伦在强调灵魂依赖于身体，否定灵魂独立于身体的同时，并没有把灵魂看作是与身体本质相同的事物。他在认识到对身体的调养影响灵魂状态的时候，并没有否定灵魂的独立功用，没有用医学工作来完全代替哲学工作。他对灵魂是否是身体的不可知论的态度，使得他在从身体认识灵魂的时候，没有采取还原论的立场，而是保持了灵魂对于身体而言的相对独立，甚至更高的地位。灵魂相对于身体而言的更高地位，主要体现在盖伦用灵魂三分学说解释灵魂与身体关系的论述中。

按照灵魂三分的说法，灵魂中有三种不同的能力，这三种不同能力分别由灵魂的三个部分来执行，而这三个部分分别位于身体中的三个不同脏器：脑、心脏和肝脏。盖伦通过自己擅长的解剖方法对柏拉图所讲的灵魂三分进行了充分的论证，并且对廊下派主张的灵魂一元论进行了批驳。在盖伦看来，灵魂三分学说不仅帮助我们理解灵魂的各种功能，而且帮助我们认识身体的构造，因为身体是作为灵魂的工具而被自然精心设计而成的。自然以最好的方式创造世界。灵魂所具有的能力，身体的构造，以及灵魂与身体的结合都不是随意的，都是自然的安排。自然的这些安排都是自然杰出智慧的体现。

盖伦对灵魂三分的讨论，不仅是理解盖伦所讲的灵魂能力和建立在灵魂能力基础上的身体构造的关键，也是理解盖伦对克吕西普的激情学说的批评的关键。把激情看作与理性不同的灵魂能力是盖伦在激情学说方面与克吕西普的根本分歧所在。因为激情不同于理性，所以对激情的治疗不能仅仅依靠改变人的认识和观念来实现。虽然，认识和观念上的改变也是必须的，这是理性加强自己的能力来统治激情的一种体现，但是，控制激情还需要其他的方式。这其中，盖伦特别重视身体所发挥的作用：只有身体和灵魂都健康才能真正达到灵魂上的安宁，从而获得幸福。

就像对身体的调养重在平衡和谐一样，对灵魂的教化，其目的也是各部分能和谐相处，协调作用。激情作为灵魂中一种能力的过度反应，确实应该被根除，但这种能力本身是不应该被根除的，只要做到中庸适度就可以了。在关于激情和激情治疗的讨论中，盖伦从身体中四元素的混合来解释灵魂状态的思想，和他所持有的灵魂三分观点都得到了具体的贯彻。既强调灵魂对身体的依赖，又重视灵魂对身体的主导，这使得盖伦在治疗灵魂疾病的时候，既重视医生所讲的身体上的养生，也重视哲学家讨论的灵魂上的教化。盖伦把这两者很好地结合起来，使之服务于人们对成为好人的追求。

盖伦把哲学与医学结合起来的努力不仅体现在他对治疗的实践中，在他关于灵魂与身体问题的讨论中，这种结合也无处不在。盖伦的讨论总是在柏拉图、亚里士多德、希波克拉底、希罗菲勒斯和埃拉西斯特拉图斯等人的相关论述的基础上进行。他对柏拉图和希波克拉底的相同学说所做的专门考察可以看作是结合哲学思考和医学实践所作的一项工作。在讨论灵魂对身体的依赖时，盖伦用希波克拉底的四元素说来对其进行解释，并认为这是柏拉图和亚里士多德也赞同的观点。在讨论灵魂三分的时候，盖伦把医学上的解剖方法与亚里士多德的论证方法结合起来，把它运用到对柏拉图所主张的灵魂三分的证明之中。他对灵魂能力和身体构造的分析都服务于亚里士多德的自然目的论的观点。

虽然，盖伦的这种结合容易被人冠上折中主义的名号，但是，如果我们考虑到盖伦这种努力背后的哲学与医学间的复杂关系，考虑到这种努力在我们对灵魂与身体认识上所做出的贡献，我们就不能小看这种折中。盖伦通过解剖所注意到的脑在感觉、认知方面的作用一直被认为是盖伦在灵魂学说上对后人的主要贡献，但是这只是把医学方法运用到哲学思考中的一个方面。把对身体的治疗理解为对灵魂治疗的一部分也是盖伦对后世的贡献之一。盖伦的医生哲学家身份和希腊化时期对治疗哲学的讨论使得盖伦的这一思想变得尤其值得受人重视。

虽然，盖伦的很多思想不是他首创的，受到了前人的影响和启发，但他在哲学和医学间的位置是独一无二的。对盖伦理解的灵魂与身体关系的讨论可以帮助我们理解，在哲学和医学之间盖伦所做的思考与实践。从哲学史角度讨论盖伦理解的灵魂与身体的关系，其背后的更深用意是思考哲学与医学的关系。虽然这个问题不是本书的主题，却是本书的出发点和最终目的。当然，对西方古代医学与哲学关系的考察是一项巨大的工程，远不是本书所能完成的。这里只是选取盖伦这个富有代表性的人物为个案，以盖伦思想中的灵魂与身体关系这一核心问题的讨论为线索，来为这项艰巨而漫长的研究工作做一个准备。

附录　身体的医术与灵魂的医术：论古希腊医学与哲学的相互影响

充满消毒水气味的医院、复杂精密的检验仪器、寒光凛冽的手术刀、由缩写的专业术语和数字构成的诊疗报告、各种提纯合成的化学药剂：一提到现代西方医学，人们脑中往往浮现出这样一些图景。虽然医学关心的是我们须臾不可离的身体，但现代西方医学似乎离我们的日常生活非常遥远。我们只在生病的时候才会想到医生，才会去医院。从医院回来，我们面对的是些看不懂的数据、术语，是些不知何种成分的丸剂、胶囊。对于现代医学来说，与其密切相关的学科是细菌学、遗传学、生物学、化学等等。在现代社会，如果不是处理例如基因技术带来"人造生命"这样的医学伦理问题，那么哲学研究者讨论医学似乎是件让人感到难以理解的事。

然而，如果我们把时间向前推进2 500年，回到那个时候的希腊，回到现代西方医学发源的地方，我们看到的将是另外一番情景：游走四方的医生熟悉各地的气候、地理，指导人们的日常饮食起居。他们精通修辞和语法，向患者讲解疾病起因及治疗方法。医生们的活动几乎与人们每天的生活息息相关。在柏拉图看来，戴着医学面具、讨好欺骗人们的，是那些烹制美食的厨师而不是别的什么人。他们之所以被认为戴着医学的面具，是因为他们只是假装懂得什么是好的食物，而医生才真正考虑什么食物对于人的身体来说是最好的。[738]

从西元前5世纪起，医学就不仅仅只是一门治疗技艺，而是一门受人尊敬的学科。在那个时候，但凡受过教育的人对医学都抱有一种普遍的兴趣。这不仅因为当时的医学在很大程度上是养生术，而很多时候人们必须自己照顾自己；而且因为医学作为当时理智生活的一部分，与哲学、修辞学一起构成人们生活的文化背景。它是那样深地卷入人们的生活，那样密切地与哲学、修辞学交织在一起，以至于我们今天要将其中任何一门完全剥离出来进行考察，不仅是困难的，而且是危险的。说它困难，是因为它们之间的彼此交织远比我们想象的情形复杂得多，要将它们分别抽离出来不是件容易的事。说它危险，是因为它们彼此不是毫不相干地偶然缠绕在一起，而是不可分离地生长在一起。其中一方如果离开了另一方，自身的存在就会出现问题，而我们对它们之中任何一方的理解也必然是片面的。

这其中，医学与哲学的关系尤为密切。一方面，因为古典医学自身所关注的问题与哲学有很多重合的地方；另一方面，古典哲学对于当时社会生活中各方面的影响也远远大于今日。[739] 对那时的希腊人而言，医学与哲学的关联显而易见。而就医学和哲学的关系来讲，它们之间的相互影响从医学产生的最初阶段就已然开始。

---

738 柏拉图，《高尔吉亚》464d。

739 弗雷德认为，古代生活中很少有哪个方面与哲学无关，有哪个方面不能在哲学中找到反映、不对哲学产生影响，所以，对古代哲学的研究可以从多种路径入手。参见 Michael Frede, *Essays in Ancient Philosophy*, Clarendon Press, Oxford, 1987. p. ix.

一、希腊医学的产生与自然哲学

在古代社会，无论是埃及、美索不达米亚，还是希腊，人们普遍认为，身体的疾病是因为触怒神灵而导致的。医生的职责，或者说，医生所扮演的角色，是设法平息神灵的怒气。医生通过把占据病人身体中的恶魔驱赶出去的方式，来使病人恢复健康。因此，那时的医师同时也是占卜师或者巫师。

关于希腊医学的最早记载见于荷马史诗。[740] 在那里，疾病的起源和治疗都与超自然的力量相关。《伊利亚特》一开篇就讲述了阿波罗的愤怒致使希腊军中发生瘟疫的故事。[741] 诸神掌控着人们的生死，他们可以轻易地让人受伤，甚至丧命。[742] 神所降下的病患是任何人都不能幸免的。[743] 与此同时，能够治愈这些疾病和伤痛的也是诸神。阿波罗能给希腊人带来瘟疫，也可以治愈格劳科斯（Glaucus）的剑伤。[744] 最早的希腊医神或许就是荷马史诗中提到的派埃昂（Paeon）。[745] 但很快，他的名声就被其他诸神所取代，比如阿波罗，比如阿斯克勒庇俄斯（Asclepius）。

虽然，很多神或者半神具有治愈伤痛、赋予生命的能力，但是

740 James Longrigg, *Greek Rational Medicine*, London and New York, 1993, p. 11.

741 《伊利亚特》1. 9-10，1. 41-53。

742 《伊利亚特》21. 483-4，24. 605-7。

743 《奥德赛》9. 409412。独眼巨人被奥德赛和他的同伴用削尖的橄榄木刺瞎眼睛后，向其他库科洛浦斯们呼救。当他回答其他巨人们的提问，说“无人用阴谋，不是用暴力杀害我”时，巨人们认为这是宙斯所降的病患，他们也无能为力。

744 《伊利亚特》16. 523-31。

745 《伊利亚特》5. 401，899；《奥德赛》4. 232。

阿波罗是其中最为杰出的一位。后来，他的儿子阿斯克勒庇俄斯在治疗方面的声誉渐渐超过他的父亲，成为后世崇拜的医神。[746] 直至今日，他所执持的盘蛇手杖仍然是西方医学的标志。在当时，阿斯克勒庇俄斯神庙就是治疗所，类似后来的医院。患病的人们纷纷前往神庙祈求治愈疾病、恢复健康。

位于科斯岛上的阿斯克勒庇俄斯神庙被人们看作是希腊医学的摇篮。神庙中的祭司们同时也是医生。约生于西元前 460 年的希波克拉底（Hippocrates of Cos）就是其中一员。[747] 正是这位医神的祭司建立了与史诗时期的医学不同的理性医学（rational medicine），成为西方医学的奠基人。希波克拉底被后人尊称为“西方医学之父”。

在西方医学历史上，《希波克拉底文集》（*Corpus Hippocraticum*）[748] 是现存最早的，对各种疾病和症状起因进行理性解释的著作。自此，疾病和康复不再被认为与神意相关，治疗技艺也不再是神的专利。但是，这种把医学从迷信、巫术、宗教中解放出来的努力，并非始于医学之父希波克拉底，而是始于更早的伊奥尼亚自然哲学家们。

---

746 关于阿斯克勒庇俄斯身世的传说可以参见荷西俄德的说法，关于阿斯克勒庇俄斯如何取代父亲获得治疗方面的更大声誉可参见奥维德的《变形记》。

747 柏拉图《普罗塔格拉》311b。柏拉图把他视为医学的化身（《裴多》270c），亚里士多德也认为他是伟大医生的完美代表（《政治学》1326a15）。

748《希波克拉底文集》不是希波克拉底一人的著作集，而是很多人的医学著作合集。它是西元前 3 世纪的亚历山大学者们保留给后人的，于科斯的医学院档案馆中被发现。其中绝大多数论文的写作时间是西元前 430 至 350 年之间。它们都是用伊奥尼亚方言写作的关于医学的著作，除此之外没有非常严格的内在统一性。其中有些文章是为专业医生所做，有些是为非专业人士所做，有些是给学医的学生的讲稿，有些则是由对医学感兴趣的哲学家所写。

在早期自然哲学家们那里，对医学感兴趣，或者说对人体的生理感兴趣是件很自然的事。这些哲学家们试图为纷繁复杂的自然现象给出一个普遍而统一的解释。于是，对自然中最为复杂的现象，即人体结构及其运作方式的研究，变得不可避免。对人体生理的研究，从一开始就必然从属于他们关于自然世界的研究之中。哲学家们不认为对医学问题的关心是对别的学科领域的侵入。医学关心的对象和问题也是自然哲学必须要关心的对象和问题。当神话解释主导关于疾病和治疗的理解，当希波克拉底的理性医学还没有诞生之时，正是这些自然哲学家们最早开始了关于医学理论的讨论。[749]

希波克拉底著作中所体现的理性认识方法和态度，与自然哲学家们对他的影响密切相关。在某种程度上，《希波克拉底文集》可以被看作是自然哲学对医学影响的一种体现。因此，希腊医学自产生之初就和哲学紧密地联系在了一起。甚至可以说，没有古代希腊的自然哲学就没有希波克拉底医学、盖伦医学，乃至后来的现代西方医学。

二、古希腊哲学对医学的影响

古希腊医学受到当时哲学影响的最明显和最直接的证据是医学著作所使用的语言。耶格尔指出，西元前 5 世纪和 4 世纪的所有医

749 Michael Frede, *Essays in Ancient Philosophy*, Clarendon Press, Oxford, 1987. “Philosophy and Medicine in Antiquity”, p. 227.

学著作（这些著作多归于希波克拉底的名下），都是以伊奥尼亚式（Ionic）散文的形式写成。希波克拉底生活在说多利亚（Doric）方言的科斯（Cos）岛上，而他以及他的门人却用伊奥尼亚方言写作。或许，他们不仅在正式写作的时候，甚至在日常的科学讨论中都使用这种方言。[750] 用一种语言写作和思考，不仅意味着对这种语言的使用，而且意味着接受这种语言所代表的文化。所以，对这一现象可能的合理解释只能是：这是希波克拉底及其学派受到当时伊奥尼亚文化，尤其是自然哲学影响的结果。

当然，这种影响不仅仅表现在语言的使用上，也表现在思想的继承上。例如，希波克拉底医学很显然受到赫拉克利特（Heracleitus of Ephesus 鼎盛期约为西元前 500 年）思想的影响。在思想上，除了伊奥尼亚的自然哲学家之外，毕达哥拉斯（Pythagoras of Samos，鼎盛期为西元前 550 年）和恩培多克勒（Empedokles of Acragas，约西元前 492－432 年）也是对希波克拉底医学产生重要影响的哲学家。

在赫拉克利特描绘的世界图景中，一切都是持续的流，没有东西是永恒不变的；世界是一团不断燃烧和熄灭的永恒活火。赫拉克利特把对世界的理解同时应用到对人体的解释中。因为在他看来，人体和宏观的世界一样，也是由火、水和土构成的。在人体中，只有火是持续的，如果火离开了人体，那么剩下的水和土就没有任何意义。和世界中的火一样，人体中的火也遵循着“向上、向下”的

750 Werner Jaeger，*Paideia: the Ideals of Greek Culture*, vol. III, New York, Oxford University Press, 1944, pp. 3-4.

法则。[751] 与火相对立的水和火一起构成人的灵魂。水与火的不同比例形成了灵魂的不同状态，而这对立的双方又处于不断地相互转换之中。

在《论养生》（*Peri diaitēs*）[752] 中，我们可以看到关于流变、对立面，和灵魂构成的类似表述："所有的事物，人和神都处于向上、向下的流变之中"；[753] "'生成'和'消灭'是相同的，'混合'和'分离'是相同的，'增加'和'减损'是相同的"；[754] "人的灵魂，就像我已经说过的那样，是水和火的混合物。"[755] 除此之外，赫拉克利特所持有的"不可见的和谐"的观念同样持续影响着养生和医疗思想。[756]

在早期哲学家中，毕达哥拉斯对医学的影响可以说是最大的。[757] 琼斯（W. H. S. Jones）认为，毕达哥拉斯及其学派是最早对医学有

---

751 R. O. Moon, *The Relation of Medicine to Philosophy*, Longmans, Green and Co. 1909, pp. 4-6.

752 四卷本《论养生》的作者似乎对哲学理论非常感兴趣，在《论养生》中我们可以看到其中有些论述像是在模仿赫拉克利特，有些像在模仿恩培多克勒、阿那克萨格拉等其他人。

753 *Hippocrates* vol. IV, trans. W. H. S. Jones, Harvard University Press, 1931, p. 237.

754 Ibid., p. 235.

755 Ibid., p. 263.

756 和谐（harmonia）这一概念对于希腊哲学和医学来说都非常重要。毕达哥拉斯，阿尔克迈翁和恩培多克勒都讨论"和谐"，医学上的这一"和谐"概念到底是来自于自然哲学，还是自然哲学从医学思想中借用这一概念，一直存在疑问。参见 Werner Jaeger，*Paideia: the Ideals of Greek Culture*, vol. III, New York, Oxford University Press, 1944, p. 6.

757 R. O. Moon, *The Relation of Medicine to Philosophy*, Longmans, Green and Co. 1909, p. 6.

着严肃兴趣的哲学家团体。[758] 虽然相对于伊奥尼亚的自然哲学家而言，毕达哥拉斯的思想中有着较强的宗教因素，但他对世界起源及如何运行的解释，却和其他自然哲学家一样，没有诉诸超自然的力量。[759] 他说，“万物是数”。毕达哥拉斯所讲的数不同于我们今天所理解的纯粹抽象的代数概念，而是一个有广延的几何概念：它是“不能与感觉对象相分离的”。[760]

医学上常讲的“危险期天数（critical days）”[761] 与毕达哥拉斯对数的强调关系很大。它建立在毕达哥拉斯数论的基础之上，并被认为在一定程度上是对数之神奇力量的一种体现。恩培多克勒讲胎儿在子宫中的成形时间，始于第 36 天，成于第 49 日，[762] 这也显然受了毕达哥拉斯的影响。因为 49 天是 7 的平方，而 7 在毕达哥拉斯那里尤为重要。[763]

另外，毕达哥拉斯派的一些实践上的行为也体现，或者说指引了，

758 *Hippocrates* I, trans. W. H. S. Jones, Harvard University Press, 1923, p. xi “General Introduction”.

759 关于毕达哥拉斯和伊奥尼亚哲学家们的区别可参见亚里士多德《形而上学》989b29 及以下。

760 R. O. Moon, *The Relation of Medicine to Philosophy*, Longmans, Green and Co. 1909, p. 7.

761 “危险期天数”指疾病将会在第几天发生危险。《流行病学》I. XXVI 中讲，在偶数天发生恶化的疾病，危险期会在偶数天；奇数天发生恶化的疾病，危险期会在奇数天。

762 Hermann Diels and Walther Kranz, eds., *Die Fragmente der Vorsokratiker*, 1960,Weidmannsche Verlagsbuchhandlung, vol.I, D83, p. 301.

763 R. O. Moon, *The Relation of Medicine to Philosophy*, Longmans, Green and Co. 1909, p. 8.

后世医学中养生及体育锻炼的方向。他们强调饮食和锻炼的重要性，要求每天严格执行。他们很少使用外用药膏，内服药更少，手术则是极少被使用的治病方式。按照拉奥修的说法，健康对于毕达哥拉斯来说，就是身体的各个组成部分都处于和谐状态。[764] 和谐状态被打乱，首先是因为身体的使用、营养的摄入和休息之间的合适比例发生缺失。这三个方面中任何一方的无节制都会产生疾病。这种不节制会造成消化不良，而消化不良是绝大多数疾病的成因。[765]

强调“自然是最好治疗师”[766] 的希波克拉底医学对养生术极为重视。《希波克拉底文集》中，关于饮食和锻炼的讨论，在所有讨论中占有很大的篇幅：以此为主题的文章有《重症之下的养生法》（*Peri diaitēs okseōn*），《健康状态下的养生法》(*Peri diaitēs hygieinēs*) 及四卷本的《论养生》；另外，还有不少相关论述散见于其他文章中，如《流行病学》（*Epidēmiai*）第一和第三卷中。虽然在当时，外科手术和药物已经被使用，但是，《论古代医学》（*Peri archaiēs iētrikēs*）的作者所讲的医学似乎只关涉养生法，与解剖和药物无关。

毕达哥拉斯派的阿尔克迈翁（Alcmaeon of Croton，鼎盛期约西元前 470 年）是希波克拉底之前惟一有医学理论文献幸存传世的

764 Diogenes Laertius, *Lives of Eminent Philosophers*, VIII. 33, Harvard University Press, 1958, vol. 2, p. 348.

765 Michael Frede, *Essays in Ancient Philosophy*, Clare ndon Press, Oxford, 1987. “Philosophy and Medicine in Antiquity”, p. 228.

766 *Hippocrates* I, trans. W. H. S. Jones, Harvard University Press, 1923，“epidemic”6.5.

医生。[767] 他的医学思想体现了之前伊奥尼亚自然哲学家们的理性视角，同时影响了后世的医学和哲学。在他那里，我们既可以很清楚地看到哲学对医学的影响，也可以看到医学和哲学间的相互作用。

与毕达哥拉斯派的其他人一样，阿尔克迈翁认为世界由相对的事物构成：湿和干、冷和热、苦和甜等等。健康就是这些元素彼此和谐地混合（krasis）在一起。如果哪一方不适宜地占有了优势（monarchia），那么疾病就产生了。与毕达哥拉斯派学者不同的一点是，就像亚里士多德指出的那样，他随时讲述各种相对的事物，却没有列出相对事物的确定数目和内容。[768] 他尝试把疾病起源确定在身体的某一特定部位，比如血液、骨髓或大脑。同时，他也认为疾病的产生可能由于外在的原因，例如水质、当地气候、劳作和酷刑等等。[769] 不同于希腊史诗时期的疾病概念，阿尔克迈翁认为疾病是一种自然现象。疾病和整个世界遵守同样的规则。各元素均衡（isonomia）就是健康，其中任何一个过剩或不足都能造成疾病。阿尔克迈翁的“均衡”概念非常类似阿那克西曼德和赫拉克利特的思想，而这一思想对医学的影响很大。《论古代医学》的作者就把“均衡”作为其整个养生理论的基础。

767 关于阿尔克迈翁是否是毕达哥拉斯团体中的一员，历来有不少争论。有些学者把他列为其中的一员，比如 Iamblichus；有些则认为他仅仅听过毕达哥拉斯的讲学，比如 Diogenes Laertius。直到最近，学者们才普遍认为阿尔克迈翁是一位毕达哥拉斯主义者。

768 亚里士多德，《形而上学》986a22 及以下。

769 Aëtius, *On the opinions of the philosophers*, V 30,1 D.K.24B4，转引自 James Longrigg, *Greek Rational Medicine*, London and New York, 1993, p. 52.

阿尔克迈翁是第一个认识到脑的重要作用的人。他揭示各种感觉器官的构成，认为人和动物的区别在于人能思考、理解，而不仅仅是感觉。[770] 在分别讨论了听觉，嗅觉，味觉和视觉之后，阿尔克迈翁认为所有感觉都以某种方式与大脑相关联，所以大脑必然是理智（intelligence）的寓所。[771] 他在生理学上的兴趣，尤其是对感觉器官的考察，影响到后来的哲学思想。阿尔克迈翁是第一位讨论理智到底位于大脑还是位于心脏的人。关于这一问题，哲学家们争论了好几个世纪。

阿尔克迈翁对后世的影响还在于他的研究方法。他对生理的考察，是通过经验的方式进行的，或者更准确地说很大程度上是通过解剖实践进行的。虽然不能确定地说他是第一位进行人体解剖研究的人；[772] 但他的著作显示，系统的解剖研究可以推动我们对事物的认识。

就自然哲学家对医学的影响而言，不能不提毕达哥拉斯的另一位学生恩培多克勒。哲学家恩培多克勒本身就是一位医生。盖伦认

770 恩培多克勒认为思想和感觉是同一的。亚里士多德在《论灵魂》II, 3 中反对之前哲学家们所认同的这一观点，表示自己赞同阿尔克迈翁的观点。

771 阿尔克迈翁关于感觉的讨论主要通过 Theophrastus 的《论感觉》（De sensu）得以保留。参见 James Longrigg, *Greek Rational Medicine*, London and New York, 1993, pp. 53-58.

772 Chalcidius 是柏拉图《蒂迈欧》的拉丁语译者。他曾写道，阿尔克迈翁是“第一位敢于进行眼睛切除术的人”。人们根据这一点推断阿尔克迈翁是第一位把人体解剖作为普遍观察方法的人。有些现代学者把他称为“解剖学之父”。但 G. E. R. Lloyd 认为阿尔克迈翁进行人体解剖与当时的时代背景不符，他很可能只是对动物进行解剖。参见 James Longrigg, *Greek Rational Medicine*, London and New York, 1993, pp. 58-9.

为，他是意大利医学学派的奠基人。他提出的四元素说对古代医学影响深远。他不仅影响医学本身，还通过对医学的影响进一步影响整个科学思想的发展趋势。他创办的医学学校直到柏拉图的时代依然存在。他的核心学说是对冷、热、干、湿四元素的界定。[773] 受四元素说的影响，对构成身体体液的界定也限制为四种："血液、粘液、黑胆汁、黄胆汁"。

四体液说几乎统治了整个西方医学史两千年之久。通过四元素的混合来解释人体，不仅可以解释疾病和健康，还可以解释个体间的差异。元素的组成不同，个体就不同。这对于希波克拉底医学来说非常重要，因为他认为治疗是针对个别人的。[774] 医生面对的是变化多样的具体的人，医学上的一般原则必须运用在不同的个体身上。耶格尔认为，普遍原则如何运用于具体个人是医学与教育都要面对的共同问题。[775]

恩培多克勒对感觉的重视也对后世产生很大影响。他认为，我们不能拒绝感觉的帮助，因为只有通过这些感觉途径，我们才能获得知识。[776] 后来的许多生理学家都是沿着恩培多克勒的这条道路前进的。

---

773 John Burnet, *Early Greek Philosophy*, Cleveland and New York, 1930, pp. 200-1.

774 Werner Jaeger，*Paideia: the Ideals of Greek Culture*, vol. III, New York, Oxford University Press, 1944, p. 18.

775 Ibid., p. 24.

776 Hermann Diels and Walther Kranz, eds., *Die Fragmente der Vorsokratiker*, 1960, Weidmannsche Verlagsbuchhandlung, vol.I, pp. 310-311"现在，考虑所有的感官，通过它们每件个别事物可以变得清楚。不要认为视觉比听觉更可信，也不要把轰鸣的声音置于比清晰的味觉更高的位置之上，不要对其他身体部分没有信心，只有通过这条路径才能到达认识，以此在清楚的范围内认识每一个别事物。"

当我们考察阿尔克迈翁和恩培多克勒对医学的影响时，我们注意到，和伊奥尼亚自然哲学家通过帮助医学从迷信和巫术中解放出来从而影响医学的单向影响方式不同。在他们那里，哲学不再是单方面地对医学产生影响，而是同时也受到来自医学的影响。因为这个时期的很多哲学家不仅单纯对作为自然一部分的人的结构和本性（nature）抱有一种理智上的兴趣，而且本身就是有着实践经验的医生。[777]

在他们那里，哲学和医学的关系变得较之以前更为复杂。两者在更多的层面和更深的意义上彼此交织在一起。耶格尔认为从这时起，医学和哲学的关系进入了一个新的时期。哲学和医学之间的研究领域相互重叠，医学和哲学间的界限变得不那么清楚。[778] 所以，就像要认识那时的医学离不开对当时哲学的认识一样，要认识那个时期的哲学自然离不开对医学的了解。

最早的医学文献，也就是以希波克拉底命名的医学论文集就出现在这一时期。[779] 我们前面分析过，《希波克拉底文集》从语言到观点都深受自然哲学家们的影响。有些受某一位哲学家的影响，有些则同时受好几位哲学家的影响。[780] 但是仅仅看到这一点，对我们

777 “治疗疾病和对自然事物进行沉思的人，往往是同一批人。所以我们可以看到很多以哲学为业的人精通医学，最为著名的就是毕达哥拉斯、恩培多克勒和德谟克利特”。（Celsus, *De Medicina*, trans. W. G. Spencer, Cambridge, Massachusetts, Harvard University Press, 1960, Prooe, 7-8）

778 Werner Jaeger，*Paideia: the Ideals of Greek Culture*, vol. III, New York, Oxford University Press, 1944, p. 8.

779 Ibid.

理解无论是《希波克拉底文集》还是希腊医学都是不够的。借助哲学的力量从巫术和迷信中解脱出来的希腊治疗术，还不能成为一门独立的学科，还不能在严格意义上说希腊医学得以诞生。它还必须从哲学中脱离出来。

这种从哲学中脱离出来的努力，我们在《希波克拉底文集》中已经看到。克尔苏斯把希波克拉底视为使医学从哲学中分离出来的第一人。[781] 编在《希波克拉底文集》第一篇的《论古代医学》，[782] 一开篇就质疑假设一个理论对于医学的必要性。[783] 越来越多地对具体事物的详细观察，使得医生们越来越回到经验的立场上来，也因此使医学自身有了更多的不同于哲学的独立性。《论古代医学》的

780 如《论人的本性》（*Peri physios anthrōpou*）的作者反对一元论的哲学假设，认为世界由一种元素（气或者水）构成是错误的。他系统论述了四体液学说，把四体液和四季联系起来，他的学说无疑受到恩培多克勒四元素说的影响。《论气息》（*Peri physōn*）《论圣病》（*Peri hierēs nousou*）的作者关于疾病的自然解释，及其与迷信认识的斗争受到第欧根尼（*Diogenes of Apollonia*）的影响。《儿童的本性》（*Peri physios paidiou*）《论疾病》（*Peri nousōn*）IV 受到德谟克里特原子论的影响。在《论养生》（*Peri diaitēs*）中我们可以看到毕达哥拉斯，赫拉克利特，恩培多克勒的影子。参见 James Longrigg, *Greek Rational Medicine*, London and New York, 1993, pp. 91-98.

781 参见克尔苏斯在《论医学》(*De Medicina*) 前言中的表述。这里所说的哲学是广义上的哲学，克尔苏斯没有用 philosophia 而是用 studio sapientae（对哲学智慧的研究）。

782 依照 Littré 的编排次序，他认为这是希波克拉底的作品。古代作者中只有 Erotian 认为这是希波克拉底本人的作品，现代研究者也普遍认为这是希波克拉底时期的著作，但不是由他本人所写。

783 *Hippocrates* I, trans. W. H. S. Jones, Harvard University Press, 1923, pp. 13-15, “Ancient Medicine” I.

作者试图在获得自然知识的问题上把医学与自然哲学分离开来：

> 某些医生和哲学家(sophistai)认为，那些忽视什么是人(ho estin anthrōpos)的人们不可能懂得医学；那些能够正确治疗疾病的人必然要学习何为人的本性。但这是一个哲学问题，是像恩培多克勒这样写作自然研究的人的职责。……但是我认为，要获得自然科学的知识，只有通过医学，而没有其他途径。[784]

较之其他科学而言，医学更重视经验观察。治疗上的成功完全依赖于对事物各方面细节的观察分析。对于医生来说，仅仅知道"人的本性"是不够的，他还必须知道与人的本性相关的饮食、一般生活习惯，以及外界对人体的影响等等。而这些知识的获得除了通过实践观察之外没有其他途径。正是医学的这一特点影响了当时的哲学，并在某些方面规定了后世哲学的研究方向。

三、古希腊医学对哲学的影响

在古希腊，哲学家和医生有着共同的理智背景，他们的关系紧密而复杂。希波克拉底文集中的许多文章与之前或当时的哲学分享同一个普遍假设，使用相同的概念范畴和推理方式。但我们也看到，医生们在从哲学中汲取养分的同时，也试图使自己不成为哲学的附属，试图保持自己的独立性。他们深入对生理学的研究，探讨适合医学自身的研究方法。然而，就他们从哲学中脱离出来，进而发展自身的过程本身而言，不是完全非哲学、与哲学无关的，而是通过

784 Ibid., pp. 53-55, "Ancient Medicine" XX.

这种努力以另一种姿态进入与哲学的关系之中。

哲学对医学，尤其对医学产生的影响一般容易被人看到，而医学对哲学的影响却往往不为人所重视。事实上，哲学对医学产生作用的同时，医学对哲学的影响也不可被忽视。很多以哲学为业的人同时精通医学，[785] 这绝不仅仅是一个偶然现象。无论对于哲学家而言，还是对于医生而言，对哲学和医学两者的学习都是不可避免的。[786] 伯奈特（John Burnet）甚至认为"恩培多克勒之后，离开对医学史的关注，……对哲学史的理解是不可能的。" [787] 这虽然是一个看起来有些过强的论断，但至少说明了解古希腊医学对于希腊哲学的学习者来说并不是无关紧要的。

785 克尔苏斯《论医学》Prooe, 7-8"治疗疾病和对自然事物进行沉思的人，往往是同一批人。所以我们可以看到很多以哲学为业的人精通医学，最为著名的就是毕达哥拉斯、恩培多克勒和德谟克利特"。

786 亚里士多德《自然诸短篇》（Parva naturalia） 1；436a-b《感觉和感觉对象》"这是自然哲学家的义务，于健康与疾病，勤求其第一原则（本原），因为这些都是生命（灵魂）的现象，凡被剥夺了生命的（灵魂的），就绝不会犯病，也绝无健康可言。于这些事理的研究，大多数的自然哲学家，和怀有高度哲学兴趣而精求医疗技术的医药师们的旨趣，是相同的；前者始于自然研究而终必论涉医药（医疗），后者志专医药，而实不能不祥察自然。"《呼吸》480b22-30"关于健康与疾病不仅是医师的专业，而自然学家也需于相涉的某些方面，作某些限度内的讨论。可是，我们必须注意到，这两类别的研究者，于同一论题而考虑于各不同的疑问，采取各不同的途径（方式），事实上，总当证见，达到某种程度为止，他们需是并携而前进的；那些智巧而又心擅探测的医师们，既然不能不于自然知识（科学）有所揭示，至于那些专志于自然知识（科学）研究而卓有成就的人们，确也必须作出不离于医疗原理的综结。"亚里士多德《灵魂论及其他》，吴寿彭译，商务印书馆，1999，第 192 页，第 336 － 337 页。

787 John Burnet, *Early Greek Philosophy*, Cleveland and New York, 1930, p. 201, n. 4.

伯奈特在强调医学和哲学关系的同时，特别指出恩培多克勒这个人物的重要性。在前面关于哲学对医学产生影响的讨论中，我们已经提到了恩培多克勒的重要意义。在那里，我们关注的是他作为一名哲学家对医学发展的影响，而在这里，我们思考的是他作为一名医生对哲学的贡献。

柏拉图的《蒂迈欧》[788] 和亚里士多德的生理学思想都深受恩培多克勒所代表的西西里医学的影响。[789] 这种影响经由菲利斯梯翁（Philistion of Locri）、柏拉图、亚里士多德、狄奥克勒斯（Diocles of Carystus）、普罗克萨哥拉（Praxagoras of Cos），以及后来的亚历山大医生和盖伦，一直延续到 17 世纪。[790] 这些医生或者哲学家在讨论人体的构成、生理现象、理智活动等问题时都不同程度上借鉴了恩培多克勒的思想。

在恩培多克勒的理论中，人体由四元素构成，其中任何一个元素占优势就会引起疾病，这样一些观点被大多数人所接受。他认为心脏是感觉器官的中心，是理智的处所，围绕心脏的血液是思想之所在。亚里士多德、狄奥克勒斯和普罗克萨哥拉接受这一观点。而柏拉图、亚历山大医生希罗菲勒斯和埃拉西斯特拉图斯，以及盖伦，则反对这一观点，他们继承阿尔克迈翁的思想，认为最高的理智活

788 参见 Cornford, *Plato's Cosmology*, New York, 1952, p. 334, n. 2.

789 西西里医学传统指的接受恩培多克勒思想为其基础的医学、生理学传统。普利尼《自然史》（29.4-5）“另一群医生，这些人因为信赖经验，所以被称为‘经验主义的’。最早由 Acron of Acragas 在西西里创立，Acron 由医生的权威恩培多克勒推荐。”

790 James Longrigg, *Greek Medicine*, Duckworth, London,1998, pp. 79-80.

动位于大脑。对感觉器官的重视，以及对感觉器官与认识发生的关系的考察，对于哲学家解释人的活动，尤其是思想活动来说，尤为重要。

对人体的感觉器官的生理学考察，使得哲学对心理活动的研究有了更广阔的问题领域。就像我们在前面讨论哲学对医学的影响时发现的那样，这个时期哲学和医学之间的界限是模糊的，他们好像在用相同的概念讨论相同的问题。然而，医学与哲学毕竟是不同的，即使讨论相同的问题，他们也有着不同的出发点和归属。

医生考虑人的本性和生理构成，因为那是认识和治疗疾病的前提。所以，医学考察自然的出发点在于：人体是受到自然影响的。而哲学家考察人体的出发点在于：人体是自然中最精密复杂的构成物，所以对自然的考察必然涉及对人体的考察。比如，哲学家对成长和营养的探讨，不仅仅是着眼于生理现象的考察，而且是出于同一性，变化主体，物质等形而上学问题的思辨兴趣。

除了出发点和目的不同之外，在研究方法上，在如何获得知识的问题上，哲学与医学也是不同的。医学对这一点尤为自觉。[791] 弗雷德（Michael Frede）认为医学对哲学的贡献除了狭义的人体生理学和解剖学（这两门学科的研究成果可以帮助在哲学上讨论感觉和认识问题）之外，就是认识论。[792]

虽然在希腊自然哲学产生之后，医学作为一门科学才得以产生，但早在这之前治疗术就已经存在。《论古代医学》的作者认为，仅仅因为那种治疗技艺不能在各个方面达到精确就否认它的意义是不

791 历史上各派医家都非常重视方法论的讨论。医学史上唯理论派、经验论派和方法论派的派别之分就是依据各自认为的获得可靠知识的不同途径作出的。希波克拉底死后（西元前357），第一个著名的医学学派是唯理论派（Dogmatists），这是盖伦对这一学派的称呼，虽然不是十分贴切，但出于方便的考虑，后世沿用了这一用法。在希波克拉底死后至亚历山大医学院建立之间（西元前357一前264年），这一学派占居了主流。这一学派早期的代表有Dioxippus, Praxagoras of Cos，它们严格遵循他们的老师希波克拉底的教诲，丝毫没有让他们的心灵受到科学观察的浸润。他们接受体液病理学，把它作为他们体系的核心。根据这一理论，所有的疾病都可以通过体液的混合情况进行解释。柏拉图哲学对这一学派影响很深。他们都认真研读柏拉图的《蒂迈欧》，把柏拉图对生理的描述作为严格的科学真理。与独断论派相对的是经验论，出现于西元前280年的亚历山大城，创立人是Philinus和Serapion，都是希罗菲勒斯（在解剖学方面非常著名）的学生。他们认为所有的理性推理对于治疗来说都是无用的。他们认为医学的任务是治疗而不是知道疾病的原因，也就是不是懂得疾病，而是去除疾病。他们对于具体的疾病的治疗采用三种主要的方法，一是自己的观察；二是从同代人及前人那里获取经验；三是，在遇到没有见过的新疾病时通过相似疾病的治疗方法来推断新疾病的治疗方法。经验派医学虽然是对独断论派机械地搬用理论假设的反动，但他本身也存在问题，医学的确需要有去除疾病的实际功效，但是如果对什么是疾病没有认识，对疾病的治疗是如何可能的呢？另外，经验本身的合法性仍是有待考量的问题，通过经验观察一次，两次所得相同，并不能必然推断下次也会如此。事实上，讲究实效的经验派医生，常常沦落为庸医。方法论派则是处于这两个学派之间，同时反对这两个流派的医学实践。一方面，他们和经验派医生一样不认为有隐藏在现象背后的实体，不认为这对医学认识来说是必须的和至关重要的；另一方面，他们没有否认理性在认识医学知识过程中所起的作用。他们认为医学方法关于那些特定的明显的普遍原则。只要知道了这些普遍原则就能给病人治病，所以方法派医学的医生只需六个月就可以学成出师。参见R. O. Moon, *The Relation of Medicine to Philosophy*，pp. 16-34; Michael Frede, *Essays in Ancient Philosophy*，"The Ancient Empiricists"，"The Method of the So-Called Methodical School of Medicine"，pp. 243-278.

792 Michael Frede, *Essays in Ancient Philosophy*, Clarendon Press, Oxford, 1987, "The Ancient Empiricists", p. 245.

公正的。[793] 他认为，假设的哲学前提对于医学实践来说没有什么实际的意义。因此，他反对把哲学的方法运用到医学中来。他称这种方法为 hypotheseis。[794] 这一概念看似与现代科学中的前提假设（hypothesis）非常接近，但事实上，两者间存在着很大差异。对于现代科学来说，前提是需要经过实验观察证实之后才能被接受的。而源自 hypo-tithēmi（动词，意为置于下面）的 hypotheseis（名词复数，直译为：位于下面的东西）则是一个无需经验证明的基础。是因为先接受了它，然后其他的知识才可能得以确立。《论古代医学》的作者所要极力反对的就是在医学实践中使用这种意义上的前提。

医生可以依据长时间观察所得的经验进行医疗实践。与哲学不同，医学有着，而且应该有自己的研究方法。医学不是像数学那样严格精确的科学，除了身体的感觉，你找不到任何一个标准可以保证治疗的准确。作为医生，能做的只是尽量少地犯错。[795] 医学有别于哲学的独特之处，很大方面在于它所采用的经验方法。而这种经验的方法是在对日常饮食的规划和疾病的治疗实践中自然形成的。《论古代医学》的作者对哲学假设的反驳，特别是对恩培多克勒的

---

793 *Hippocrates* I, trans. W. H. S. Jones, Harvard University Press, 1923, p. 33, “Ancient Medicine” XII.

794 *Hippocrates* I, trans. W. H. S. Jones, “Ancient Medicine” I, II, XIII.

795 Ibid., p. 29, “Ancient Medicine” IX. 为了说明这一问题，作者在后面把医学和航海术进行了类比，“绝对确切的真理是很少遇见的。我认为，大多数医生碰到的是和糟糕的领航员一样的情况。当领航员在风平浪静的时候操舵，那么他所犯的错误不易被察觉。但是，当他们遇到大暴雨和强风时，所有人都清楚地认识到是他们的无知和愚笨造成了船只的失事。”

四元素说运用于医学的反驳，就是在对日常饮食及其与疾病和健康的关系考察的基础上作出的。

医生们观察每个具体事物，如大麦、酒、蜂蜜对身体的作用，从而获得关于这些食物本性的认识；观察人体及各种具体病人所患的疾病，从而认识抽象的、作为总体的人和疾病。在此基础上，医生们再次面对具体的个人，对他们的饮食进行指导，对他们的疾患进行治疗。从经验而来的知识虽然不能保证医生所做的每一个决定都是正确的，但在实践中这却可能是最为有效的方式。在早于希波克拉底的阿尔克迈翁那里，我们就已经看到了这种倾向。即使深受自然哲学家的影响，阿尔克迈翁仍然认为，较之从一个本源出发进行推演的方法，经验的方法更适合医学。

医学的新方法和新概念对柏拉图和亚里士多德以及后世哲学家们的影响是非常明显的。柏拉图的伦理学和政治学既不是以精确的数学，也不是以基于假设（hypotheseis）的自然哲学，而是以医学作为其模型，通过医学与伦理学、政治学的类比来解释政治学的方法与目的。

在《高尔吉亚》中，柏拉图把医学作为真正技艺（technē）的代表，并用它来解释什么是技艺。因为医学作为一种技艺，考察对象的本性，事物运行的原因，并能对每一具体事例给出解释。[796] 所以，拥有关于健康的知识的医生可以认识每个具体病人的疾病，并使个人从患病的状态回归到健康状态。耶格尔认为这也正是哲学家要做的工

796 柏拉图，《高尔吉亚》501a。

作，[797] 不同的只是，医生关注的是人类身体的健康，而哲学家关注的则是灵魂的健康。最早把医学和哲学进行类比的是德谟克利特。他说"医学治疗身体的疾病，而智慧去除灵魂中的激情"。[798] 鲁里亚（Luria）认为，这里的"智慧（sophiē）"指的就是哲学。[799] 哲学与医学的这一类比后来被许多哲学家所接受。

在《斐德若》中，柏拉图把医学和修辞学相比较，说明医学的方法和修辞学的方法相似。医学和修辞学都必须考量某物的本性（physin），医学考察身体的本性，修辞学考察灵魂的本性。无论是对灵魂的考察还是对身体的考察，首先都必须有对作为整体的世界本性的认识。对于如何研究事物的本性，柏拉图认为首先是考察我们将要用来作为专门技艺的对象是单一的（haploun）还是有很多形式的（polyeides）。如果是单一的形式，就考察它的功能（dynamin），它怎样作用于其他事物，并如何被其他事物所影响。如果是很多形式，那就和考察单一形式一样，考察每一个形式如何作用于其他事物，如何受作用于其他事物。[800] 这是柏拉图对希波克拉底的医学方法最为详细而明确的解说。这种方法是否可以适用于希波克拉底文

---

797 Werner Jaeger，*Paideia: the Ideals of Greek Culture*, vol. III, New York, Oxford University Press, 1944, pp. 21-22.

798 Hermann Diels and Walther Kranz, eds., *Die Fragmente der Vorsokratiker*, 1960,Weidmannsche Verlagsbuchhandlung, vol.II 31, p. 152.

799 Nussbaum 同意 Luria 的说法，认为德谟克利特只用 sophiē 指哲学。如果出现 philosophia 这个词，说明那是伪作或是后人的意译。Nussbaum, M，*The Therapy of Desire*, Princeton, 1994, p. 51, n. 12.

800 柏拉图，《斐德若》270b-d。

集中每篇文章的作者，是有待另外讨论的问题。不过，需要指出的是，这的确是文集中的一些作者所认可的医学方法。

如果仅从《斐德若》这篇对话的安排来看，柏拉图在这里讨论希波克拉底的医学方法，其目的是为了解释什么是真正的修辞学该用的方法，而如果我们通观柏拉图的对话，就像耶格尔所指出的那样，我们会发现这也是柏拉图自己使用的方法。这种方法尤其体现在他的后期对话中。[801]

耶格尔甚至认为，柏拉图不仅在方法上认可希波克拉底，而且他使用的一些核心概念，比如理念（eidos，idea），也与医学上的使用有着密切关系：

> [eidos 和 idea][802] 这些概念首先是医生们在研究身体及其功能时开始使用的，后来柏拉图把它用到他所考察的特别对象上：用到伦理领域上，并从伦理领域到整个本体论领域。[803]

对此，耶格尔的解释是：那些经验医生通过长期的实践经验，开始把有着共同特征的个别病例放在一起，把它们视为一个种或型（eidē）。当他们要说出对复杂现象的统一理解时，他们用 mia idea（一个理型）来表示。柏拉图对 eidos 和 idea 的使用与医学著作中对这些词的使用确有相近之处。[804] 当然，如果我们考察一下 eidos 一词

801 Werner Jaeger，*Paideia: the Ideals of Greek Culture*, vol. III, New York, Oxford University Press, 1944, p. 24.

802 eidos 和 idea 这两个词的区别这里暂且不加讨论，在很多情况下，这两个词是可以互换的。

803 Werner Jaeger，*Paideia: the Ideals of Greek Culture*, vol. III, New York, Oxford University Press, 1944, p. 24.

的使用历史，我们可以看到，医学文献中对 eidos 的使用及其与柏拉图的 eidos 的关系，或许并不像耶格尔在这里为我们描述的那样直接清楚。[805] 柏拉图对 eidos 的使用是否直接受益于医学文献似乎也有待进一步考察，但是耶格尔这一论断的意义仍然不容忽视。它至少提醒我们，在理解柏拉图的 eidos 概念的时候，参考古希腊医学文献中对这一词的使用是有一定价值的。[806]

相对于柏拉图而言，医学对亚里士多德的影响更为全面而深远。这当然与亚里士多德的家庭教育密不可分：出生在医学世家，加之自己长期对动物进行观察和解剖的实践经验，使得亚里士多德对医学及其方法的理解较之其他人更为具体深入。和他的老师柏拉图一

---

804 同上。的确，我们可以在《理想国》596a 中看到类似的表达："我们习惯上把诸多事物构成的每组称为一个形式（mia idea），给予相同的名称。"但需要指出的是，这仅仅涉及柏拉图对 Idea 描述的一个方面，idea 作为感觉世界的完美范型，知识（epistēmē）的认识对象的方面在这里没有被提及。

805 eidos 一词早在荷马时期就开始使用，其词根 eidō 本意为"看"，在当时主要是在日常意义上使用这个词，指看到的东西。荷马史诗中尤其指看到的人像，人形。之后，渐渐引申出形式（form），内在结构，本性（nature），种类（class，kind）等含义。在后来的使用中，eidos 的原初含义，即指人或物的外表、外形，并没有完全消失。在医学文献，甚至在柏拉图的著作中都有所保留，比如《普罗塔格拉》315e 处把人写为"一个在 idea 上美丽"的，这里的 idea 主要指外表方面。把 eidos 作为类型或种类来解释是否像耶格尔所说的那样，最早出现在医学文献中，仍是需要考察的问题。不过，医学文献中把 eidos 在分类的意义上进行使用的现象确实较为普遍。一些医学哲学家在讨论身体的时候也在这个意义上使用 eidos，如恩培多克勒，残篇 98："血及另一种肉（allēs eidea sarkos）"。

806 关于早期医学文献中 eidos 一词的使用，可参见 Gillespie, C. M.,"The use of eidos and idea in Hippocrates", *The Classical Quarterly*, Vol. 6, No. 3 (Jul. 1912): 179-203.

样，亚里士多德也常常提到医学和哲学的类比，尤其是当他讨论伦理、政治问题的时候。

与灵魂的疾病相比，身体的疾病更容易被发现，也更容易受到重视；相应地，如果疾病得以治愈，那么人们对医学的信任就很容易确立。于是，拿医学和哲学进行类比是一种比较容易向人们说明应该如何进行哲学工作的方式，尤其在涉及伦理、政治领域的时候。亚里士多德注意到，医生所从事的是一项具体的实践活动，面对的是每一位具体的病人。就像他自己表述的那样，医生的研究不是抽象的健康，而是人的健康，或者说是具体的个人的健康。[807] 在反驳柏拉图的善的理念，以及后来讨论与政治生活相关的教育、法律的时候，亚里士多德都特别提到医学，并用医学的这一特点来佐证自己的观点。[808] 在进行具体的政体讨论时，亚里士多德也从分析如何研究对身体的训练讲起，进而展开关于政治学研究内容的讨论。[809]

除了总体而言，医学和政治、伦理有着某种可类比性之外，在讨论具体德性的时候，亚里士多德常常举与身体及健康有关的例子来说明自己的观点。比如在讲机敏的时候，就举了饮食的例子来说明过度和不及的关系。过于挑食和什么都吃的人对饮食的态度一个不及，一个过度，都对健康不利，都是不可取的。过于呆板的人和过于油滑的人的情形与之类似。只有依照理智，既接受一些东西又拒接一些东西的人才是机敏的。[810] 机敏是一种符合中道的状态。德

807 亚里士多德，《尼各马可伦理学》1097a10。

808 同上，1180b5-15，1181b1-5。

809 亚里士多德，《政治学》1288b10-20。

性就是适中，是过度和不及的中间。[811] 在讲过度和不及对德性的伤害的时候，亚里士多德多次提到锻炼和饮食。锻炼过多或过少都会影响体力，饮食过多或过少都会影响健康。[812] 而适度饮食的观念在古希腊医学中非常普遍：在健康的状态下，或是重病的情况下，食用什么样的食物是对人身体最好的，一直是希波克拉底派的医生们关注的首要问题。亚里士多德的中道思想很大程度上可能得益于之前医生们关于养生术的讨论。耶格尔甚至指出，中道思想中有不少词汇本身就直接来自于医学，比如过度（huperbolē），不及（elleipsis），中道（mesotētos），合适的比例等等。[813]

关注身体的医学和关注灵魂的哲学之所以可以进行类比，很大程度上是因为身体和灵魂这两者都与我们自身密切相关。这一类比不是亚里士多德所反对的那种不清楚的类比。对于我们认识灵魂来说，这一类比似乎是必须的：因为在证明的时候，我们需要用清楚的东西来说明模糊的。[814] 相对于灵魂来说，我们的身体是更为清楚的，因为我们可以感觉它。而感觉，在亚里士多德看来是可以帮助我们获得科学证明前提的东西。从科学前提出发，我们才可以获得知识。[815] 所以，对可感觉的身体的认识可以帮助我们认识不可见的

---

810 亚里士多德，《优台谟伦理学》1234a5-10。

811 亚里士多德，《尼各马可伦理学》1107a1-5。

812 同上，1104a14-17，《大伦理学》1185b15-20。

813 Werner Jaeger，*Paideia: the Ideals of Greek Culture*, vol. III, New York, Oxford University Press, 1944, p. 25.

814 亚里士多德，《大伦理学》1183a25。

灵魂。比如，当我们要让麻痹的肢体向右时，它偏偏向左。身体上发生的这种状况在我们的灵魂中有时也会发生。灵魂的不能自治的冲动往往会走向自己的反面。而我们能看到的只是我们身体的相反运动，却看不到灵魂中的。[816] 所以用看得见的身体状况来说明与之相似的灵魂状态，在亚里士多德看来是很自然的，同时也是一种容易让人理解的论证方式。

在讨论一些具体的伦理难题时，亚里士多德也常通过对身体状态的描写来进行说明，比如是否可以对坏人行不公正的问题。亚里士多德认为，对坏人应该剥夺其统治权和财产，因为只有这样才能有益于其灵魂的变化。这就好比患病的人想让自己康复，就只能给自己供给水和少量的食物，因为只有这种饮食方式是适合于病体的。[817]

虽然柏拉图和亚里士多德都认为，哲学家的工作和医生的工作有很多相似之处，哲学家认识、关心灵魂就像医生认识、关心身体一样，但是，这一思想在社会生活中的全面展开，却还有待数百年之后。只有到了希腊化时期，尤其要到西元 1 － 2 世纪，医学和哲学之间的类比话语，才广泛地在社会生活的诸多领域盛行开来，得到进一步强化，从而使得关心自己和治疗灵魂成为时代的主题。我

---

815 因为科学前提除了必须是真实的之外，亚里士多德还强调了它是“在先的”和“更易了解的”。“而对于我们来说‘在先’和‘更了解’的就是与我们的感觉比较接近的东西（ta enguteron tēs aisthēseōs）”，参见亚里士多德，《后分析篇》（72a 1-5），余纪元译。

816 亚里士多德，《尼各马可伦理学》1102b19-21。

817 亚里士多德，《大伦理学》1199b28-35。

们着重考察的盖伦就生活在那个普遍弥漫着医学－哲学类比话语的时代。

希腊化时期的伊壁鸠鲁派、廊下派、怀疑派和学园派都接受医学和哲学之间的类比话语，都把自己看作是灵魂的医师。在他们看来，哲学家的任务与医生的任务相像：医生使人的身体不受疾病的侵袭，哲学家使人的灵魂不受激情（pathos）的控制。哲学作为一种生活的技艺（technē biou），它照看人的灵魂，使之健康、幸福。[818]

伊壁鸠鲁认为，对于灵魂的照看无论谁，无论在什么年纪都不应懈怠。年轻人和年长者都应该从事哲学实践，因为只有这样才能保持灵魂的健康。[819] 判断哲学是否有用如同判断医生的好坏一样：能够去除身体病痛的医生是好的医生，同样地，能够治疗灵魂疾患的哲学才是有用的哲学。[820] 廊下派哲学家们也在这种“有用”的意义上理解哲学，把哲学视为一种践行。[821] 他们把灵魂中的激情看作一种疾病，或是身体容易感染疾病的状态。[822] 要使灵魂获得健康就应该听从理性的安排，回归自然的状态，而这也就是哲学家的工作。

818 参见 Nussbaum, M，*The Therapy of Desire*, Princeton, 1994, pp. 13-15.

819 A. A. Long and D. N. Sedley, *The Hellenistic Philosophers*, Cambridge University Press, 1987, pp. 154-155.

820 同上，p. 155。“那些不能为人的苦难提供治疗的哲学家所说的都是空话。因为就好像不能为身体的疾病提供治疗在医学实践中是无用一样，如果不能去除灵魂中的苦难，哲学也是无用的。”

821 A. A. Long and D. N. Sedley, *The Hellenistic Philosophers*, Cambridge University Press, 1987, p. 158.

822 Galen, *On Hippocrates' and Plato's doctrines*, 5.2.3-7.

廊下派哲学家们花了很多笔墨讨论灵魂中的激情，讨论如何远离这种非理性，非自然的状态而保持灵魂的安宁。有趣的是，当他们讨论如何治疗灵魂中的激情时，常常会同时谈及自己身体的状况，谈及饮食及睡眠。[823] 当柏拉图在《阿尔西比亚德》中讲关心自己的时候，曾明确指出要关心的是人的灵魂。[824] 而在廊下派这里，我们看到，对灵魂的关心，没有与对身体的关心截然分开，相反，对身体的关心包含在对灵魂的关心之中。因为在他们看来，对身体的关心是有利于灵魂的，其最终目的是为了灵魂的健康。

希腊化时期受过教育的人，不管从事什么职业，都会把养生术作为关心自己的一项重要内容。在关心自己的灵魂是否安宁的同时，人们都关心自己的饮食和日常起居，并会在向哲学家咨询的同时，向医生咨询。两方面的咨询和照料往往结合在一起，难以区分。生活在那个时候的医生哲学家盖伦，在很多时候就既为人们提供养生方面的指导，也为人们提供灵魂健康上的建议。他在写下大量治病养生著作的同时，写作了关于灵魂中的激情和错误的文章。盖伦具体讨论灵魂中激情和错误的差异，并告诉人们，为了达到行为上的中庸适度，成为完美的人，应该如何做才能避免这两种非理性的力量对人的灵魂所产生的影响，从而使自己的行为中庸适度，最终达

823 参见 Seneca, *Letters from a Stoic*, trans. Robin Campbell, Penguin Books, 1969。

824 《阿尔希比亚德》中讨论“认识你自己”里的“自己（auton）”指的是什么的时候，柏拉图讨论了人是什么。他说，人只能是下面三者之一：或者是身体，或者是灵魂，或者是两者的结合体。柏拉图既否认了人是身体，也否认了人是灵魂和身体的结合体，认为人就是他的灵魂（Plato, *Alcibiades*, 130d）。

至美善。医生盖伦像哲学家那样劝告人们要终其一生地训练自己，既要改善我们的身体也要改善我们的灵魂。[825]

哲学家和医生都希望自己的对象——灵魂和身体——达到完美状态。他们要做的工作是努力去除灵魂和身体上的病痛和缺陷，为此，他们要对这两者时时刻刻进行悉心照看。哲学家和医生照看的对象虽然不同，一个是灵魂，一个是身体，但却都是人的灵魂，人的身体。他们都认为，身体的状况会影响到灵魂的状况，而只有拥有健康灵魂的人才能获得真正的幸福。在这里，我们注意到，哲学与医学的类比话语之所以在希腊化时期那么普遍地被接受，不仅因为我们之前提到的修辞上的方便，以及身体和灵魂之间的复杂关系，更是因为治疗（therapeuō）这一概念本身，它必然要求这样的一种类比。当通常在医学领域中使用的“治疗”一词被用来说明哲学功用的时候，哲学和医学间的这一类比就变得几乎是必然的了。

对于希腊化时期的哲学家和医生来说，他们所从事的都是治疗工作。这种治疗不仅针对灵魂也针对身体，不仅针对别人也针对自己。哲学工作和医学工作间的界线在这里再一次模糊起来。不过，与早期哲学和医学间的界线模糊主要是在理论层面上表现为研究领域的相互重叠这一情形不同，在希腊化时代，两者之间的彼此相关更多的是从实践的意义上来讲的。

至此，我们概要勾勒了从前苏格拉底，中经雅典鼎盛文化，直

825 Galen, *On the passions and errors of the soul*, trans. Paul W. Harkins, Ohio State University Press, 1963.

到希腊化时期，古希腊哲学与医学关系演变的线索。事实上，医学与哲学间的亲密关系并不只在古代有所体现，这种情况从古希腊一直延续到16、17世纪的欧洲：唯理论的奠基人笛卡尔对医学、解剖都非常重视；洛克既学医又行医，他的医学临床经验“养成了洛克尊重经验、尊重实践，批判地对待理论假设的坚定立场”。[826]不过，随着西方现代医学的发展，医学与哲学之间的关系渐行渐远，慢慢变成了文章的一开始所描绘的，我们今天所熟悉的境况。现代医学与古代医学的决裂伴随着医学与哲学的分离，这一分离的结果不仅是方法的转变，更是灵魂的退场。可是，如果没有对灵魂的考察，对身体的认识是可能的吗？

826 靳希平：《洛克》，香港中华书局，2000年，第53页。

主要参考文献

盖伦：

Karl Gottlob Kühn (ed.), *Opera omnia Claudii Galeni*, 1821-33.

Galen on the Doctrines of Hippocrates and Plato, trans., ed., and comm. by P. De Lacy, Berlin, 1978.

Galen on the Usefulness of the Parts of the Body, trans. by Margaret Tallmadge May, Cornell University, 1968.

Galen on Anatomical Procedures, trans. by C.Singer, Oxford, 1956.

Galen on Antecedent Causes, trans. by R.J.Hankinson, Cambridge, 1998.

Galen on the Therapeutic Method, trans. by R.J.Hankinson, Oxford, 1991.

Galen on the Nature Faculties, trans. by A.J.Brock, Harvard, 1991.

Galen on Medical Experience, trans. by R.Walzer, Oxford, 1944.

Galen on the Passions and errors of the soul, trans. by Paul W. Harkins, Ohio, 1963.

Galen on prognosis, trans. by Vivian Nutton, Berlin : Akademie-Verlag, 1979.

Galen's Institutio Logica, trans. by John Spangler Kieffer, Baltimore: The Johns Hopkins Press, 1964.

Galen on My own Opinions, trans. by Vivian Nutton, Berlin, 1999.

Galen, *Three Treatises on the Nature of Science*, trans. by *Richard Walzer and Michael Frede*, Hackett Publishing Company, 1985.

Galeni in Hippocratis Epidemiarum Librum VI commentaria I-VI, edidit E. Wenkebach; *commentaria VI-VIII*, in Germanicam linguam transtulit F. Pfaff, Berlin, 1956.

Galen: Selected Works, trans. by P. N. Singer, Oxford, 1997.

希波克拉底：

Hippocrates, *Hippocrates Vol*. I-II, Loeb Classical Library, trans. by W. H. S. Jones, Harverd University Press, 1923.

Hippocrates, *Hippocrates Vol. III*, Loeb Classical Library, trans. by E. T. Withington, Harverd University Press, 1928.

Hippocrates, *Hippocrates Vol. IV*, Loeb Classical Library, trans. by W. H. S. Jones, Harverd University Press, 1931.

Hippocrates, *Hippocrates Vol. V*, Loeb Classical Library, trans. by Paul Potter, Harverd University Press, 1988.

Hippocrates, *Hippocrates Vol. VII*, Loeb Classical Library, trans. By Wesley D. Smith, Harverd University Press, 1994.

Hippocrates, Hippocrates Writings, trans. by J. Chadwick and W. N. Mann., London: Penguin Books, 1978.

柏拉图：
柏拉图，《理想国》，郭斌和 张竹明译，北京：商务印书馆，2002。
柏拉图，《蒂迈欧篇》，谢文郁译注，上海：上海人民出版社，2003。
柏拉图，《斐多》，杨绛译，沈阳：辽宁人民出版社，2000。
Plato, *Plato: Complete Works*, ed. by John M. Cooper, Hackett, 1997.
Plato, *Timaeus*, trans. Donald J, Zeyl, Hackett, 2000.
Plato, *Timaeus, Critias, Cleitophon, Menexenus, Epistles*, trans. by R. G. Bury, Loeb Classical Library, Harvard University Press, 2005.
Plato, *The Republic*, trans. by Paul Shorey, Loeb Classical Library, Cambridge: Harvard University Press, 2000.

亚里士多德：
亚里士多德，《亚里士多德全集》，苗力田主编，北京：中国人民大学出版社，1997。
亚里士多德，《尼各马可伦理学》，廖申白译注，北京：商务印书馆，2003。
亚里士多德，《形而上学》，吴寿彭译，北京：商务印书馆，1996。
亚里士多德，《物理学》，张竹明译，北京：商务印书馆，1997。
亚里士多德，《灵魂论及其他》，吴寿彭译，北京：商务印书馆，1999。
亚里士多德，《政治学》，吴寿彭译，北京：商务印书馆，2014。
Aristotle, *Aristotelis Opera Omnia*, Parisiis, 1848-1887.
Aristotle, *Prior and Posterior Analytics*, a reviesed text with interduction and commentary by W. D. Ross, Oxford, 1957.
Aristotle, Posterioir Analytics, trans. by Jonathan barnes, Clarendon Press, 1975.Aristotle, *Aristotelis Topica cum Libro de Sophisticis Elenchis*, ed. by Maximilianus Wallies, Lipsiae, 1923.
Aristotle, *The Metaphysics*, trans. by Hugh Tredennick, Loeb Classical Library, Harvard University Press, 1947.
Aristotle, *Nicomachean Ethics*, trans. by H. Rackham, Loeb Classical Library, Harvard University Press, 1999.
Aristotle, *On the Heavens*, trans. by W. K. C. Guthrie, Loeb Classical Library, Harvard University Press, 1953.
Aristotle, *Über die Seele*, Einleitung, Übersetzung und Kommentar herausgegeben von Horst Seidl, Felix Meiner Verlag, 1995.
Aristotle, *The Rhetoric of Aristotle*, trans. by Lane Cooper, Appleton-Century-Crofts, 1932.

亚里士多德注疏：
Alexander of Aphrodisias, *On aristotle's Prior Analytics 1. 1-7*, trans. by Jonathan Barnes, Susanne Bobzien, Kevin Flannery, S. J., and Katerina Ierodiakonou, Cornell University Press, 1991.
Alexander of Aphrodisias, *On Aristotle's "Topics 1"*, trans. by Johannes M. Van Ophuijsen, Cornell University Press, 2001.
'Philoponus' On Aristotle's On the Soul 3.1-8, trans. by William Charlton, Cornell University Press, 2000.
'Philoponus' On Aristotle's On the Soul 3.9-13 & Stephanus: On Aristotle's On Interpretation, trans. by William Charlton, Cornell University Press, 2000.
Thomas Aquinas, *A Commentary on Aristotle's De Anima*, trans. by Robert Pasnau, Yale University Press, 1999.

其他一手文献：
《古希腊罗马哲学》，北京大学哲学系外国哲学教研室编译，商务印书馆，1982。
第欧根尼·拉尔修，《名哲言行录》，徐开来、溥林译，广西师范大学出版社，2010。
Brock, Arthur J.(trans. and ed.), *Greek Medicine: being extracts illustrative of medical writers from Hippocrates to Galen*, J. M. Dent & Sons, LTD., 1929.
Cooper, John M. Cooper and Procope, J. F.(eds. and trans.), *Sececa: Moral and Polistical Essays*, Cambridge University Press, 1995.
Cicero, *De Finibus Bonorum et Malorum*, (trans.) Rackham, H., Harvard University Press, 1951.
Cicero, *Tusculan Disputations*, (trans.) King, J. E., Harvard University Press, 1950.
Diels, Hermann and Kranz, Walther (eds.), *Die Fragmente der Vorsokratiker*, Weidmannsche Verlagsbuchhandlung, 1960.
Long, A. A. and Sedley, D. N. (trans. and eds.), *The Hellenistic Philosophers*, Cambridge, 1987.
Kidd, I. G. (ed.), *Posidonius: I The Fragments*, Cambridge University Press, 1972.
——*Posidonius: II The Commmentary*, Cambridge University Press, 1988.
——*Posidonius: III The Translation of the Fragments*, Cambridge University Press, 1999.
Graver, Margaret, (trans.), *Cicero on the Emotions: Tusculan Disputations 3 and 4*, The University of Chicago Press, 2002.
Heinrich von Staden, (ed. and trans.) *Herophilus: The Art of Medicine in Early Alexandria*, Cambridge University Press, 1989.

研究文献：
汪子嵩、王太庆编，《陈康：论希腊哲学》，商务印书馆，1995。

汪子嵩、陈村富、包利民、章雪富著《希腊哲学史》（4），人民出版社，2010 年。
文德尔班（德），《哲学史教程》，罗达仁译，商务印书馆，1997。
大卫·福莱（美）编，《从亚里士多德到奥古斯丁》，冯俊等译，中国人民大学出版社，2004。
雅克·安德烈（法），《古罗马的医生》，杨洁、吴树农译，广西师范大学出版社，2006。
Arrizabalaga, Jon (ed.), *Galen and Galenism*, Ashgate, 2002.
Barnes, Jonathan (ed.), *Science and Speculation*, Cambridge, 1982.
—— "'A third sort of syllogism': Galen and the logic of relations", *Modern Thinkers & Ancient Thinkers*, (ed.) R. W. Sharples, London, 1993.
Bowerstock, G. W., *Greek Sophists in the Roman Empire*, Oxford, 1969.
Calvo, Tomas and Brisson, Luc (eds.), *Interpreting the Timaeus-Critias*, Academia Verlag, 1997.
Cornford, Francis M., *Plato's Cosmology*, New York: Humanities Press, 1952.
Claghorn, George S., *Aristotle's Criticism of Plato's 'Timaeus'*, The Hague, 1954.
Connell, Sophia, "Aristotle and Galen on Sex Difference and Reproduction: A New Approach to an Ancient Rivalry." *Studies in History and the Philosophy of Science*. 31-a.3 (2000):405-427.
Cooper, John M., *Reason and Emotion*, Princeton, 1999.
Cosans, Christopher E, "Galen's Critique of Rationalist and Empiricist Anatomy", *Journal of the History of Biology* 30(1997): 35-54.
—— "The Experimental Foundations of Galen's Teleology", *Studies in History and Philosophy of Science*. 29A.1 (1998): 63-90.
De Lacy, Philip, "Galen's Platonism", *American Journal of Philology*. 93 (1972): 27-39.
Durrant, Michael, *Aristotle's De Anima in focus*, Routledge, 1993.
Fortenbaugh, W. W., *Aristotle on Emotion*, Duckworth, 1975.
Franjo Kovacic, *Der Bdgriff der Physis bei Galen vor dem Hintergrund seiner Vorgänger*, Stuttgart, 2001.
Frede, Michael, *Essays in Ancient Philosophy*, Oxford, 1987.
—— "The Empiricist Attitude toward Reason and Theory" *Apeiron*. 21 (1988): 79-97.
Nussbaum, Martha C. and Rorty, Amelie Oksenberg (ed.), *Essays on aristotle's De Anima*, Oxford, 1992.
Gill, Christopher. "Did Chrysippus Understand Medea?" *Phronesis*. 28.2 (1983): 136-149.
—— "Galen vs. Chrysippus on the Tripartite Psyche in 'Timaeus' 69-72" in *Interpreting the Timaeus-Critias*. Tomas Calvo ed. Sankt Augustin: Academia: 1997.
—— *Naturalistic Psychology in Galen and Stoicism*, Oxford, 2010.

Grmek, Mirko D., (ed.), *Western Medicial Thought from Antiquity to the Middle Ages*, Harverd, 1998.
Haase, Wolfgang (ed.), *Aufstieg und Niedergang der römischen Welt*, Berlin, New York, 1996.
Hankinson, R. J., "*Evidence, Externality and Antecendence: Inquiries Into Later Greek Causal Concepts.*" Phronesis 32.1 (1987): 80-100.
—— "Causes and Empiricism: A Problem in the Interpretation of Later Greek Medical Method." *Phronesis* 32.4 (1987): 329-348.
—— "Galen's Anatomy of the Soul" *Phronesis* 36.3 (1991): 197-233.
—— "A Purely Verbal Dispute? Galen on Stoic and Academic Epistemology" *Revue Internationale de Philosophie*. 45.178 (1991): 267-300.
—— "Actions and Passions" in *Passions and Perceptions*. Martha Nussbaum, ed. Cambridge: Cambridge University Press, 1993.
—— *The Sceptics*, Routledge, 1995.
—— (ed.), *The Cambridge Companion to Galen*, Cambridge, 2008.
Harris, C. R. S., *The Heart and Vascular System in Anciant Greek Medicine*, Oxford, 1973.
Ilberg, Johnannes, *Aus Galens Praxis*, Leipzig, 1905.
Inwood, Brad (ed.), *The Cambridge Companion to the Stoics*, Cambridge, 2003.
Jaeger, Werner Wilhelm, *Nemesios von Emesa*, Berlin, 1914.
——*Paideia: the Ideals of Greek Culture*, Oxford, 1944.
Kidd, I. G., "Posidonius on Emotions" in *Problems in Stoicism*. A. A. Long, ed. London: Athlone, 1971.
King, R. A. H, *Common to Body and Soul*, Berlin New York: Walter de Gruyter, 2006.
Knuuttila, Simo, *Emotions in Ancient and Medieval Philosophy*, Oxford, 2004.
Kollesch, Jutta und Nickel, Diethard (Hrsg.), *Galen und das hellenistische Erbe*, Stuttgart: Franz Steiner Verlag, 1993.
Larrain, Carlos J., *Galens Kommentar zu Platons Timaios*, Stuttgart, 1992.
Lloyd, G.E.R., *Greek Science after Aristotle*. New York: Norton, 1973.
—— *Methods and Problems in Greek Science*. Cambridge: Cambridge University Press, 1991.
—— *Aristotelian Explorations*, Cambridge, 1996.
—— "Theorie and Practices of Demonstration in Galen", *Rationality in Greek Thought*, (eds.)Michael Frede and Gisela Striker, Oxford, 2002.
Long, A. A., *Problems in Stoicism*, The Athlone Press, 1996.
Mansfield, Jaap., "The Idea of the Will in Chrysippus, Posidonius, and Galen" *Proceedings of the Boston Area Colloquium in Ancient Philosophy* 7 (1991): 107-145.
Moon, R. O., *The Relation of Medicine to Philosophy*, Longmans, Green and Co. 1909.
Nussbaum, Martha C., *The Therapy of Desire*, Princeton, 1996.

Nutton, Vivian,"The Chronology of Galen's Early Career", *Classical Quarterly* 23 (1973): 158-171.

——(ed.) *Galen: Problems and Prospects*. London: Wellcome Institute, 1981.

—— *From Democedes to Harvey: Studies in the History of Medicine, London*: Variorum Reprints, 1988.

Owen, G. E. L., *Logic, Science and Dialectic*, (ed.) Martha Nussbaum, Duckworth, 1986.

Rocca, Julius, *Galen on the Brain*, Brill, 2003

Sarton, George, *Galen of Pergamon*. Lawrence, KS: University of Kansas Press, 1954.

Shigehisa Kuriyama, *The Expressiveness of the Body and the Divergence of Greek and Chinese Medicine*, Zone books, 1999.

Sigerist, Henry E., *Great Doctors: A Biogracphical History of Medicine*, tr. Eden & Cedar Paul, London: George Allen & Unwin Ltd, 1933.

Sihvola, Juha and Engberg-Pedersen, T. (eds.), *The Emotions in Hellenistic Philosophy*, Kluwer Academic Publishers, 1998.

Singer, Charles, *Greek Biology & Greek Medicine*, Oxford, 1922.

Sorabji, Richard, "The Mind-Body Relation in the Wake of Plato's Timaeus", *Plato's Timaeus as Culture Icon*, ed. by Gretchen J. Reyclams-Schils, Notre Dame, Ind. University of Notre Dame Press, 2003.

—— *Emotion and Peace of Mind*, Oxford, 2000.

Stern, S. M., "Some Fragments of Galen's on Dispositions in Arabic", *The Classical Quarterly*, New Series, Vol.6, No.1/2(Jan.-Apr.,1956): 91-101

Temkin, Owsei, *Galenism: The Rise and Decline of a Medical Philosophy*. Ithaca, NY: Cornell University Press, 1973.

Tieleman, Teun, "Plotinus on the Seat of the Soul: Reverberations of Galen and Alexander in Enn. IV, 3 27ESS, 23." *Phronesis*. 43.4 (1998): 306-325.

—— *Galen and Chrysippus on the Soul*, E. J. Brill, 1996.

Walzer, Richard, *Galen on Jews and Christians*, London: Oxford University Press, 1949.

—— "New Light on Galen's Moral Philosophy", *The Classical Quarterly*, Vol.43. No.1/2 (Jan.-Apr., 1949): 82-96.

—— "A Diatribe of Galen", *The Harvard Theological Review*, Vol.47, No.4 (Oct., 1954): 243-254

Wright, M. R. (ed.), *Reason and Necessity: Essays on Plato's Timaeus*, Duckworth, 2000.

Wright, John P. and Potter, Paul (eds.), *Psyche and Soma*, Oxford, 2000.

致谢

本书是在我的博士论文基础上修改而成的。博士毕业四年来，我的研究工作主要集中在古希腊政教思想和中医思想上，虽然研究对象已不再局限于盖伦，但我对灵魂问题的关注，对医学、哲学、教化的关注，从未改变。关心灵魂、关心人应该如何生活，是我博士论文选题的原初动机。对这些问题的思考和实践现在也只是刚刚开始，未来它将伴随我的一生。

博士论文的写作、修改和出版是对过去学习、生活的总结。虽然其中有不令人满意的地方，有因为自身局限所造成的遗憾，但无论如何，它是成长中的一个纪念。它以纪念的方式，开启一个新的开端。作为纪念，伴随着的是对所有帮助过我的人的感谢。没有他们，就没有这本书的完成和出版。

首先要感谢的是我的导师靳希平教授。没有靳老师的悉心指导，此书的完成是无法想象的。早在 2003 年开始跟随靳老师学习之初，靳老师就结合我的兴趣，建议我把古罗马医生盖伦作为将来论文的研究对象。当时的我对盖伦非常陌生，对如何使用图书馆搜集资料也不熟悉。靳老师不顾雪天路滑，腿脚不便，亲自带我到图书馆，教我检索、查卡片。因为国内的相关研究文献十分有限，靳老师就通过他在国外的学生、朋友，或是通过馆际互借的方式来帮我获得所需要的文献。靳老师的古希腊语课为我的论文写作打下了必要的语言基础。

后来，我有幸在靳老师和徐向东老师的推荐下去美国的加尔文大学学习一年，在那里继续学习古希腊语和希腊哲学，并搜集论文所需的资料。在论文的写作过程中，靳老师多次与我讨论文章的结构和具体的论证，并对其中的很多部分进行了逐字逐句的批注。可以说，从论文选题、收集材料到写作和修改的每一步都凝结着靳老师的心血。可惜靳老师的很多宝贵意见没有在论文的写作和修改过程中完全彻底地实现出来，只能期待以后的努力可以尽量让靳老师满意。

感谢北大哲学系的老师们。赵敦华、张祥龙、尚新建、韩林合、吴增定、先刚、吴天岳、李猛、徐龙飞等老师的讲课让我受益良多。赵敦华、张祥龙、韩水法、韩林合、徐向东、吴增定、先刚、刘哲等老师参加了我论文的开题和预答辩，为我论文方向的确定和修改提出了很多很好的批评建议。吴天岳老师认真阅读了我的论文，指出我论文中存在的问题，提出中肯的修改意见，并向我提供了最新的国外研究成果。没有这些老师们的帮助，我的任何进步都是不可能的。

感谢我在人大的博士后导师刘小枫老师。刘老师对我的博士论文出版非常关心，为我的论文提出了很多有益的修改意见。于此同时，正是在刘老师的指导下，我的研究领域和视野开始逐渐扩展。

感谢王珏、李俊、刘鑫、肖磊、蔡祥元、敖英、朱坤容、惠慧、陈探宇等朋友在学习和生活上对我的帮助。与他们在一起的时光是我在北大生活的美好回忆。

感谢一直以来给予我鼓励和支持的父母。他们是我的坚实后盾，让我可以毫无顾虑地做自己喜欢的事。

感谢小刚。北京十年，虽然我们分隔两地，却总是携手面对困难，共同见证彼此的成长。

本书的修订和出版受到同济大学人文社科青年基金的资助，一并感谢！

乙未年冬于古典书院精舍

图书在版编目（CIP）数据

灵魂与身体 ：盖伦的哲学与医学 / 张轩辞著. --
上海 ：同济大学出版社，2016.4

ISBN 978-7-5608-6278-1

Ⅰ. ①灵… Ⅱ. ①张… Ⅲ. ①盖伦，C.（129～199）
－哲学思想－研究 Ⅳ. ①B12

中国版本图书馆 CIP 数据核字（2016）第 065586 号

同济复兴古典书院丛书

灵魂与身体 ：盖伦的哲学与医学

张轩辞 著

责任编辑 张 翠 责任校对 徐春莲 版式设计 每日一文

出版发行 同济大学出版社 www.tongjipress.com.cn
地 址 上海市四平路 1239 号
邮 编 200092
电 话 021-65985622
经 销 全国新华书店
印 刷 常熟市华顺印刷有限公司
开 本 889mm×1 194mm 1/32
印 张 11.375
字 数 306 000
版 次 2016 年 5 月第 1 版 2020年 4 月第 2 次印刷
书 号 ISBN 978-7-5608-6278-1
定 价 42.00 元